사회복지행정론

양서율 · 신동만

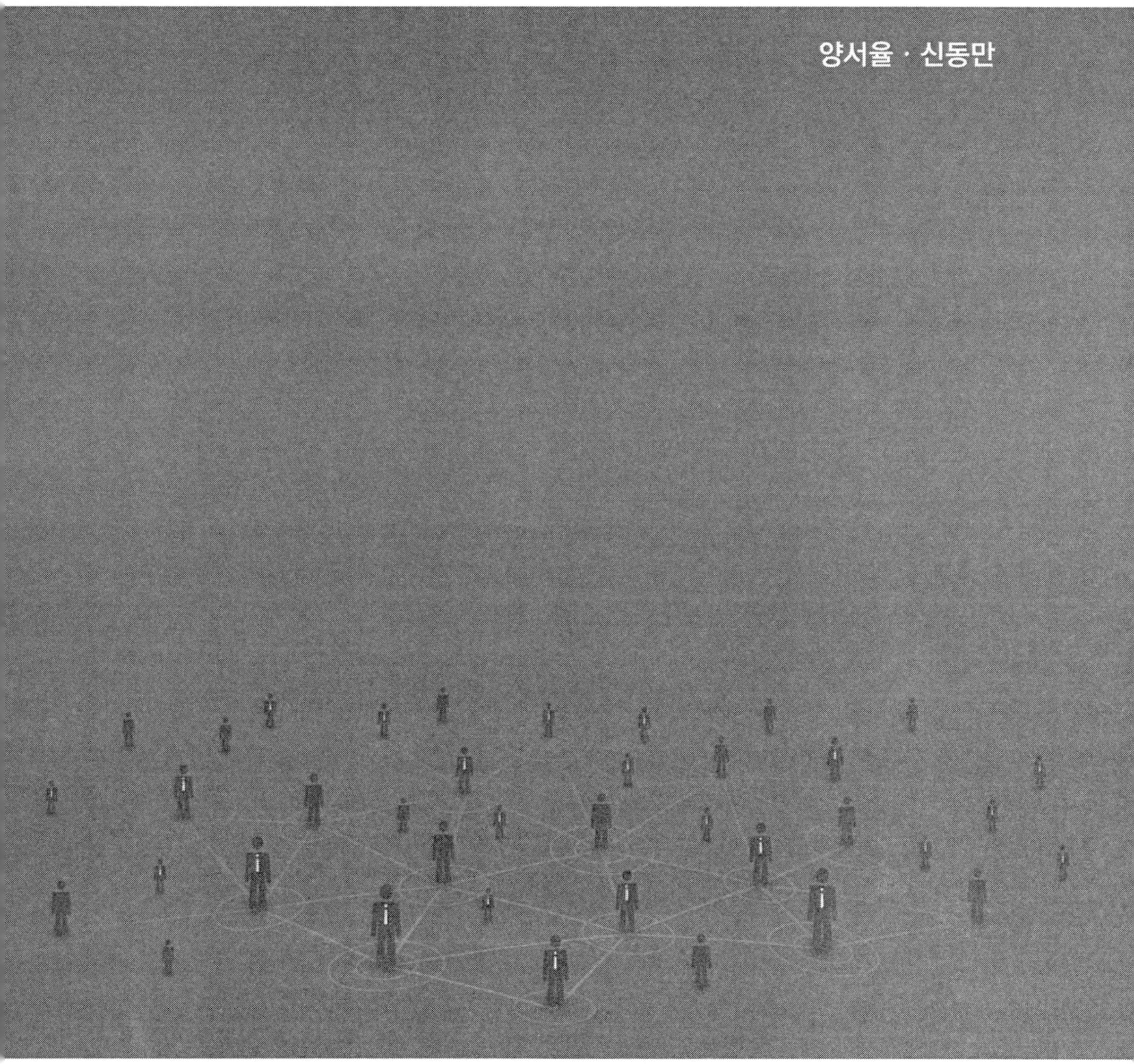

publishing and culture
피앤씨미디어

머 리 말

사회복지행정에 관련하여 관심을 가지고 계신 여러분, 안녕하십니까.

이런 기회를 빌려 독자 여러분과 만나게 되어 매우 반갑습니다.

사회복지의 열매를 맺게 하는 것은 대상자가 얼마만큼 복지의 혜택을 누리며 삶의 질을 높일 수 있는 것인가에 대하여 방점을 찍을 수 있다. 최근 들어 복지의 사각지대에 놓인 클라이언트들의 안타까운 사연을 각종 매체를 통하여 종종 접하게 된다. 이러한 현실은 사회복지행정 체계를 좀 더 짜임새 있게 돌아보아야 한다는 준엄한 당면과제를 안고 있다.

사회복지행정론은 시대의 변화를 읽으며 발전해 온 학문인 만큼 그 중요성이 크다고 할 수 있다. 따라서 '지금 여기'라는 시점을 잘 인지하여 사회복지 대상자들의 욕구를 파악해 적재적소에 배분하여 만족시켜야 하는 순기능의 모멘텀(Momentum)이 이루어져야 한다. 특히 사회복지행정은 대상자들에게 사회복지 서비스를 보다 효과적이고 효율성 있게 펴나갈 수 있도록 책임 있는 행정이 필요하다.

사회복지는 사람을 대상으로 이루어지는 활동 영역으로서 그 역할이 매우 중요한 부분을 차지한다고 할 수 있다. 또한 사회복지행정은 사회복지의 기본 틀로써 책임 의식이 집중되는 과목이라고 할 수 있다. 이는 한정된 재원으로 효율성과 효과성을 창출해야 하는 과제를 간과해서는 안 되는 이유이며, 대상자들의 삶의 질을 높일 수 있는 문제와 직결되기 때문이다.

사회가 급변하고 발전함에 따라, 그에 따른 작용들이 어떻게 발생할 수 있는지를 파악하여 예방하는 것이 중요하다. 또한 사후 처리에 대처하는 능력이 유연하게 이루어지기 위해서는 책임 의식이 있고 견고한 사회복지행정의 중요성을 인정해야 한다. 이에 국민의 복지를 위하여, 질 높은 복지서비스를 국민에게 제공할 수 있는 행정이 될 수 있도록 일조하는 차원에서 소박하고 겸손하게 초판을 내놓게 되었다.

이 책의 목차(Contents)를 살펴보면,

제1장은 사회복지행정의 개념을 설명하고 있으며 사회복지행정에 대한 영역과 과정 등을 통해 전반적인 이해를 도모하고자 하였다.

제2장에서는 사회복지행정의 다양한 이론(고전, 신고전, 상황, 체계, 조직 환경, 현대조직)을 통해 시대의 변화에 따른 이론의 발달단계와 사회복지 조직과의 관계에 미치는 영향에 대하여 설명하였다.

제3장 사회복지행정과 조직은 사회복지조직을 통해 클라이언트에게 질 좋은 서비스를 제공하게 되는 만큼 사회복지 향상과 증진에 책임 의식을 강조하는 차원으로 사회복지조직의 원리에 대해 여러 가지 각도에서 피력하였다. 사회복지조직의 중요한 역할로써 위원회와 이사회의 효과적인 활용도와 운영에 관하여 기술하였다.

제4장 사회복지행정과 인간관계에서는 사회복지조직이 추구하는 목적을 달성하기 위해 조직구성원 간의 인간관계를 어떻게 유지, 관리, 동기화할 수 있는지에 관련하여 중점을 두어 다루었다.

제5장 사회복지조직과 환경관리에서는 사회복지조직 환경의 중요성을 참고하여 사회복지조직과 환경과의 관계에 있어 영향을 미치는 과업환경과 일반환경에 관하여 기술하였다. 또한 사회복지조직의 효과적인 환경관리를 위해 다양한 전략을 접목시켜 설명하였다.

제6장 사회복지서비스 전달체계에서는 서비스를 전달하는 사회복지사와 이를 제공받는 클라이언트의 상호관계를 유지하는데 필요한 체계의 중요성을 언급하였다. 이는 서비스를 전달하는 집행부와 서비스를 기획 · 지시 · 지원하는 관리행정체계 등에 따른 전달체계 구축의 원칙, 민간과 공공의 전달체계, 민간과 공공의 역할 분담, 민간 및 공공의 사회복지 전달체계의 문제점 등을 다루고 있다.

제7장에서는 사회복지와 홍보 · 사회복지마케팅의 중요성을 시사하고 있으며

이는 곧 사회복지서비스의 질을 높이는 다양한 방법과 기법의 설명으로 이어진다.

제8장 사회복지행정과 동기부여이론에서는 욕구 이론, 과정이론, 동기부여이론 등을 통해 사회복지 행정가의 방향성을 제시하고 있다.

제9장에서는 사회복지행정과 인사관리의 과정 및 직원훈련개발 · 직무평가 등에 대해 시사하고 있다.

제10장 사회복지조직의 책임성과 평가를 통해 행정 관리자의 업무수행에 있어서 책임성의 중요도를 설명하고 있다.

제11장 사회복지행정과 재무관리에서는, 예산의 수립 · 관리 · 집행 · 결산과 사회복지조직의 회계 · 감사 · 후원금 관리 등에 대해 체계적으로 설명하고 있다.

제12장 사회복지행정과 정보관리시스템에서는 정보관리체계가 사회복지 분야에 미치는 영향과 필요성에 대해 언급하고 있다.

마지막 제13장에서는 향후 사회복지행정의 동향과 전망에 대한 패러다임(Paradigm)을 제시하고 있다.

끝으로 초판을 낼 수 있도록 정성스럽게 도움을 주신 분들께 감사의 마음을 전합니다.

그리고 이 책을 발행할 수 있도록 도와주신 피앤씨미디어의 박노일 사장과 심성보 이사의 배려와 수고에 깊은 감사의 마음을 전합니다.

2022년

대표저자 양 서 율

차 례

제 3 장 사회복지행정과 조직

제 4 장 사회복지행정과 인간관계

제 5 장 사회복지조직과 환경관리

제 6 장 사회복지서비스 전달체계

CHAPTER

제 1 장 사회복지행정의 개념

제 1 장

사회복지행정의 개념

복잡하고 다양한 삶을 살아가는 현대인들에게 가장 중요한 가치는 무엇일까 생각하면 사람마다 느끼는 감정에 따라 대답은 다르게 나올 것이다.

정말 중요한 것은 어떤 삶을 살아야 가장 효과적이고 효율적인 결과를 누리면서 살 것인가로 모아질 수 있을 것이다.

그런 삶을 향해 가는 가장 기본적인 것은 조직적인 삶을 살아야 하는데 우리는 이것을 "행정"이란 말로 대치하며 모든 것을 극대화한 삶의 모습으로 치환하는 경향도 보인다.

그런 삶을 산다고 모두가 행복하거나 목표를 이루는 것은 아니지만 그런대로 가장 효율적이고 효과성을 기대한다면 행정적인 삶을 살아야 한다는 견해는 변함이 없을 것 같다.

보편적으로 행정이란 단어에서 나오는 느낌은 다소 딱딱하고 뭔가 척박한 인상을 주는 것은 우리의 삶에서 "행정"이 은연중에 억압하고 누르는 무언의 압력이 늘어있기 때분이다.

사회가 더욱 정교해지고 복잡하면서도 단계적 층을 이루는 가운데 행정은 어쩔 수 없이 우리의 삶 속에 함께 가야 한다.

특별히 사회복지적인 관점에서 행정은 그 중요성을 인정하고 그에 따른 기계적인 관리에 역점을 두는 인상을 받지만, 행정에도 온기가 있도록 활력을 넣은 것은 행정을 다루는 사람들의 의지에 달려있다고 봐야 한다.

현대사회의 발전과 흐름으로 인해 자연스럽게 사회복지행정 활동을 수행하는 다양한 사회복지조직이 증가하면서 조직을 유지 · 발전 · 계승시켜 나가기 위한 사회복지행정의 중요성이 다방면으로 확장되었다. 즉 계획, 조직, 인사, 및 통제, 재정, 평가 등과 같은 행정기능이 존재하지 않는 사회복지조직에서 서비스를 제공한다는 것은 상상도 할 수 없는 일이다(최성재 외, 1998: 16~21).

이와 같이 행정은 조직을 운영하고 유지하는 일에 있어서 뼈대를 이룬다고 할 수 있고 인간의 삶을 질적으로 향상시키기 위한 구조로써 사회복지 조직에서의 행정은 필수적이라 할 수 있다.

사회복지조직에 의해 제공되는 사회복지서비스는 사회복지조직에서 행정이 어떻게 작용하느냐에 따라 결정적으로 많은 영향을 받는다. 이처럼 사회복지서비스와 행정 간의 유기적 관계 때문에 사회복지조직에서 제공되는 서비스의 질은 사회복지행정의 질에 따라 그 효과를 가늠할 수 있다고 볼 수 있다.

이와 같은 맥락적 이해를 전제로 선진 산업사회에서 각종 사회문제의 발생으로 인해 충족되지 않은 사회적 욕구와 함께 사회복지 조직으로부터의 서비스 기대가 그 어느 때보다도 높아져 가고 있는 만큼, 효과적이고 효율적인 서비스를 위해 사회복지행정의 중요성은 날로 커지고 있음을 알 수 있다.

제 1 절 사회복지행정의 개념

1. 사회복지행정의 개념

사회복지행정은 '사회복지'와 '행정'의 합성어로 사회복지이념을 실천적 서비스로 전환시키는 모든 과정을 말한다. 사회복지행정은 학자에 따라 다양한 개념으로 정의되고 있는데, 이는 사회복지를 인식하는 관점에 따라 사회복지행정을 좁은 의미로 정의하는 협의와 좀 더 폭넓게 정의하는 광의로 구분한다.

학자들의 관점에 따라 사회복지행정은 사회복지정책을 구체적인 서비스로 전환하는 과정으로 보는 거시적인 관점과 사회복지조직 내에서의 기능을 강조하는 미시적인 관점이 있다.

그리고 사회복지행정의 관리적인 측면과 기능적인 측면 어느 부문을 강조하는가에 따라 그 개념이 달라진다. 이러한 이유로 사회복지행정의 개념에 대한 논의가 여러 분야에서 꾸준히 진행되고 있으나 아직 명확한 개념에 대한 이론적 일치가 이루어지지 않고 있다.

사회복지행정의 개념을 정의하기 전에 먼저 여러 학자들의 일반적인 개념 정의를 살펴보고자 한다(신복기 외, 2003).

Kidneigh(1950: 58)는 사회복지행정은 사회복지정책을 구체적인 사회복지서비스로 전환시키는 과정으로, 그리고 그 경험을 다시 정책의 수정에 반영하도록 하는 양방향의 과정이라고 규정하였다.

Dunham(1962)은 사회복지행정을 서비스 기관이 직접적으로 서비스를 제공하는 데 필요한 활동을 지원하고 용이하게 하는 과정으로 설명하면서, 정책 결정과 집행적 지도력에서부터 기록과 보고서의 보관 및 서비스 유지와 같은 일상적인 운영에 이르기까지 그 범위가 매우 넓다고 규정하고 있다.

Stein(1970: 7)은 사회복지행정을 조정과 협조적인 활동의 체계를 통해 조직의 목표를 설정하고 획득하는 과정으로 정의하고 있다.

Trecker(1971)는 사회복지행정을 사람들의 역량이 발휘되고 그 능력들이 결합되도록 함께 일하는 과정과 그들에게 요구되는 지역사회 서비스와 프로그램의 제공이라는 목적을 달성하도록 이용 가능한 모든 자원을 사용하는 것이라고 정의하였다. 또한 Trecker는 학자들이 정의한 사회복지행정의 개념을 ① 행정이란 지속적이며 역동적인 과정이다. ② 이 과정은 공통의 목적이나 목표를 달성할 수 있도록 설정되어 있다. ③ 인적·물적 자원을 통하여 공통의 목적을 달성할 수 있도록 활용하여야 한다. ④ 조정과 협동은 인적·물적 자원을 활용하는 수단이 된다. ⑤ 기획, 조직 그리고 리더십은 개념의 주요한 핵심 요소로 정리하여 제시하였다.

명산지미(明山知未)는 "행정학적 행정개념 하에서 사회복지행정을 사회복지 분야에 있어 공공목적을 달성하기 위한 전 과정에 관련된 기능"으로 보고 있다.

이와 같이 여러 학자의 공통된 개념을 정리하면, 사회복지행정이란 “사회복지정책을 사회복지서비스로 전환시키는 사회복지조직의 목표를 달성하기 위한 구성원들의 협력적인 활동 과정”이라고 정의할 수 있다.

그러나 대개의 경우 이러한 사회복지행정의 개념은 사회복지에 대한 관점의 차이와 사회복지행정의 관리적 측면과 기능적 측면의 강조점에 따라 그리고 행정주체에 따라 개념이 다르게 나타날 수 있다.

1) 사회복지에 대한 시각의 차이

사회복지에 대한 시각에 따라 협의의 사회복지행정과 광의의 사회복지행정으로 구분된다(최성재 외, 1998: 19~21; 장동일, 2004: 15~16).

(1) 협의의 사회복지행정

협의(狹義)의 사회복지행정은 사회복지행정을 하나의 실천 방법으로 보는 것으로써 사회복지조직의 목표 달성을 용이하게 하기 위하여 관리자에 의해 수행되는 상호의존적인 과업, 기능 및 관련 활동 등의 체계적 개입과정을 말한다.

이를 좀 더 자세히 살펴보면 협의의 사회복지행정은 사회사업행정(Social Work Administration) 또는 사회사업기관행정(Social Agency Administration)으로 이해하는 것으로써, 이는 사회복지실천론, 사회복지실천기술론, 지역사회복지론과 같은 하나의 실천 방법으로 보는 것이다.

사회복지는 클라이언트에 대하여 계획된 개입 활동을 통한 변화를 이루어가는 역동적 과정이라고 할 수 있다. 사회복지실천론은 개인에 대하여, 사회복지실천기술론은 가족과 집단을 대상으로, 지역사회복지론은 지역사회를 대상으로 변화를 이루어가는 과정이라고 할 수 있다.

즉 사회복지행정은 사회복지조직의 운영 및 기능을 촉진시키고 조직을 통한 사회복지실천 활동을 증진시킴으로써 직접적으로는 사회복지조직의 일부인 사회복지기관의 활동에 변화를 초래하고 간접적으로는 클라이언트 체계인 가족·개인·소집단 및 지역사회의 성장과 행동에 변화를 초래하기 때문에 사회복지행정은 사회복지의 한 개입방법이라 할 수 있다. 즉 협의의 사회복지행정은 사회복지실천이라는 맥락 속에서 그 개념을 찾을 수 있다.

(2) 광의의 사회복지행정

광의(廣義)의 사회복지행정은 조직의 모든 활동 과정에 다양하게 기여하여 사회정책을 사회복지서비스로 전환시키는 데 필요한 사회복지조직에서의 전반적인 활동을 말한다. 광의의 개념은 협의의 관점인 고유한 사회복지적 지식과 개인 및 집단뿐만 아니라 사회복지행정의 영역에 변화하는 사회의 제도와 욕구를 충족하고 예상되는 삶의 행태를 만족시켜 지속적으로 발전하는 사회과학적 지식을 연계하여 더 나은 삶의 가치를 구현하는데 있다.

광의의 사회복지행정 목표는 사람들의 사회적 삶을 향상시키는 것이며 임상기술과 같은 사회복지 방법보다 사회과학적 관리 과업의 영역이 지속적이면서 다양한 계층의 욕구를 충족시키는 방향으로 증가하는 추세에 있다.

이처럼 사회복지행정은 사회복지의 목표 달성을 위해 정치권력을 배경으로 한 사회복지정책의 형성 및 구체화를 위한 합리적인 행동을 의미하는 것으로써, 이 경우 서비스나 목표 달성의 책임은 서비스 인력뿐만 아니라 감독자나 관리자 등 모든 구성원에게 책임이 분담된다.

결국 공·사를 막론하고 사회복지행정조직 자체의 관리와 업무, 사회복지정책의 형성과 구체화, 사회복지정책 목표와 이념의 설정, 사회복지실천 방법의 사용 등의 활동을 사회복지행정의 이념에 따라 사업별로 전 국민 또는 일부 계층에 대하여 협동적으로 목표를 추구해 가는 제도와 형태를 말한다.

2) 행정 주체에 따른 차이

사회복지행정의 주체는 크게 민간중심의 기관과 공공행정기관으로 분류된다.

(1) 민간 복지기관 중심

민간 복지기관 중심의 경우에는 대상을 클라이언트에게 한정시키고 그들에게 서비스를 제공하는데 필요한 전문적 기술을 중요시하게 된다. 따라서 이때의 사회복지행정은 사회복지기관과 인적 자원들이 효율적이면서 효과적으로 서비스를 기획, 실천, 평가하도록 지원하고 그에 따르는 성과를 평가한다.

(2) 공공행정기관 중심

공공행정기관 중심인 경우에는 대상이 클라이언트뿐만 아니라 전 국민으로 확대되기 때문에 사회 구성원이 모두 포함되는 전체적인 입장을 중요시하게 된다.

민간 복지기관 중심과 공공행정기관 중심의 범주를 정리하면 <표 1-1>과 같다.

〈표 1-1〉 사회복지행정의 범주

구분	사회복지행정	주체	대상
광의의 개념	사회복지기관행정 (협의의 사회복지행정)	민간복지기관	클라이언트
	공공복지기관행정	국가 및 지방자치단체	전 국민

출처: 장인협 · 이정호(2006: 6)

<표 1-1>에서 보는 바와 같이, 사회복지행정은 민간중심의 기관이나 시설 행정의 범주에 한정하여 사회복지의 전문적 지식과 기술 등을 적용하였다. 특히 클라이언트를 대상으로 하는 실천 방법은 협의의 개념으로 그 범주를 넘어서 공공행정, 즉 중앙이나 지방자치단체의 사회복지 관련 행정을 통해 전 국민을 대상으로 하는 공공복지의 영역에서 공공사무의 기능과 정책적 제도적 영역까지 포괄하는 광의의 개념으로 볼 수 있다.

2. 사회복지행정의 정의

사회복지행정은 "사회복지정책을 서비스로 전환시키는 사회복지조직의 목표 달성을 위한 조직구성원의 협력적인 활동의 체계화 과정"으로 정의한다. 사회복지행정의 개념 정의는 다음과 같은 독특한 의미를 내포하고 있다(황성철 외, 2006: 22~23).

1) 사회복지조직을 중심으로 정책이 서비스로 전환되는 과정이다.

행정은 본질적으로 정책을 집행하는 것으로 사회복지행정은 사회복지정책을 집행하기 위해서 프로그램을 계획하여 서비스를 산출하는 절차적 과정으로 볼 수 있다. 이러한 과정에서 중심적 위치를 차지하는 것이 사회복지조직이다. 인간의 삶을 가치있게 유지하고 지속시키기 위한 조직 관리는 사회복지행정의 효율성과 효과성을 위해서 매우 중요한 요소 중의 하나이다.

2) 사회복지조직의 목표를 달성하기 위하여 인적·물적 자원을 관리하는 과정이다.

어떤 조직도 그 존립의 근거와 설립 취지가 있는데 종국적으로는 조직의 목표로 수렴된다. 사회복지조직의 행정도 특정한 조직의 목표를 달성하기 위하여 인적·물적 자원의 동원과 프로그램을 관리하는 과정으로 볼 수 있다.

3) 관리자를 포함한 모든 조직구성원의 역동적인 협력 활동이다.

행정은 특정한 책임을 가진 관리자를 비롯하여 사회복지조직의 프로그램과 서비스에 관련된 일선 사회복지사와 중간관리자와의 협력적 작업을 통해 만들어진다. 또한 관리자의 리더십은 조직구성원들과의 관계에서 매우 중요한 비중을 차지하고 이를 수용하고 이해될 때 효과적인 성과를 기대할 수 있기 때문에 사회복지행정은 모든 조직구성원의 역동적인 협력 과정으로 보아야 한다.

4) 조직을 변화시키고 발전시키는 사회복지실천의 개입 방법이다.

사회복지행정은 거시적 실천의 한 방법으로써 조직을 표적체계로 개입하는 실천 방법으로 기능한다면 사회복지행정에서는 조직혁신과 발전을 위해서 구체적인 사회복지실천 방법과 기술이 광범위하게 적용된다.

3. 사회복지행정과 일반행정의 공통점과 차이점

사회복지행정과 일반행정의 공통점과 차이점은 다음과 같다(이대훈, 2010: 233~234).

1) 공통점

사회복지행정과 일반행정의 공통점은 다음과 같다.

① 행정은 기본적으로 문제의 확인, 문제의 제 측면 연구, 해결 가능한 계획의 개발, 계획의 수행, 효과성 평가 등을 포괄하는 문제해결 과정이다.

② 행정은 상호 관련되고 상호작용하는 부분들이 모여서 이루어진 체계이다.

③ 행정은 대안 선택에 있어 가치판단과 창의적인 지식을 사용한다.

④ 행정은 개인 및 집단이 보다 효과적으로 기능하도록 지원하는 체계이다.

⑤ 행정은 상당 부분 미래와 관련되어 있다.

⑥ 행정은 인적·물적 자원을 동원하고 이를 조직화하는 기능을 갖는다.

행정은 최적의 제품 또는 서비스를 생산하도록 인적·물적 자원을 동원하고 조직화하는 것에 관심을 둔다.

⑦ 행정은 크건 작건 공공의지를 실행해 옮기는 것과 관련되어 있다. 사회복지조직은 사회적 필요성에 의해 설립·유지되며 정부가 공공자원을 사회복지기관의 운영이나 프로그램에 지원하는 것도 공공의 의지를 간접적으로 실현시키는 것이라고 할 수 있다.

⑧ 행정은 관리 운영의 객관화와 인적 자원의 활용 간에 적절한 균형을 유지한다.

⑨ 행정은 개개 직원들의 지위와 인정에 관심을 갖고 조직의 목표, 가치 및 방법에 직원들이 적극적으로 일체감을 가질 필요성에 관심을 갖는다.

⑩ 의사소통, 직원 간의 집단관계, 행정에 참여 등은 행정의 주요한 영역이다.

2) 차이점

사회복지행정은 기업이나 정부에서 이루어지는 행정과 원리, 기술면에서 공통점도 있지만 본질적으로 휴먼서비스조직이라는 사회복지조직 고유의 특성으로 인하여 다른 행정과의 차이점도 크다.

휴먼서비스조직은 조직의 원료가 인간이며 도덕적 가치판단이 필요하고 클라이언트와 일선 직원과의 관계가 효과성과 효율성에 중요한 요인이 되는 등 여타의 조직들과는 다른 특성이 있다.

① 사회복지행정은 지역사회 내의 인지된 욕구를 충족시킬 수 있도록 돕기 위해 존재하는 것이다.

② 행정을 통해 사회복지조직에서 제공하는 서비스는 크게 세 가지 범주로 분류되는데 그것들은 손상된 사회적 기능의 회복, 보다 효과적인 사회적 기능을 위해 사회적 · 개인적 자원의 제공, 사회적 역기능의 예방이다.

③ 사회복지행정이 이루어지는 장인 전형적인 사회복지조직은 일반적으로 지역사회를 대표하는 이사회를 가진다.

④ 사회복지조직의 크기, 범위, 구조 및 프로그램 형태는 광범위하고 다양하다.

⑤ 사회복지행정가는 사회복지조직의 내부 운영을 지역사회와 관련시킬 책임이 있다.

⑥ 사회복지행정은 자원의 활용에 관하여 부단히 선택을 내릴 필요성이 있다.

⑦ 모든 직원들이 행정과정에 참여하고 어느 정도까지는 전체조직사업에 영향을 미친다. 사회복지행정은 행정가 또는 관리자에 의해서만 이루어지는 것이 아니다. 일반적으로 행정은 최고 관리자인 행정가에 의해서 수행되는 과업과 기능이라는 의미를 초월하여, 사회복지조직의 직원이 비록 조직의 하층부에 위치해 있더라도 상당한 재량권을 갖고 직접 프로그램 및 서비스관리와 사례관리 등의 업무를 수행한다.

⑧ 사회복지행정은 일반행정과 관리에 관한 지식을 초월하는 범위를 가진다. 사회복지조직은 지역사회의 각종 사회문제의 해결과 지역주민의 욕구 충족을 위해서 존재하기 때문에 조직 내부의 관리문제와 더불어 환경관리의 문제가 대두된다. 따라서 관리의 범위가 환경영역으로 확대되어 지역사회의 정치, 경제, 사회적 변화에 관한 다양한 지식과 관리 기술을 요구한다.

⑨ 사회복지조직이 산출하는 서비스는 독특한 성격을 갖는 사회복지서비스이다. 사회복지서비스는 본래 무형의 즉시성과 소멸성을 갖고 있으며 비축이 거의 불가능하므로 일반행정의 관리원칙이 적용되기 어렵다. 특히 상담서비스의 경우 클라이언트가 요청할 때 즉각적으로 제공되기 때문에 재고로 보관할 수도 없는 성질을 갖고 있다.

4. 사회복지행정의 특성

사회복지행정은 클라이언트에게 의타심을 조장케 한 종전의 자선사업과는 근본적으로 다르며 단순한 구호, 육성, 갱생 조치가 아니라 서비스를 받는 자가 정상적인 사회인으로 참여하도록 하는 데 의의가 있을 뿐 아니라 사회문제의 예방, 나아가 복지의 증진을 의도하고 있다는 점에서 일반행정과 다른 특성이 있다(장인협 · 이정호, 2006: 12~13).

사회복지행정의 특성을 살펴보면 다음과 같다.

① 사회복지행정은 국가의 이념, 개발 방향, 정책 등의 내용에 따라 성격이 결정되며 헌법 제10조「모든 국민은 인간으로서의 존엄과 가치를 가지며 행복을 추구할 권리를 가진다.」에서 보듯이 인간의 삶에 대한 폭넓은 보장을 선언하고 국가책임에 의한 거시적 · 정책적 가치 지향적인 것을 목표로 한다. 또한 헌법 제34조 제1항에 규정하고 있는「모든 국민은 인간다운 생활을 할 권리를 가진다.」를 보장하며 이어서 제2항에는「국가는 사회보장 · 사회복지의 증진에 노력할 의무를 진다.」라는 국가의 사회복지에 대한 책임을 명시하고 있다.

② 사회적으로 인지된 욕구를 충족시키기 위해 사용 가능한 자원을 동원하는 것을 비롯한 욕구 충족을 위한 방법으로 적용된다.

③ 사회복지행정은 이윤추구 및 가격관리를 목적으로 하는 것이 아니며, 다양한 복합적 욕구 충족의 우선순위 및 그 선택에 관련되는 것으로서 대상자, 지역주민의 존엄성에 관련된 것에서부터 행동을 규제하는 윤리, 공정 책임, 전문 인력관리 등에 주안점을 둔다.

④ 사회복지행정은 사회복지정책으로 설정된 목표를 달성하는 이행 수단 방법과 그것의 선택, 사회복지서비스를 준비하고 운영하는 특정의 조직과 기구에 관심을 둔다.

제 2 절 사회복지행정의 영역 그리고 이념

1. 사회복지행정의 영역

사회복지행정의 역할은 사회적 이념이나 정책을 해석하여 적합한 실행계획으로 바꾸는 일과 한편으로는 서비스 활동을 조직하고 관리하는 일까지도 포함하게 된다. 이러한 사회복지행정에 대한 영역을 보다 구체화하는 데는 R. Sarri의 규정을 많이 인용한다.

〈표 1-2〉 사회복지행정의 영역

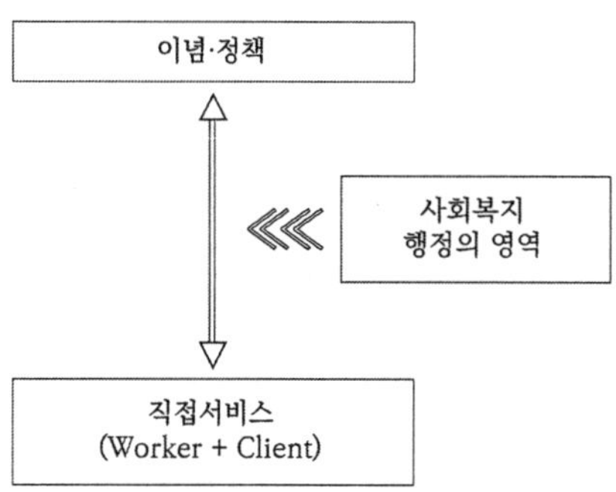

1. 사회적으로 부여된 임무를 실행 가능한 정책과 목적들로 전환
2. 프로그램 디자인과 실행
3. 자원(물적, 인적, 클라이언트, 사회적 인정 등) 확보와 할당
4. 조직 내부와 조직들 간의 운영 관리
5. 인력관리와 슈퍼비전
6. 조직을 대표하는 사회적 관계 담당
7. 지역사회 교육
8. 조직 생산성을 위한 감독, 평가, 혁신

출처: 은산미디어(2002: 16) 참조

그리고 사회복지행정의 영역에서 사회복지행정 관리자들이 맡게 되는 활동들을 구체적으로 나타내면 다음과 같다.

- 기획
- 통제
- 평가
- 옹호: 클라이언트에 대한 권리 옹호
- 모니터링: 어떤 단계에서 중간 점검 과정
- 대외활동: 지역사회, 사회적 활동과 연관되어 있음
- 직접서비스
- 정보처리
- 통합조정
- 협상(통합조정에서 필요함)
- 인력배치 및 관리
- 공급
- 예산 활동

조직의 규모에 따라 사회복지행정 관리자의 역할은 달라지는데, 규모가 큰 조직에서는 행정관리의 역할들이 분화되며 소규모의 조직일수록 1인이 다수의 역할을 수행하는 것이 보편적이다.

그리고 조직의 상부로 올라갈수록 정책과 관련한 업무들에 초점이 주어지며 하부로 내려갈수록 직접 서비스와 관련된 활동들이 많아진다.

2. 사회복지행정의 이념

사회복지행정의 이념은 사회복지행정이 지향하고자 하는 최고 가치와 정신을 의미하며 이는 사회복지정책을 사회복지서비스로 전환하는 행정과정의 기준과 목표가 되고 실천적 방향을 제시한다.

보편적으로 행정에서 논의되고 있는 이념들은 합법성 · 능률성 · 민주성 · 효과성 · 생산성 및 사회적 형평성이다.

일반적으로 사회복지행정에서 보편적으로 논의되는 행정이념이 모두 적용되어야 하는 것은 당연하지만 사회복지행정에서는 클라이언트의 서비스 욕구를 명확히 하고 또 그 욕구를 충족시켜줄 수 있도록 효과성 · 효율성 · 공평성 · 접근성이 특히 요구되고 있다(김영종, 2002: 33~39).

1) 효과성

효과성은 욕구의 충족 또는 해결에 있어서 어느 정도 달성하였는가의 달성 정도를 의미한다. 즉, 클라이언트에게 제공된 서비스가 그의 욕구 충족 등 목적 달성에 적합하였는가와 관련된다.

효율성과 효과성은 서로 병행할 수 있지만 그렇지 않을 수도 있다. 특히 효과성은 사회복지조직의 목표가 명확하게 설정되어 있어야만 그 달성의 정도를 알 수 있기 때문에 정량적 평가를 중요시한다. 따라서 사회복지조직의 목표설정이 선행되어야 효과성을 실현할 수 있다.

2) 효율성

효율성은 최소의 자원으로써 최대의 효과를 어떻게 거둘 것인가라는 점이다. 효율성 이념은 자원의 유한성을 전제로 하는 경우 항상 문제가 되며 자원의 유한성이 있는 사회복지서비스의 공급에 있어서는 매우 중요시되는 이념이다.

이 효율성은 투입 자원을 극소화시켜서 생산성을 올리려는 기계론적 효율성과 사회적 효율성 두 측면을 내포하고 있지만, 사회적 효율성[1)]이 더 중요시되고 있기 때문에 정성적 평가를 중요시한다. 결국 사회복지행정은 한정된 자원으로 클라이언트에게 최대의 서비스를 제공해야 하므로 효율성은 매우 중요하다.

3) 공평성

공평성이란 동일한 욕구를 가진 클라이언트는 동일한 혜택을 받아야 한다는 것으로 공평성에는 서비스를 받는 기회와 내용뿐만 아니라 그 비용 등이 포함되어야 한다. 특히 사회복지서비스의 공급에 있어서는 공평성이 매우 중요한 요소로 특별히 배려되어야 한다.

간혹 사회복지서비스의 공급은 필요한 서비스 또는 시책 등이 충분히 준비되지 않기 때문에 서비스의 수혜자와 비수혜자 간에 공평성의 문제가 발생할 수 있으며 사회복지시설 발전의 불균형에서 생기는 불공평 등이 있다. 그러나 공평성은 반드시 형식적 평등과 내용적 평등까지 고려하는 것이 합리적이다.

4) 접근성

접근성이란 사회복지서비스 욕구 중 특히 비화폐적 욕구 충족은 금전 급부와는 달리 현물 또는 상담 서비스로 제공되기 때문에 클라이언트가 쉽게 이용하는 것을 말한다. 어떤 서비스의 욕구 충족에 있어서 시설 서비스가 필요로 할 때 시설이 충분한 설비 · 기능을 갖추고 있어도 그 시설이 클라이언트에게 지리적으로 혹은 물리적으로 떨어져 있거나 또한 그 시설의 운영이 지나치게 관료적이어서 클라이언

1) 사회적 효율성은 일차적으로 인간의 만족을 고려하고 이차적으로 효율성을 강조하며 효율의 평가를 상대적인 것으로 받아들이며 단기적이 아니라 장기적으로 이해해야 한다.

트가 접근하기가 곤란하면 클라이언트의 욕구 충족에 부합하지 못하게 될 것이다.

이와 같은 사회복지 행정의 이념들은 책임성을 확보해 나가는 중요한 요소로 작용 하지만, 사회복지행정 서비스는 보편주의 관점과 선별주의 관점에 따라 상호간에 모순과 대립 또는 강조점과 이를 실천하는 방법적 문제까지 달라지게 된다.

보편주의적 관점에서 사회복지서비스를 공급할 때는 공평성, 접근성의 측면에서는 적합하지만 욕구가 높은 것에 사회복지서비스를 집중하여야 한다는 효과성, 효율성의 측면에는 문제가 있다. 반면에 선별주의적 관점에서는 욕구의 선별이 적절하게 행하여지는 한에서는 효과성, 효율성의 면에서 보다 우월한 특징을 갖지만 공평성, 접근성의 면에서는 문제가 제기된다.

이처럼 서로 다른 이념들은 사회복지서비스에 상호배타적인 면을 보일 수도 있지만, 어느 정도 상호보완적인 서비스 방향으로 나아가야 할 것이다.

제 3 절 사회복지행정의 과정

사회복지행정의 기본적인 과정은 일반적으로 기획 · 조직 · 인사 · 지시 · 조정 · 보고 · 재정 · 평가이다. POSDCoRBE는 행정가에 의하여 수행되는 여덟 가지 주요 행정기능을 언급한 것이다. Ehlers 등은 사회복지행정의 주요 과정을 다음과 같이 설명하고 있다(장인협 외, 2005: 21~26, 최성재 · 남기민, 2017: 40~46).

1. 기획

기획(planning)은 행정가에 의하여 수행되는 첫 번째 과정으로써 ① 목표의 설정, ② 목표를 달성하기 위한 과업이나 활동, ③ 과업을 수행하기 위하여 사용되는 방법의 결정을 포함한다.

2. 조직

조직(organizing)은 작업의 할당이 규정되고 조정되는 공식적인 구조를 설정하는 과정이다. 역할과 책임이 분명하지 않을 때 직원 간의 갈등이 초래되며, 비효율적이고 비효과적인 조직이 된다. 조직의 구조는 일반적으로 정관의 규정이나 운영지침서에 기술되어 있다.

3. 인사

인사(staffing)는 직원을 채용하고 훈련하며 좋은 근무조건을 부여하도록 노력하는 과정이다. 여기에 포함되는 세 가지 활동은 ① 직원의 채용과 해고, ② 직원의 훈련, ③ 우호적인 활동과 조건의 유지이다.

4. 지시

지시(directing)는 조직의 주도자로서 행정책임자는 끊임없이 여러 가지를 결정하고 그 결정을 구체화시키기 위한 일반적인 명령, 지시, 봉사의 형태로, 조직의 주도자는 능력을 입증함으로써 조직을 효과적으로 관리하여야 한다.

5. 조정

조정(coordinating)은 조직 활동의 다양한 부분들을 상호 관련시키는 매우 중요한 기능이다. 행정가가 그의 조정기능을 달성하기 위해서는 조직의 여러 부서와 직원들 간에 효과적인 의사소통의 통로가 만들어져서 유지되어야 한다.

효과적인 의사소통의 통로를 만들고 유지하기 위하여 가장 광범위하게 사용되는 방법은 위원회의 활용이다. 조직의 행정책임자는 특정한 문제를 해결하거나 다양한 전문가의 투입이 요구되는 활동을 위하여 위원회를 활용한다.

6. 보고

행정가가 보고(reporting)의 기능을 수행하기 위해서는 조직의 직원, 이사회, 지역사회, 재원을 제공하는 조직에 대하여 조직에서 일어나는 상황을 알려주어야 한다. 행정가는 이러한 기능수행을 위하여 자신이 기관의 진행 상황을 잘 알아야 한다. 이를 위한 세 가지 주요 활동은 ① 기록의 유지, ② 정기적인 감사, ③ 조사연구이다.

7. 재정

재정(budgeting)은 예산 · 결산 · 회계 및 재정통제의 형식에 의한 예산 편성과 관련된 모든 일을 수행하는 과정이다.

건전한 재무행정은 다음 세 가지 요소로서 구성된다. 즉 ① 건전한 조직상의 계획, ② 재정계획, ③ 재정 운영의 통제이다.

8. 평가

평가(evaluating)는 설정된 조직의 목표에 비추어 전반적인 활동 결과를 사정하는 과정이다. 조직의 목표나 목적의 달성을 평가하기 위해서 행정가는 다음 두 가지 척도를 적용할 수 있다.

① 서비스에 대한 요구(need)와 관련하여 조직의 서비스가 수행되어진 정도를 사정하는 효과성 척도

② 가용한 자원(resource)과 관련하여 조직의 서비스가 수행되어진 정도를 사정하는 효율성 척도

CHAPTER

제 2 장 사회복지행정과 이론

제 2 장
사회복지행정과 이론

제 1 절 고전 이론

조직 이론이란 조직에 대한 설명으로 이해할 수 있으며, 일반적으로 고전적 이론과 현대적 이론으로 설명할 수 있다.

일반적으로 고전 이론(Classical Model)의 기본가정은 조직구성원들이 주로 경제적으로 동기부여 된다는 것이다. 개인들은 그들에게 경제적 동기가 주어질 경우에 조직의 목표를 위해 노력한다는 것이다.

고전 이론에는 관료제 이론 · 과학적 관리론 · 행정관리론 등이 있다(장인협 외, 2006: 29~31).

1. Weber의 관료제 이론

Max Weber에 의하여 처음으로 체계적으로 연구되고 분석된 관료제(burcaucratic model)는 고도로 전문화된 지식을 바탕으로 합법적이고 합리적인 규칙과 최대한의 효율성을 목적으로 하는 조직구조의 독특한 형태이다. 관료제 조직의 중요한 특징은 다음과 같다(Gilbert Smith, 1970: 61~62).

① 인간의 개성보다 오히려 공적인 지위에 기반을 둔 위계적인 권위구조

② 지위에 따른 권위를 규정하는 규칙의 체계

③ 각각의 독특한 사례를 다루기 위한 조직과 규정의 상세한 체계

④ 명확하고 고도로 전문화된 업무상의 분업

⑤ 비인간적인 인간관계

⑥ 기술적 자격에 기반을 둔 신분보장과 함께 유급 직원에 의한 관료의 충원

Max Weber는 행정의 관료화가 완전히 성취될 경우 권력관계의 형태가 고착된다고 이해하고 조직을 사회체계 내에서 자원과 권력을 동원하는 가장 효율적인 도구로 보았다. Weber는 현대 사회의 본질적 특징을 지배자와 피지배자 간의 권력관계의 기반이 되는 합법적 권위의 우월성으로 보았으며, 따라서 관료제의 속성은 합법적이고 합리적인 규칙과 최대한의 효율성 추구에서 찾아볼 수 있다.

관료제는 사회복지행정에서 발전될 수 있는 하나의 조직 형태로 사회복지는 사회복지사의 목표와 방법을 다스리는 제 규칙과 규정, 전문화와 위계질서의 구조 속에서 운영되고 있다.

사회복지조직에 종사하는 사회복지사들은 규칙과 규제에 대한 지나친 의존, 서비스 전달 과정에서 직원과 클라이언트와의 비인간적인 관계, 클라이언트에게 효과적인 서비스를 전달하는데 필요한 유연성의 결여, 그리고 직원들의 자질을 평가하는 데 비인격적이고 무감각한 성과측정 방법에 의존하고 있는 관료제 이론을 비판하는 경향이 있다(Hasenfeld, 1983: 16).

관료제 이론은 틀에 박힌 듯한 업무를 수행하는 데 효과적이고 합리적인 이론이지만, 복잡하고 다양한 욕구를 지닌 클라이언트를 대상으로 개별화된 서비스를 제공하는 사회복지조직에서는 적절하지 않을 수 있다.

또한 관료제는 상부구조로의 권력 집중으로 인한 비민주성, 다양하고 비일상적인 업무의 전문적 판단에 대한 작업환경의 부적합성, 비인격적 적용으로 인한 비인간화, 경직된 규칙으로 인한 유연성과 창의성 부족, 수단과 목적의 전도현상 및 조직을 위한 조직으로의 변질이 주요 단점으로 지적된다.

2. Taylor의 과학적 관리이론

과학적 관리이론(scientific management theory)은 조직에서 사람들의 육체적 능력의 중요성을 강조하였으며, 따라서 개인들의 과업을 수행하는 데 필요한 시간 및 동작(time and motion)에 초점을 두었다.

조직에서 개인의 기여를 극대화하기 위하여 개개인의 기본동작에 관하여 그 형태 및 소요 시간을 표준화된 업무절차를 만들어 절약과 능률을 중시하고 생산성과 능률성을 향상시키기 위한 기능적 관리기술로 적정한 일일의 작업량을 확인하기 위한 작업도구의 표준화와 분업(division of labor)을 확립한 다음 과업의 성과와 임금을 관련시키는 것이다. 그 과업을 달성한 실적에 따라 임금을 차등 지불하는 것이다.

과학적 관리이론의 관점은 조직의 최상의 목표로써 합리성과 효율성을 강조한다. 과학적 관리이론의 창시자인 Taylor는 작업의 효과성과 효율성을 향상시키기 위해서는 작업의 효율이 노동의 분업, 작업 유인 및 시간의 효율적인 사용에 의해서 얻어질 수 있다고 주장하였고 체계적인 지식을 적용하여 효율성과 생산성을 극대화하는 관계로 대규모 산업조직들의 생산성에 크게 기여하였고 지금까지도 다양한 산업분야에서 응용되고 있다.

Taylor는 기능적 관리(functional management)를 주장하였는데 이것은 작업을 분담하여 각자가 수행할 수 있는 최소한의 기능을 갖도록 하는 것을 의미한다. 또한 이 관점은 목표의 외적 근원, 사건의 통일성, 구조적 형태의 불변, 권위와 책임의 정확한 할당을 가정하고 있다. 사회적 조직과 비공식적인 관계의 중요성은 거의 무시된다.

과학적 관리이론은 생산성과 관리의 향상에 지대한 기여를 한 반면 사회복지조직에 대한 과학적 관리이론의 적절성을 평가함에 있어서는 다음과 같은 한계를 인식할 필요가 있다고 Hasenfeld(1983: 21; 장인협 외, 2006: 33 재인용)는 지적하고 있다.

① 과학적 관리이론은 조직의 폐쇄체계를 다룬다. 즉 과학적 관리이론은 조직의 많은 외적 영향, 그리고 조직이 다른 조직 및 사람들과의 관계에 대해 필요성을 무시한다. 즉, 사회복지조직이 외부환경으로부터 받는 많은 외적 영향을 무시한다.

② 과학적 관리이론은 시간이 흘러도 변하지 않고 중요성에 따라 우선순위를

정할 수 있는 일련의 뚜렷한 목적을 조직이 갖고 있다고 가정한다. 따라서 이 이론은 상충 되고 모호한 목표를 받아들이거나 다룰 수 없다. 사회복지조직은 복잡하고 다양한 인간을 대상으로 하며 이로 인해 상이한 규범이나 가치체계에 따라 목표가 달라질 수 있으므로 사회복지조직의 목표는 모호하고 불확실하다는 특성을 가지고 있다. 그래서 과학적 관리이론은 사회복지조직에 맞지 않을 수도 있다.

③ 의사결정 구조가 상의하달 형태를 취하기 때문에 행정 간부에게만 조직 목표설정의 책임을 부여하고 있다. 따라서 엘리트주의적이라고 할 수 있다. 의사결정 과정에 민주적인 절차를 따르는 사회복지조직에는 맞지 않을 수도 있다.

④ 과학적 관리이론은 조직구성원들 사이의 권력 배분에 영향을 미치는 내적, 외적, 정치적 과정을 무시한다. 그래서 조직은 갈등과 불화가 없는 협력체계로 본다.

⑤ 구성원들은 금전 이외에는 아무런 동기나 관심을 갖지 않는 존재라고 가정함으로써 인간에 대한 기계적인 견해를 갖게 한다.

3. Gulick, Urwick, Fayol의 행정관리론(공공행정학파)

Taylor의 과학적 관리이론이 작업 현장으로부터 과업을 분석하는 '아래로부터'의 연구라면, 행정관리론은 '위로부터' 연구하여 조직의 최적 방법을 설계하는 과정을 추구한다.

대표적인 학자로는 L. Gulick, L. Urwick, H. Fayol 등이 있으며 생산성 · 효율성보다 행정관리 기능의 향상에 주로 초점을 맞춘 연구를 진행하였다.

공공행정학파(public administration school)도 분업과 가장 단순한 형태로의 과업분류를 강조하였으며 그 밖에 통제의 통일(unity of control)도 강조하였다. 즉 과업이 소단위로 분류될 필요가 있으며 성과를 감독하고 조정하기 위한 집권화된 통제의 필요도 주장하였다.

통제의 통일은 한 사람의 상관에 의하여 지도 · 감독 될 수 있는 부하의 수 제한을 가져왔는데 이를 통제의 범위(span of control)라 한다. 또한 공공행정학파는 계선(line) 상의 1:1의 책임, 즉 한 명의 상관이 한 명의 부하에게 권한과 책임을 가져야 한다는 것을 강조한다.

권한과 책임이 여러 상관에게 분산되는 경우 부하는 구조적 문제의 희생양이 될 수 있다는 것이다. 그 밖에 공공행정학파는 목적, 과정, 수혜자 그리고 지리적 영역에 따른 조직 단위 간의 전문화(specialization)도 강조하였다.

행정관리이론은 개인적 동기, 비공식적 집단과 같은 인간적인 요소 간과, 조직의 보편적인 원리를 강조하지만 이를 구체화하고 검증하는 데 한계를 보였고 조직구조의 경직성으로 인한 창의성과 자율성을 저해하는 점을 유의하여야 한다,

제 2 절 신고전 이론(Mayo의 인간관계 이론)

1. Mayo의 호손 실험과 인간관계 이론

인간관계 이론(Human Relation Model)은 고전이론에서 나타난 여러 가지 결함을 보충하기 위하여 개발된 이론으로써, Mayo를 중심으로 행해진 Hawthorne 공장의 실험의 주요 내용, 제1차 조명실험, 제2차 전화계전기 조립실험, 제3차 면접실험, 제4차 건반배선 관찰실험을 계기로 전개되었다(염일열 외, 2016: 65~66, 김인혁 외, 2019: 73~74).

이 이론은 조직에서의 인간의 태도와 감정의 중요성을 강조하고 있으며 개인의 욕구를 충족시키기 위하여 조직에서의 비계획적, 비합리적 요소에 강조를 두고 있다. 그러나 인간관계 이론과 고전이론의 차이점에도 불구하고 인간관계 이론은 만약 개인의 욕구가 충족된다면 조직에서의 개인은 조직의 목표를 위해 일할 것이라는 기본적인 가정에서는 고전이론과 같다.

개인의 욕구에 관심을 보여준다면 조직의 목표와 개인의 목표는 일치할 수 있는 것이다(Neugeboren, 1985: 46). 이와 같은 인간관계 이론은 사회복지조직의 관리자들에게 호응을 받고 있는 이론으로 볼 수 있다.

Mayo를 중심으로 행하여진 Western Electric 회사의 Hawthorne 공장에서의 실

험에서 밝혀진 결론은 다음과 같다(신두범, 1980: 130).

① 근로자의 작업능률은 물리적 환경조직에 의해 좌우되는 것이 아니라 집단 내의 동료 또는 윗사람과의 인간관계에 의해 크게 좌우된다.

② 조직에는 비공식 집단이 별도로 존재하는데 이 비공식 집단은 개인의 태도와 생산성에 강력한 영향을 미친다.

③ 근로자는 개인으로서가 아니라 집단의 일원으로서 행동하며 집단 내의 인간관계는 일련의 비합리적, 정서적 요소에 따라 이루어진다.

④ 근로자는 경제적인 욕구나 동기에 입각한 합리적 행동보다도 비경제적 요인인 심리적·사회적 욕구나 동기에 입각한 행동을 중시한다는 것이다.

또한 Fulmer에 의하면, Mayo의 Hawthorne 실험은 ① 인간의 심리적·사회적 욕구는 금전적인 동기 못지않게 효과적이다. ② 작업집단의 사회적인 상호작용은 작업 과업의 조직만큼이나 영향력을 지닌다. ③ 인간적인 요인은 어떠한 관리에 있어서도 결코 무시될 수 없다는 것을 입증하였다(Skidmore, 1983: 21).

이에 따라 인간관계 이론의 관점은 기본적으로 사회심리학적 접근방법이며 사기와 생산성, 동기와 만족, 리더십, 비공식 집단의 역동성 등 조직구성원들의 행위와 그들의 상호작용이 인간관계론적 관점의 초점이 되었다.

인간관계 이론의 특성은 다음과 같다.

① 작업능률과 생산성은 인간관계에 좌우된다.

② 조직 내 비공식 집단은 개인의 생산성에 영향을 미친다.

③ 근로자는 개인으로서가 아니라 집단의 일원으로서 행동한다.

④ 집단 내의 인간관계는 정서적인 것과 같은 비합리적인 요소에 따라 이루어진다.

2. McGregor의 X·Y 이론과 Lundstedt의 Z 이론

1) McGregor의 X 이론

Douglas McGregor는 경영의 효과성과 효율성에 관하여 뛰어난 이론적 기여를 한 X 이론과 Y 이론을 발전시켰다. 이들의 이론들은 인간의 본성과 행위에 관하여 각각 상이한 가정을 하고 있다(Skidmore, 1983: 21~22).

X 이론은 지시와 통제가 행해지는 전통적인 관리이론으로서 인간의 본성과 행위에 관하여 다음과 같이 가정한다.

① 평범한 인간은 본래적으로 일을 싫어하며 가능하면 일을 하지 않으려고 한다.

② 일에 대한 이러한 인간의 속성 때문에 조직의 목표를 성취하려면 대부분의 사람들은 강제와 통제 및 지시를 받아야 한다.

③ 평범한 인간은 지시받기를 좋아하며 책임을 회피하고자 하고 야망이 적으며 안정을 원한다.

2) McGregor의 Y 이론

이와 대조적으로 인간관계 이론의 관점을 가지고 있는 Y 이론은 인간의 권리와 제안이 고무되고 지지되며 민주적인 참여가 이루어지는 작업상황과 분위기를 강조한다.

Y 이론과 관련되는 기본적인 가정은 다음과 같다.

① 작업에서 육체적 정신적 노력은 놀이나 휴식과 같이 자연스러운 것이다.

② 외적인 통제와 처벌의 위협은 조직의 목표를 달성하는 유일한 수단이 아니다. 인간은 자신이 헌신하고 있는 목표에 기여하기 위하여 자기통제와 자기 지시를 행한다.

③ 목표에 대한 헌신은 그 목표와 관련된 보상의 기능을 한다. 그러한 보상의 가장 중요한 것으로서 자기실현 욕구와 자아의 만족은 조직의 목표를 지향하는 노력의 직접적인 산물이 될 수 있다.

④ 평범한 인간은 적절한 조건하에서 책임을 받아들일 뿐 아니라 스스로 추구한다.

⑤ 대부분의 사람들은 조직의 문제해결에 있어 비교적 높은 수준의 창의성과 상상력을 발휘할 능력을 가지고 있다.

⑥ 인간의 지적 가능성은 단지 부분적으로 활용되고 있다. 따라서 인간이 무한한 잠재력을 발휘하도록 지원할 필요가 있다.

⑦ 조직의 효과와 생산성은 구성원들이 자아실현을 할 수 있는 조직구조와 과정이 마련될 때 극대화될 수 있다.

이와 같이 X 이론과 Y 이론에서 Maslow의 생리적 욕구, 안전의 욕구, 사회적 욕구(애정의 욕구) 등은 X 이론에 그리고 존경의 욕구, 자아실현의 욕구는 Y 이론과 관련된다. 이를 <그림 2-1>로 정리해 두었다.

〈그림 2-1〉 X 이론, Y 이론과 Maslow의 욕구 5단계 이론의 관계

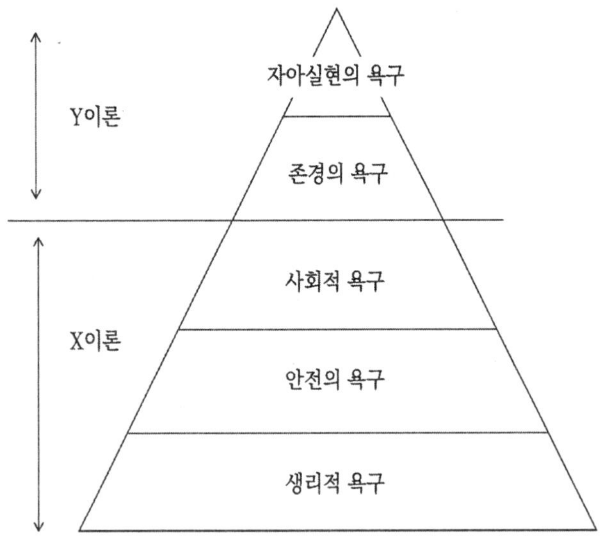

McGregor는 인간에게 조직의 목표가 주어지면 자기통제와 지기 지시를 할 수 있다고 가정하고 있다. 이때 목표 달성에의 헌신은 인간들이 그들의 창의력과 상상력을 발휘하고 조직 내에서 잠재력을 실현할 수 있도록 동기부여가 되면 가능하다는 것이다.

그러므로 효과와 생산성은 조직의 구조와 과정이 구성원들로 하여금 자아실현을 달성할 수 있게끔 이루어질 때 극대화될 것이라고 보고 있다.

3) Lundstedt의 Z 이론

(1) Z 이론의 의미

최근에는 X 이론과 Y 이론의 이론적인 결합을 보완하기 위해 Lundstedt에 의하여 Z 이론이 제시되었다.

Z 이론은 권위주의적 관리를 대변하는 X 이론과 민주주의적 관리를 대변하는 Y 이론에 대비하여 자유방임형 관리를 지지한다.

Z 이론은 특수 분야에서 종사하는 과학자나 학자들에 대한 관리로서 이들에 대한 관리를 자유방임적이고 구성원들이 자유의지에 따라 행동하도록 분위기만 조성할 뿐 인위적인 동기부여는 가능한 한 억제한다는 것이다.

Z 이론은 X 이론과 Y 이론에 포함시킬 수 없는 인간의 또 다른 한 측면을 부각시키기 위하여 사용한 용어이다(안해균, 1982: 113).

(2) Z 이론의 3가지 내용

① Lundstedt는 특수 분야에 종사하는 구성원에게 자유방임형 관리를 강조하고 있다.

② David Lawless의 Z 이론은 변동하는 환경 속에서 살아가는 조직을 관리할 때 상황을 객관적으로 파악하여 이에 상응하는 관리전략을 세우고 변화시켜 나아가야 한다는 상황적 접근방법을 말한다.

③ William Ouchi의 Z 이론은 미국 내 일본식 경영관리를 지칭하는 개념이다. 즉 종신고용, 순환근무제, 상호신뢰 바탕의 집단의사결정 등을 의미한다.

이상의 인간관계 이론은 조직안에서 개인행동을 이해하는 데 중요한 기여를 하였다. 인간관계 이론이 직원의 태도, 사기, 대인관계 및 일반적 · 심리적 안녕에 영향을 주는 조직의 구조와 과정에 대한 중요성을 강조한 사실은 클라이언트를 치료하는데 직원이 자아를 개입시키는 것은 서비스 전달의 핵심적인 구성요소로써 사회복지조직에서는 특히 중요한 것이다(Hasenfeld, 1983: 26~27).

인간관계 이론은 사회복지조직의 관리자들에게 크게 각광을 받고 있는데 이는 대인관계 기술, 클라이언트의 노력과 동기부여의 상대적 중요성에 부합될 뿐 아니라 직원 간의 상호작용의 질이 직원과 클라이언트의 역할에 영향을 미친다는 가정에도 부합되기 때문이다.

제3절 상황 이론

1. 개방 체계와 폐쇄 체계

사회복지행정과 관련된 이론은 환경에 대한 관점에 따라 크게 폐쇄 체계적 관점과 개방 체계적 관점의 두 가지로 구분해 볼 수 있다. 조직을 폐쇄 체계적 관점으로 보면 엄격한 조직의 경계 속에서 내부의 합리적인 의사결정과 관리 활동 등이 주된 관심의 대상이 된다.

반면 개방 체계적 관점은 조직 간의 상호의존적 성격을 강조하여 조직의 외부환경이나 조직 간의 관계에 관심을 두고 한 조직 영역 내에서의 역할들보다는 조직 간의 관계를 관리하고 네트워킹하는 등의 역할들이 중요하게 다루어진다.

2. 상황 이론의 기본전제

상황 이론(Contingency Theory: 개연성 이론, 우연성 이론)은 고전 이론과 인간관계 이론에서 제시되는 근본적인 전제를 부정하고 조직화하는데 유일한 최선의 방법이 없으며 조직의 상황에 따라 적절한 조직화 방법을 결정하여야 한다고 전제하고 1960년 이후 고전 이론과 인간관계 이론 등에 대한 비판을 제기하면서 발달한 이론이다.

① 환경으로부터 요구는 조직 내 구조변화의 형태를 결정한다.

② 조직 기술의 속성에 따라 부서의 구조가 결정된다.

③ 상황 이론가들은 특정한 조직구조와 관리 방법이 다른 구조와 방법보다 효과적이라는 가정을 부정한다.

효과적인 조직은 다양하게 나타나지만 조직이 원하는 목표를 이루기 위해서는 조직의 특성과 적합성을 유연하게 만들어야 할 것이며 이의 결과에 따라 조직의 성패를 좌우한다.

사회복지조직의 내부적 특성을 잘 설명하고 상황과 환경의 중요성을 강조하고 기존의 조직 이론이 환경과의 관계를 도외시한 반면, 상황 이론은 환경적 변수의 중요성을 강조한다는 관점에서 사회복지조직에의 적용 가능성은 더욱 크다.

상황 이론의 한계는 어떠한 상황이나 환경에 어떤 조직이 효과적이라는 일정한 원칙과 지침을 제공해주는 데 실패했기 때문에 이 이론을 과학적으로 검증하거나 현실에 적용하는 데는 일정한 한계가 있다(나눔의 집, 2006: 63).

제 4 절 체계 이론

체계 이론(Systems Model)은 고전이론 · 인간관계 이론 · 구조주의 이론이라는 세 가지 기본 이론들이 하나의 이론으로 통합될 수 있다는 가정에 기초를 두고 있다. 체계 이론은 조직을 다양한 역동성과 메커니즘에 기초를 둔 구체적 기능을 수행하는 많은 하위체계로 구성된 복합체로 보고 있다(Katz and Kahn, 1978: 69~12).

체계 이론(Systems Model)은 관리자에게 조직의 문제를 분석하고 진단하기 위한 방법을 제공해 주는 것으로 조직의 문제 체계를 통해 분석할 수 있기 때문에 비교적 관리자에게 유리한 이론이다.

체계 이론은 조직을 다섯 가지 하위체계로 구성되어 있는 것으로 보고 있다(Neugeboren, 1985: 74). 체계 이론에서 각각의 하위체계는 생존과 발전을 위한 경쟁의 역동성 때문에 부단히 활동하고 있으며 한편 하위체계 간에 갈등과 모순은 불가피하다는 것을 가정한다.

사회복지는 전통적으로 환경속의 인간(PIE: Person In Environment) 관점을 중요시한 관계로 사회복지조직의 관리에 체계 이론의 적용은 사회복지조직의 문제들을 진단하는 포괄적인 도구를 제공하여주고 있다는 점에서 유용하게 사용되는 이론이다(<그림 2-2> 참조).

하위체계는 ① 생산 하위체계, ② 유지 하위체계, ③ 경계 하위체계, ④ 적응 하위체계, ⑤ 관리 하위체계로 구성되어 있다. 관리 하위체계가 다른 하위체계들을 조정한다.

〈그림 2-2〉 체계 이론

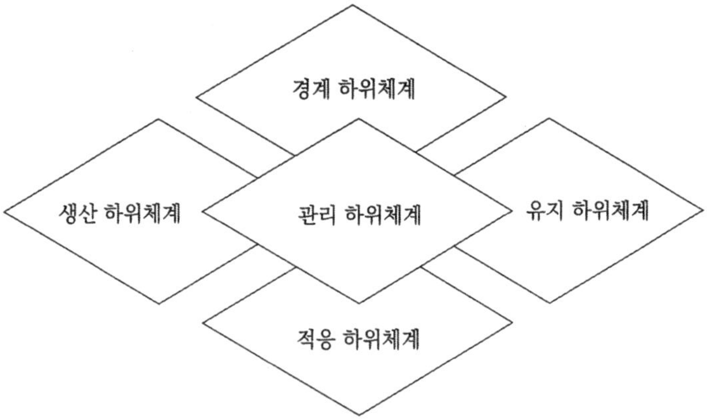

- 고전이론의 관점: 생산, 적응 관리 하위체계
- 인간관계 이론의 관점: 유지, 관리 하위체계
- 구조주의 이론의 관점: 경계, 적응 하위체계

1. 생산 하위체계

일정한 목적을 위해 만들어진 조직은 그 조직의 생산과 관련된 과업을 수행해야 하는데 이 과업은 생산 하위체계(production subsystem) 안에서 달성된다. 생산 하위체계의 기본적인 특징은 고전이론의 가정에 기초를 두고 있고 생산 하위체계의 특징들은 조직의 역할과 과업을 설계하는 데 있어 숙련과 합리성의 중요성을 강조한다(Neugeboren, 1985: 74).

사회복지조직에서 생산 하위체계의 기능은 클라이언트에게 서비스를 제공하는 것이다. 조직으로 투입되는 돈과 인력과 같은 투입 자원이 서비스로 변형된다. 조직의 명칭 또는 분류가 생산 하위체계가 제공하는 서비스와 관련되어 있다는 사실에 비추어 볼 때 생산 하위체계의 중요성을 알 수 있다. 적절한 사례로는 아동상담센터를 들 수 있다(Lauffer, 1985: 65).

2. 유지 하위체계

유지 하위체계(maintenance subsystem)의 기본 철학은 조직의 욕구에 개인의 욕구를 통합하는데 강조를 두고 있는 인간관계 이론에서 나온 것으로 유지 하위체계의 주목적은 조직의 현재 상태대로 조직의 계속성을 확보한다는 것이며 조직 내의 역동성은 조직 내 안정 상태의 유지이다.

이 목적을 위해 사용되는 메커니즘은 활동의 공식화, 보상체계의 확립, 새로운 구성원의 사회화, 직원선발과 훈련 등이다(Neugeboren, 1985: 50).

사회복지조직에서 유지 하위체계의 기능은 개개 직원들이 목표를 조직의 목표에 통합되도록 촉진하는 것으로 직원들의 관심과 능력은 조직의 과업과 관련된 요구 조건들에 일치하지 않을 수 있다. 한편 유지 하위체계의 목적으로서 현재 상태의 계속성을 확보하고 안정 상태를 유지하는 과정에서 클라이언트의 욕구보다 직원들의 욕구 충족을 더 강조한다면 이는 조직에 대하여 역기능이 될 가능성이 있고 직원들의 조직에 대한 충성심은 조직 밖에서 그들에게 부과되는 요구 때문에 분산되기 쉽기에 유지 하위체계는 절차를 공식화하고 표준화함으로써 직원을 선발의 목표에 통합시키는 기능을 수행한다.

조직의 궁극적인 목표는 클라이언트의 욕구 충족에 있는 것이고 따라서 직원들에 대한 관심은 어디까지나 클라이언트의 욕구 충족이라는 조직의 궁극적인 목표를 달성하기 위한 수단이라는 것을 명심해야 한다(Neugeboren, 1985: 80).

3. 경계 하위체계

경계 하위체계(boundary subsystem)는 구조주의 이론과 관련된 가정에 기초를 두고 있다. 즉 경계 하위체계에서는 환경과 환경에 영향을 미치기 위한 장치를 확립할 필요성에 강조를 두고 있다(Neugeboren, 1985: 50).

사회복지조직에서 경계 하위체계의 기본 목적은 조직의 외부 환경에 영향을 미치는 것으로 생존하고 발전하기 위해서 부단히 외부 환경에서 일어나는 변화를 인지하고 반응할 수 있어야 한다(Hasenfeld, 1983: 98~101).

이와 같은 필요성은 오늘날 사회복지 분야가 정치 경제적 환경으로부터 그 압력을 더욱 크게 받고 있음이 발견됨에 따라 중요하며 사회복지조직의 경계 하위체계는 다시 생산 지지체계(production-supportive system)와 제도적 체계(institutional system)라는 두 가지 구성요소를 통해 외부 환경에 반응한다.

① 생산 지지체계는 서비스 전달에 후원과 지지를 보내기 위해 필요한 활동들에 관심이 있으며 기본적 기능은 외부의 다른 조직과 교환관계를 맺는다. 사회복지 분야에서 조직 간에 상호의존에 관한 인식이 증가되고 있을 뿐만 아니라 클라이언트의 욕구가 적절히 충족되기 위해서는 조직 간 협력과 조정이 필수적이다. 생산 지지체계의 목적은 이와 같이 협력과 조정절차를 통해 다른 조직과 관계를 발전시키는 것이다.

② 제도적 체계는 조직의 임무와 업적을 지역사회에 홍보(public relations)할 필요가 있으며 필요할 경우 지지와 정통성을 확보하기 위해 지역사회의 다양한 조직 및 수혜 대상들(constituencies)에게 영향을 미쳐 환경을 조정한다.

4. 적응 하위체계

적응 하위체계(adaptive subsystem)는 연구와 계획을 강조한다는 점에서 합리성과 숙련을 강조하는 고전이론에 기초를 두고 있으며 환경을 강조한다는 점에서는 구조주의 이론에 기초를 두고 있다(Neugeboren, 1985: 51).

사회복지조직에서 적응 하위체계는 연구와 계획에 관련되어 있으며 조직의 지적인 부분에 해당한다. 적응 하위체계는 변화하는 환경의 요구에 반응해서 조직을 변화시킬 필요성을 인식하고 관리층에 적절한 건의를 하며 이를 위한 기본적인 도구가 바로 체계적인 연구와 평가이다.

새로운 클라이언트의 욕구, 새 정부의 요구 조건, 자금조달조직의 우선순위에 신속하게 적응할 수 없는 사회복지조직은 시대에 뒤떨어지며, 뒤떨어진 사회복지조직은 자원을 획득하기 어려워진다.(Lauffer,1985: 66-67)

그러나 사회복지조직에 대한 책임성이 요구되면서 사회복지조직들은 자신들의 프로그램의 효율성과 효과성을 체계적으로 평가할 필요성이 있다.

전산화된 정보관리체계의 활용이 계속적인 프로그램 평가를 위한 자료의 수집 · 저장 등이 중요한 요소로 부각되었고 효과적인 적응 하위체계의 확립과 관련된 문제 중의 하나가 내부 평가와 객관성의 결여이다.

따라서 객관적인 평가를 위해 외부 전문가가 필요하다는 의견이 제시되기도 하나 내부 평가의 객관성을 높이기 위해 적응 하위체계를 최고 관리층의 부속으로 하고 직접 그들에게 건의를 하는 방법도 그 대안이 될 수 있다(Neugeboren, 1985: 82).

5. 관리 하위체계

관리 하위체계(managerial subsystem)는 통제를 강조한다는 점에서는 고전이론의 특징을 갖고 있으며, 외부 환경을 강조한다는 점에서는 구조주의 이론[1])의 특징을 갖고 있고, 타협을 강조한다는 점에서는 인간관계 이론의 특징을 갖고 있다(Neugeboren, 1985: 51).

사회복지조직에서 관리 하위체계의 목적은 다른 네 가지 하위체계를 조정하고 통합하기 위해 리더십을 제공하는 것으로 기본적인 기능은 ① 권한의 활용을 통해 계층 간에 생겨나는 갈등을 해결하는 것, ② 타협과 심의를 통해 하위체계들을 조정하는 것, ③ 자원을 증진시키고 필요한 경우 조직을 재구조화하기 위해 외부 환경을 조정하는 것이다.

관리 하위체계는 갈등을 건설적으로 다루고 그 해결을 교섭하기 위해 지식과 기술을 필요로 한다. 관리자는 각기 다른 하위체계가 어떻게 조정되고 통합될 수 있는가를 이해하기 위해 체계적인 이론에 대한 관점을 가질 필요가 있다.

이데올로기 면에서 하위체계 간에 차이를 보일 때 관리자는 이데올로기 갈등의 가능성을 민감하게 포착해야 한다. 또한 다른 하위체계들에 의해 수행되는 과업들에 차이를 보일 때 관리자는 모순되는 구조와 관련된 문제를 이해할 필요가 있다(Litwak, 1978: 143).

---

1) 구조주의 이론은 고전적 이론과 인간관계적 이론을 종합화한 것이다. 이 이론은 개인과 조직의 목표가 일치한다는 가정을 하지 않으므로, 인간관계 이론과 고전적 이론가는 결이 다르다. 따라서 구조주의 이론은 경험적 연구의 결과에 따라 규범이라기보다는 기술적이다. 또한 구조주의 이론은 고전적 이론과 인간관계적 이론을 조화시키고 종합화하는 6가지 요인적 접근을 제시하고 있다. ① 조직의 공식적 요인과 비공식적 요인 및 그 관련성, ② 비공식적 집단의 범위와 조직 내적·외적에서 비공식적 집단들 간의 관계성, ③ 하위자와 상위자, ④ 사회적 보수와 물질적 보수 및 그 상호 간의 영향력, ⑤ 조직과 환경 간의 상호작용, ⑥ 업무조직과 비업무조직이다. 이에 따라 구조주의자들은 조직에 대한 환경의 영향을 강조한다. 구조주의 이론은 외부환경과 관련된 다양한 유형의 행정과 조직의 역할에 역점을 둔다.

제 5 절 조직환경 이론

1. 구조-상황 이론

구조-상황 이론(structure-contingency theory)이란 개방체계 시각의 적용을 통해 조직 환경과 조직구조의 적합성이 조직의 성과, 궁극적으로는 조직의 생존에 중요한 영향이 있다는 이론이다.

조직구조를 배치하는데 상황에 의지하게 되고 상황이 달라지면 조직구조도 그에 따라 달라질 수밖에 없다.

조직의 설계는 조직의 맥락, 특히 조직이 관련을 맺고 있는 환경 특성에 의존할 때 최선의 사례를 구성할 수 있다(김형식 외, 2001: 56~57). 이 이론은 조직과 환경, 조직과 상황과의 연관성을 강조하는데 사회복지조직은 클라이언트 집단에 따라 그 조직의 특성이 유연성을 가져야 한다는 점이 중요하다.

한편 이 이론에 대한 과학적 검증과 현실적용에 한계를 지니고 있는 부분적인 상황 요인을 강조하는 관계로 사회 · 정치 · 문화적 변수와 조직구조 형성의 주체인 의사결정 · 가치관 · 의도 · 목적적인 면에 한계를 보인다는 비판이 있다.

2. 정치 · 경제 이론

정치 · 경제 이론(political economy theory)이란 권력의 상호작용, 권력 행사자들이 성취하려는 목적 및 생산적 교환체계에 관한 연구이다. 조직과 환경 간의 상호작용을 중시하며 그러한 상호작용이 조직 내부 역학관계에 미치는 영향들에 초점을 둔 이론이다.

조직이 서비스를 생산하고 생존하는 데 필요한 정치적 지원(합법성과 세력 등)과 경제적 지원(물적 자원, 클라이언트, 인력 등)을 업무환경과의 관계에서 획득하는데, 이러한 외부 환경적 요소는 조직의 내부에 영향을 미치고 조직 내에서의 권력과 경제관계들이 조직 내 서비스 기술과 의사결정에 영향을 미친다(박차상 외, 2009: 70~72).

이러한 측면에서 조직이란 필요로 하는 자원들을 보유하고 있는 조직 내부 및 외부에 존재하는 다양한 이익집단들이 그들의 가치관을 조직을 통해서 최대한으로 활용하려고 경쟁하는 장이다. 그런 반면에 사회복지조직이 돈이나 권력 같은 정치 · 경제적 지원에 의존하는 것보다 사회복지가 함의하는 가치와 이념이 간과된다는 지적이 있다(황성철 외, 2020: 83~86).

3. 제도 이론

기존의 조직환경 이론은 과업환경에 대해 관심을 집중시켰으나 제도 이론(Institutional theory)은 사회복지조직을 위시한 휴먼서비스 조직들이 기술적인 특성들보다는 제도적인 환경 속에 존재하는 규범이나 규칙들에 의해서 조직의 성격이 결정된다고 주장한다(박차상 외, 2009: 73~74).

개별조직들이 그들이 수행하는 활동에 대한 지원과 정당성을 얻기 위해서 반드시 따라야만 하는 사회적 규범과 가치 및 문화적 규칙 시스템, 즉 제도 환경에 순응하는 것의 중요성에 관심을 둔다.

그리고 조직에서 제도적 동형화 즉 제도적 규칙을 받아들이는 과정과 방법(제도적 동형화 과정)은 다음과 같다.

① 정부나 법률의 규정에 의해서 '강제'로 받아들여지는 규칙이 있다. 법률적 규정에 따라 특정 클라이언트를 의무적으로 서비스 대상자로 선정해야 하는 이유는 여기서 비롯된다.

② 성공적인 조직의 관행과 절차를 '모방'하여 규칙을 정하는 방법이다. 우수복지조직의 조직체계와 프로그램을 도입하여 시행하는 경우는 여기에 해당한다.

③ 전문직의 '규범'으로 자연스럽게 그 절차를 수용하는 것이다. 과학적으로 효과성이 입증된 실천모델을 적용하는 이유는 사회복지실천에서 경험적 실천의 중요성이 강조되는 전문직의 요구가 있기 때문이다.

4. 자원의존 이론

자원의존 이론(resource-dependence theory)은 조직이 환경적 결정에 수동적이기만 한 것이 아니라 환경적 영향에 적극적으로 대처하고 환경을 조직에 유리하도록 관리하는 실체라고 규정한다(사회복지교육연구센터, 2016: 73).

조직은 자원을 획득하는 데 있어 환경에 의존하고 환경에 대해 스스로 선택할 수 있는 대안을 갖고 전략적으로 조직 내 의사결정을 통해 선택한다. 조직은 능동적으로 환경에 영향을 미치려 한다.

자원의존 이론은 사회관계가 권력관계로 구성되어 있음을 가정하며 조직은 기본적으로 그 조직에 가장 중요한 자원을 제공하는 외적인 환경요소에 의존하는 동시에 통제하에 있는 것이 일반적 현실임을 설명하고 있다.

조직은 환경에의 의존성과 불확실성을 제거하고 환경에 대한 통제력을 높이기 위해 자원의존 회피전략 등의 다양한 전략을 취하는 존재라고 규정한다.

5. 조직군 생태 이론

조직군 생태 이론(population ecology theory/natural-selection theory)이란, 조직과 환경과의 관계에서 환경의 조직선택이라는 환경 결정론적인 시각으로 환경적 요인들이 그에 가장 적합한 조직특성들을 선택한다고 보는 이론이다.

특징으로는 분석단위를 개별조직이 아닌 조직군으로 장기적 조직변동과 정치경제적 조건에 관심을 둔다.

조직의 변동은 변이 → 선택 → 보전의 과정을 거치며 다윈의 진화론 중 적자생존이라는 개념에 영향을 받은 것으로써 조직과 환경 간의 관계에 있어 개별조직에 관심을 두지 않고 조직의 무리(조직군) 또는 어떠한 범주에 대해서 관심을 둔다.

조직군을 둘러싸고 있는 환경적 욕구에 부합되는 조직만이 선택되어 생존하게 되는 원리가 조직과 환경 간의 관계에서 적용됨을 주장한다.

조직은 환경의 변화 속도보다 조직의 변화 속도가 느림에 따라 구조적 관성을 나타내게 되고 구조적 관성에 의해서 개별조직의 변화는 일어나기 어렵기 때문에 조직의 환경적응은 어렵게 되고 이에 따라 조직은 환경에 의해서 선택당하게 될 수 있음을 설명한다.

환경에 의한 선택과 관련해서 조직은 변이[2] 선택[3] 보전[4]의 과정을 거친다(사회복지교육연구센터, 2016: 74~75).

제 6 절 현대조직 이론

1. 목표관리(MBO)

1) MBO의 정의

1954년 Drucker가 그의 저서(The Practice of Management)에서 목표관리란 용어를 최초로 사용하였고, 1957년 McGregor에 의해 Y 이론을 구조화시키면서 소개된 목표관리(Management by Objectives: MBO)는 참여의 과정을 통해 조직 단위와 구성원들이 실천해야 할 생산 활동의 단기적 목표를 명확하게 체계적으로 설정하고 그에 따라 생산 활동을 수행하도록 하며 활동의 결과를 평가 · 피드백시키는 관리체계이다(지은구, 2005: 69).

MBO는 명확한 목표설정과 책임 한계의 규정, 참여와 상하 협조, 피드백의 개선을 통한 관리계획의 개선, 조직구성원의 동기유발 그리고 업적 평가의 개선 등을 도모하고 궁극적으로 조직의 효율성을 증진시키려는 총체적 관리체계이다.

MBO의 기본요소는 목표설정 · 참여 · 명시적 기간 설정 · 피드백이다.

---

2) 조직변동의 첫 단계로 변이의 원천에는 관심을 두지 않고 변이에 대한 관심은 어디까지나 자연, 환경의 선택이 이루어지는 대상으로 국한한다.

3) 변이가 나타난 다음 단계, 조직군 생태 이론의 또 다른 이름이 자연선택이라는 명칭에서 알 수 있듯이 선택을 가장 중심적으로 다룬다. 선택은 환경에 의한 특정한 기준에 의해 조직은 이 과정에서 능동적인 행위자가 아니라 단지 환경에 의해 선택되는 대상이다. 선택단계에서 어떤 변이가 성공적으로 선택되고 어떤 것은 탈락되는가의 여부에 결정적인 기준은 환경이다. 조직은 환경에의 적합성 여부에 따라 성공적으로 선택되어 생존하거나 또는 정체되어 도태한다.

4) 환경에 의해 성공적으로 선택된 조직 형태가 지속되고 계승되는 것이다. 조직보전과 관련하여 가장 중요하게 보는 기제는 교육이다. 조직군 생태 이론에서는 환경이 가장 적합한 조직, 최적의 조직을 선택하며 이러한 선택과정에서 개별조직들은 거의 영향을 미치지 못하는 것으로 나타난다.

① 목표설정은 기대되는 결과의 명확한 표현이 필요하다.

② 참여는 참여적 의사결정을 상급자에 의한 일방적으로 설정하는 것이 아니다.

③ 명시적 기간 설정은 목표가 성취되어야 할 구체적 기간이 존재하여야 한다.

④ 피드백은 과정 속에서 지속적인 환류를 추구하며 주기적이고 공식적인 평가 회의를 마련하여야 한다.

2) MBO 체계의 특징

MBO 체계의 특징을 살피면[5] 다음과 같다.

① 목표는 직원 간의 실시한 수행을 기반으로 한 과업 분석과 일관된다.

② 목표는 성과 지향적이며 긍정적이고 현실적이며 측정 가능하다.

③ 목표는 직원들과 함께 설정한다.

④ 계획은 어떻게 목표를 달성할지를 결정하기 위해서 필수적이다.

⑤ 목표를 향한 진행 상황에 대해 정기적인 검토가 요구된다.

⑥ 피드백과 보상은 목표 달성을 위해서 필수적이다.

3) MBO의 장·단점

MBO 장단점은 다음과 같다. MBO의 장점으로는 시간과 자원분배의 효율성 증진 및 업무분배의 합리화를 추구하며 참여자의 동기를 유발시키고 기관에 대한 개인별 기여를 확인할 수 있으며 실적에 기초한 업적 평가의 실현이 가능하다는 장점이 있다.

단점으로는 환경을 무시하는 폐쇄적인 체계를 가정하여 환경적 요인을 무시하고 변화가 급변한 조직이나 유동적인 조직에서는 실현 가능성에 맞는 목표설정을 한다는 것이 어렵고 목표 달성의 정도를 중시하기 때문에 수준 높은 목표설정을 회피하며 실현 가능성이 높은 단기 목표를 설정하는 경우가 많다. 또한 시간과 노력이 과다하게 소요 된다(지은구, 2005: 69~70).

---

5) 심상용(2019), "사회복지행정론", 127: 목표-전제-기대-행동의 대안-결정-의사결정구조-실행-결과등 8가지 요소로 구성되어 있다고 말한다.

4) 사회복지조직에서 MBO

사회복지조직에 MBO를 적용해보면 먼저 ① 사회복지사들이 목적과 목표를 성취하기 위해 함께 일하는 공동 작업을 구조화하고 실행하는 팀 개념을 가져다주었다. ② 기관의 업무나 목적 달성을 위한 정확한 업무수행 평가를 통하여 그들의 업무에 대한 높은 책임감을 가지도록 하였다. ③ 목적과 목표 달성에 업무자들의 참여를 장려함으로써 업무자들의 자발적인 동기를 증진시킨다. ④ 조직에 대한 개인별 성과가 확인 가능하게 되는 효용이 있다. 반면 ❶ 목표와 성과의 측정이 어렵다. ❷ 가시적인 성과를 위해 단기적 목표와 계량적 특정이 쉬운 업무에만 주력하는 경향을 가져온다. ❸ 목표관리를 도입하는 데 시간이 많이 걸리고 운영절차가 번잡하다. ❹ 관리상황이 유동적이기 때문에 MBO가 성과를 거두기 어렵다는 점도 있다(지은구, 2005: 71~72).

아래 <표 2-1>에 사회복지의 MBO 적용의 예를 정리해 보았다.

〈표 2-1〉 사회복지조직의 MBO 적용의 예

단계	MBO절차	사회복지조직의 예
1. 목표의 발견	● 조직에 필요한 거시적 조직 목표 발견	● 사회 문제들을 고려한 장기적 목표 발견 ● 당면한 문제해결을 위한 단기적 목표 발견
2. 목표의 설정	● 조직이 이루고자 하는 목표 정립 - 계획 수립 - MBO를 위한 팀 운영	● 상위목표 설정(조직의 목표) ● 하위목표 설정(부서와 개인별 목표설정) - 상사와 부하의 합의에 의한 목표와 평가 기준을 설정 - 팀 운영
3. 목표의 확인	● 설정된 목표의 실제 수행 가능성을 검토 - 목표 면담	● 상위목표 확인 ● 하위목표 확인
4. 목표의 실행	● 구체적 전략과 실제 행동 - 사업추진(업무추진)	● 하위목표 실행 ● 목표 수행과정에서 피드백(환류)
5. 평가	● 계획의 평가 - 인사 평가	● 중간결과의 평가와 환류 ● 최종결과의 검토 및 평가 - 실적 집계 - 평가 면담 ● 인사 평가에 반영
6. 피드백	● 부족 부분, 추가할 사항은 차기 계획에 반영	● 부족 부분, 추가할 사항은 차기 계획에 반영

2. 총체적 품질관리(TQM)

1) TQM의 정의

TQM(Total Quality Management: TQM)이란 조직의 문화를 정의하는 것이며 도구, 기법, 훈련 등의 통합시스템을 통해 항상 고객 만족을 추구하는 작업을 지원하는 것이다. 여기에는 고품질의 제품 및 높은 수준의 서비스를 실시하도록 지속적인 개선을 하는 조직적인 과정이 포함된다.

1970년대 일본 기업들이 실시한 종합적 질 관리에서 체계화된 것으로 알려져 왔다. 1990년대 이후 품질통제, 검사활동 중심의 품질관리, 품질보증, 품질경영 등으로 정리되었다.

TQM이 전통적인 관리기법과 구별되는 가장 큰 특징은 고객의 욕구나 필요에 따라 조직의 목표가 설정된다는 고객 중심의 관리가 강조되어 조직운영과 서비스의 지속적인 개선을 통해 양질의 서비스를 산출하여 조직의 경쟁력을 증대시키고 이를 위해 전 조직구성원들이 참여하여 노력하는 경영 시스템을 갖춘다는 점이다 (김형식, 2001: 218~219).

TQM에서 품질은 흔히 지속적인 개선을 통해 결함 없는 제품, 서비스 및 비즈니스 과정에 대한 내부 및 외부 고객의 요구사항을 충족하는 것으로 정의된다.

2) Swiss의 TQM 7대 원칙

① 고객은 최초의 그리고 가장 중요한 서비스의 질 판정자이다.

② 서비스 질은 마지막에 추가되는 것(하향식)보다는 생산 초기부터 제품(또는 서비스)의 구성요소가(상향식)되어야 한다.

③ 서비스의 변동 가능성을 예방하는 게 고품질 서비스를 확보하는 비결이다.

④ 서비스의 질은 개인의 노력이 아니라 시스템 내부에서 일하는 다양한 사람의 협력으로부터 나온다.

⑤ 서비스의 질은 투입과 과정의 지속적인 개선을 요구한다.

⑥ 질적 개선은 강력한 작업자의 참여를 요한다.

⑦ 전체조직의 사명감이 투철해야 질적 개선을 이룰 수 있다.

3) TQM의 특징

TQM의 특징은 다음과 같다.

① 고객의 요구 존중, ② 지속적 개선, ③ 집단적 노력 강조, ④ 신뢰 관리, ⑤ 과학적 방법 사용, ⑥ 총체적 적용, ⑦ 인간의 존중, ⑧ 장기적 시간과 예방적 통제, ⑨ 분권적 조직구조

4) 사회복지조직에서의 TQM

사회복지조직이 가지고 있는 가치, 목표실적에의 강조, 신뢰성 확보 등이 TQM의 기본적인 요소와 거의 동일하기 때문에 사회복지조직에서 관심을 가지게 되었다. 그러나 이러한 사회복지조직에의 TQM은 사회복지서비스의 질을 측정할 수 있는 객관적인 척도가 부족하고 조직의 리더에 대한 의지와 구성원들의 자발적인 참여가 유발되는 환경적인 요인이 충분하지 않고 이에 대한 지식이 결여되어 있어 사회복지조직에 적용하기에는 아직까지 한계가 노출되어 있다(신복기 외, 2002: 305~307). 일반적으로 총체적 품질관리를 조직에 적용함으로써 서비스의 질을 개선하고 고객(클라이언트 대상자)의 만족도와 생산성이 향상되는 성과를 거두는 것으로 평가된다(심상용, 2019: 135).

3. 전략적 관리(SM)

전략적 관리에 대한 정의와 특징은 다음과 같다(사회복지교육연구센터, 2016: 81).

1) 전략적 관리의 정의

전략적 관리(Strategic Management: SM)는 환경과의 관계를 중시하는 변혁적 관리로써 조직에 영향을 미치는 변화의 효율적 관리를 지향하며 역동적인 환경의 변화를 겪고 있는 조직에 새로운 지향노선을 제시하고 그에 입각한 전략·기술을 개발하여 집행함으로써 조직이 그 활동과 운명을 스스로 통제할 수 있게 하는 것을 강조한다.

2) 전략적 관리의 특징

전략적 관리의 특징은 다음과 같다.

① 목표 지향적 · 개혁적 관리, ② 장기적 시간 관리, ③ 환경 분석의 강조, ④ 조직역량 분석의 강조, ⑤ 전략개발의 강조, ⑥ 조직 활동 통합의 강조

4. 학습조직 이론

1) 학습조직의 정의

학습조직 이론은 조직활동의 개선과 혁신을 위해 조직구성원들의 역량 강화에 초점을 둔 접근방법이라 말할 수 있다(심상용, 2019: 137).

사회복지조직과 인력의 역량관리를 통해 클라이언트 집단에 효과적인 서비스를 제공하는 방안으로 제시되는 조직 이론이다.

학습조직은 조직구성원이 진정으로 바라는 결과를 창조할 능력을 확장하고 새롭고 확대한 사고 패턴이 육성되며 집단적 목표나 열망이 자유롭게 선정되고 함께 학습하는 방법을 지속적으로 배우는 조직이다. 즉 조직의 학습행위의 일상화, 습관화로 인해 언제라도 새 환경에 적합한 자기 변신을 할 수 있다.

이와 같은 학습조직은 고객으로부터 지속적인 학습과 우수 경쟁조직의 업무기술이나 업무과정을 벤치마킹하여 조직구성원들 간에 상 · 하, 좌 · 우 서로 학습하고 이런 학습하는 일이 일상화되어 있는 조직으로 만들어 간다.

2) 학습조직의 장점

개인적 통제감, 정신적 모델(사고의 틀) · 비전 공유 · 팀 학습 · 체계적 사고와 같은 조직의 주요 영역이 역량 강화될 수 있다.

학습조직은 조직구성원인 개인 · 팀 · 조직이 지속적으로 학습을 권장하는 분위기로 조직을 변형 · 발전시키는 결과를 가져온다.

학습조직에서 강조되는 것이 조직학습의 과정과 방법인데, Argyris에 의하면 학습은 성공적일 때(조직의 목표와 성과가 일치)와 시정조치가 이루어질 때(조직의 성

과와 목표가 불일치) 등의 2가지 경우에 일어난다.

조직 운영의 결함이 발견되어 교정하는 방법이 임시방편적이거나 부분적인 변화를 초래할 때는 단선적 학습만 가능하다. 시정 방법이 전체조직 운영의 틀을 고치는 방향으로 전개된다면 복선적 학습이 일어난다. 이처럼 복선적 학습은 조직과 구성원의 역량을 관리하거나 강화하는데 효과적이다.

3) 사회복지조직에서의 학습조직 이론

만성적인 인력과 재원 부족으로 변화하는 환경에 적응해야 하는 사회복지 조직은 학습조직화한다는 것이 매우 어렵고 오랜 시간과 많은 자원이 소요될 것이다. 그러나 학습을 강조하는 조직문화와 리더십을 갖추어 새로운 지식과 기술을 축적하여 활용한다면 그 조직은 경쟁력 있는 조직으로 변모되고 궁극적으로 조직의 역량이 크게 강화될 수 있다(일각 퍼시픽북스, 2010: 79).

5. 애드호크라시(Adhocracy)

1) 애드호크라시의 정의

애드호크라시(Adhocracy)[6]는 Alvin Toffler의 저서인 『미래쇼크(Future Shock)』에서 등장하는 말로 유기적 · 기능적 · 임시적 조직이라는 뜻을 가지고 있다.

Warren G.Bennis는 이러한 애드호크라시를 "문제해결을 위해 다양한 전문적 지식이나 기술을 가진 이질적 집단으로 조직된, 변화가 심하고 적응력이 강하며 임시적인 체계(system)"라고 정의한다.

이는 급변하는 환경변화에 적절히 대처할 수 있고 관료제에 활력을 불어넣는 도구로 활용되며 ① 비일상적인 기술을 사용하는 조직에서 ② 조직의 환경이 동태적이며 복잡할수록 ③ 새로운 조직일수록 ④ 제품 간의 개발 경쟁이 치열할수록 더

6) 애드호크라시의 기원은 애드혹 팀(adhoc team)이라고 불렸던 제2차 세계대전 당시 특수임무를 수행하던 기동타격대에서 기원을 찾는다. 애드혹 팀은 임무를 완수하면 일단 해체되었다가 다시 임무가 부여될 때마다 재구성되는 특징이 있다. 경우에 따라서 "특별임시위원회"로 번역을 하기도 한다.

효과적이다(일각 퍼시픽북스, 2010: 81).

2) 애드호크라시의 특성 및 한계

(1) 애드호크라시의 특성

구조적 차원에서 볼 때 애드호크라시는 크게 세 가지 특성을 지니고 있다.

① 구조가 복잡하지 않다.

② 형식주의나 공식성에 얽매이지 않는다.

③ 의사 결정권이 분권화되어 있다.

애드호크라시는 대부분의 고도의 전문지식을 가진 사람들로 충원되기 때문에 고도의 수평적 분화가 이루어진 구조를 가지고 수평적 분화가 이루어지는 반면에 수직적 분화는 거의 이루어지지 않는다.

이는 고도의 수평적인 체제로 업무의 분산화를 이루고 환경변화에 신속하게 대응하며 부여된 업무를 가장 잘 처리할 수 있는 특별위원회 기구나 일시적인 유연한 조직 등에 활용할 수 있다.

또한 외부환경과 소비자들의 요구변화에 따라 조직을 유지·발전시키기 위해 즉각적이고 효율적인 대응이 가능한 조직으로 변경하며 이를 위해 매트릭스(matrix) 조직,[7] 프로젝트 팀(project team)[8] 등의 형태로 운영한다.

(2) 애드호크라시의 한계

고도의 유기적 조직으로 신축성과 유기성이 높은 반면에 상대적으로 복잡하고 공식화의 수준이 낮다. 기능별집단과 목적별 집단이 공존하며 전문성이 높은 관계로 사회복지조직에 유용성을 가질 가능성이 높고 조직의 변화와 혁신에 대한 기대가 있지만 일상적인 갈등의 요소가 상존한다.

즉 권한과 책임이 구분되어 있지 않기 때문에 명령의 일원화가 되지 않고 상

---

7) 프로젝트조직과 기능식 조직을 절충한 조직 형태를 말한다. 구성원 개인을 원래의 종적인 계열과 함께 횡적인 팀의 일원으로서 임무를 수행하게 한다. 매트릭스 조직에서는 한 사람의 구성원이 동시에 두 개 부문에 속하게 된다.

8) 특정한 사업 목표를 달성하기 위해 임시적으로 조직 내의 인적·물적 자원을 결합하는 조직 형태를 말한다. 프로젝트 자체가 시간적 유한성을 지니므로 프로젝트로 임시적 잠정적이다.

이한 전문가들의 팀으로 인한 구성원들 간의 갈등과 불필요한 조직구성 등으로 인하여 관료제만큼의 정확성과 편의성을 기할 수 없는 한계를 가지고 있다.

6. 벤치마킹(Benchmarking)

벤치마킹은 1979년 일본 캐논 복사기의 돌풍으로 경쟁력이 하락한 미국 제록스사가 대안을 마련하기 위하여 도입한 기법으로 1989년 Robert Camp가 "Benchmarking"이라는 저서를 출간하면서 본격으로 회자되기 시작하였다.

벤치마킹(Benchmarking)은 지속적인 개선을 달성하기 위해 조직 내부의 활동과 기능, 관리능력 등을 외부의 조직과 비교 · 평가하여 창조적인 모방을 통해 그 차이를 뛰어넘는 혁신적인 기법이라고 정의할 수 있다.

즉 성공적인 조직 운영을 위해 최고의 실제 사례를 찾아 그것을 표적으로 자기 조직과 비교하고 그 차이를 극복하기 위해 노력함으로써 부단히 자기혁신을 추구하는 기법이다.

그러나 벤치마킹이 실패하는 사유는 다음과 같다(사회복지교육연구센터, 2016: 83).

① 사전 준비 부족

② 단순 견학이나 모방에 그치는 경우

③ 관행 탈피의 어려움

④ 구성원의 참여 유도 실패

⑤ 일회성 행사로 그치는 경우

7. 다운사이징(Down sizing)

다운사이징(Down sizing)은 조직의 관료화에 따른 불필요한 낭비조직을 제거하는 것이다. 이를 통해 불필요한 본사의 임원이나 지원부서가 축소되고 조직의 계층구조가 줄어들며 중간관리층이 대폭 감소하게 된다.

이를 위한 조직개편 수단이 팀제도이다.

일반적으로 다운사이징이란 해고와 합병 등의 방법을 통한 기구축소 또는 감원을 의미하며 조직을 축소하여 재설계한다는 뜻으로 사용된다. 원가절감이 주요 목표이기는 하지만 장기적인 경영전략 차원에서는 신중하게 추진될 필요가 있다.

단기적 비용 절약이 아니라 장기적인 경영전략으로써 수익성이 없거나 비생산적인 부서나 지점을 축소 내지는 제거, 기구를 단순화하여 관료주의적 경영체제를 지양, 의사소통을 원만·원활화하여 신속한 의사결정을 도모하는 것이다(사회복지교육센터, 2016: 83).

8. 리스트럭처링(Restructuring)

1) 정의

리스트럭처링(Restructuring)은 조직의 기존 사업구조나 조직구조를 좀 더 효과적으로 그 기능 또는 효율을 높이고자 실시하는 구조개혁 작업으로 '사업구조조정' 또는 '기업구조조정'이라고 하며 이 같은 사업조정을 추진하는 경영 절차 기법을 '리스트럭처링'이라고 한다. 사업구조조정이란 부실기업이나 비능률적인 조직을 미래 지향적인 사업구조로 개편하는 데 주목적이 있다.

즉 성장성이 희박한 사업 분야의 축소 내지 폐쇄, 중복성을 띤 사업의 통폐합, 인원의 감축, 부동산 등 소유자산의 매각 처분 같은 방법은 수동적 리스트럭처링 기법이고 국내외 유망기업과 제휴하여 새로운 기술을 개발시킨다거나 전략적으로 다른 사업 분야와 공동 사업을 추진하는 방법 등은 적극적 기법이다.

이 '리스트럭처링'은 기업의 중·장기 경영전략의 핵심적 부분이기도 하다.

2) 사회복지조직에서의 리스트럭처링

환경의 변화에 따라 경쟁력을 강화하기 위하여 장기 전망 등을 분석하여 수익성이나 성장성이 저조한 사업부문의 조직개편이나 비대해진 조직을 간소화하며 기존의 프로그램을 통폐합 혹은 축소하여 조직의 경쟁력을 확보하여 조직의 운영 상태를 개선하는 기법이다.

또한 사회복지조직이 위치한 지역의 특성에 맞는 노하우 프로그램을 계속적으로 전문화시켜 나가며 조직 관리를 팀제로 하여 운영한다(사회복지교육센터, 2016: 83~84).

9. 리엔지니어링(Reengineering)

BPR(business process reengineering)이라 불리는 '리엔지니어링(Reengineering)'은 '리스트럭처링'의 하위개념에 속한다.

이는 1990년 Michael Hammer가 제창한 기업 체질 및 구조의 근본적인 변혁을 가리킨다. 비용, 품질, 서비스, 속도와 같이 핵심이 되는 경영성과의 지표들을 비약적으로 향상시킬 수 있도록 사업 활동을 근본적으로 다시 생각하여 조직구조와 업무 방법을 혁신시키는 재설계 방법이다.

이는 과거 생산자 주도의 경제체계에서 별다른 경쟁 없이 성장했던 조직들이 경쟁 심화와 함께 고객의 요구 또한 까다로워지고 복잡해지면서 많은 어려움을 겪고 있다는 사실에 초점을 두고 있다.

그동안 조직 내에서도 생산성 향상을 위해 품질관리, 과학적 경영, 자동화 등 여러 가지 경영 개선 기법을 도입해 왔으나 이러한 점진적인 경영 개선 방법은 문제의 일부분만 개선하는 것이어서 기업경영의 본질적인 문제들을 해결해주지는 못했다.

그러나 리엔지니어링의 개념에는 인원삭감, 권한이양, 노동자의 재교육, 조직의 재편 등이 포괄적으로 포함되는데 리스트럭처링이 인원삭감이나 부분 폐쇄 등에 의존해 온 것에 비해 기업전략에 맞춰 업무 진행을 재설계하는 의미가 크다.

리엔지니어링의 핵심은 피라미드식 계층구조의 축소와 서비스 품질의 개선, 조직 내 의사 교류의 촉진과 정보의 공유, 순차적 업무처리 과정과 제조공정을 동시처리 및 병렬처리, 고객 만족 중심 경영, 의사결정의 수당 · 정보 · 권한을 하부에 이양한다(김재호 외, 2018: 97).

다양한 소비자의 요구와 이에 부응하는 연구개발이나 생산, 판매 등 기능별로 하던 업무 분담을 '고객만족의 구조'로 재설계하는 리엔지니어링이 많이 이루어지고 있는데 이러한 고객 만족 마케팅의 관점에서는 "고객의 신용 상태를 보다 효율적으로 조회할 수는 없을까?"라고 묻는 대신 "고객의 신용 상태를 꼭 조회해야 하는가?"라는 질문을 스스로 던진다. 그러나 이 기법의 도입으로 실업자가 양산될 우려가 있다(사회복지교육연구센터, 2016: 84).

10. 윤리경영(Ethics management)

부패방지 및 국민권익위원회의 설치와 운영에 관한 법률에 의하면 기업은 건전한 거래 질서와 기업윤리를 확립하고 일절의 부패를 방지하기 위하여 필요한 조치를 강구하여야 하며 특히 공직자는 법령을 준수하고 친절하고 공정하게 집무하여야 하며 부패행위와 품위를 손상하는 행위를 하여서는 아니 된다(국민권익위원회, 2015).

윤리경영은 조직의 투명성을 확보하는 기반이 되며 조직 내부적으로 합리적이고 생산적인 조직문화 형성에 크게 기여한다. 가치 지향적 조직인 사회복지기관에서의 윤리를 기본 사명으로 삼고 구성원과 조직이 사회복지의 가치와 이념에 부합되는 방향으로 발전되어야 할 것이다.

이 같은 조직과 조직구성원의 일탈 행위는 다른 사회복지조직뿐만 아니라 사회 전체에도 부정적인 영향을 준다.

윤리경영과 유사한 개념으로는 컴플라이언스 매니지먼트(준법경영)가 있다. 컴플라이언스(compliance)는 comply(법령 등을 엄수한다)의 명사형으로 법령준수 의무라는 한정된 의미로 기업 활동에서 법령 등 규칙을 준수한다는 의미로 사용되어 왔다.

그러나 조직은 단순히 법령 규범만을 준수하는 것만으로는 이해관계자의 요구나 기대에 충분히 대응할 수 없으며 법령을 초월하여 사회의 규칙을 준수함으로써 신뢰를 얻을 수 있다. 따라서 컴플라이언스는 법률 규범의 준수뿐만 아니라 조직 내 규범이나 업계의 자주적 규칙, 사회적 상식과 같은 규범 준수까지 요구하는 개념이다.

사회복지조직에 윤리경영 도입에 따른 기대효과를 정리하면 다음과 같다.

① 윤리경영은 조직이 직면한 다양한 리스크, 특히 법률적 · 제도적 리스크 감소와 사람의 실수나 시스템의 오작동 등에 의해 일어나는 운영리스크를 감소시킨다.

② 윤리경영은 조직의 내 · 외적 신뢰성 및 인지도 증대에 효과적이다. 조직 외적으로는 이미지 향상, 이용자 만족 증가 등의 효과를 유발하고 내부적으로는 직원 자부심 향상, 업무능률 향상, 서비스 질 향상 등의 효과를 기대할 수 있다.

③ 윤리경영은 조직의 가치를 증대시킨다. 따라서 윤리경영은 전문성과 전문가의 의존도가 높은 사회복지조직에서 질 높은 서비스를 제공하고 관련 당사자의 권리와 책임을 명확하게 해 주고 조정 기능을 수행하는 준거틀을 제공해 준다(신복기 외, 2013: 85~87).

윤리경영을 통해 조직의 신뢰도를 높이는 것은 조직원들의 생산성을 자발적으로 높일 수 있는 동기가 되고 부정부패 경영을 해서는 안 된다. 윤리경영이 올바르게 작동되기 위해서는 정책적으로는 복지 옴부즈맨 · 사외 이사제도 등과 같은 제도적 장치와 내부적으로는 최고경영자의 투명한 운영 마인드와 조직 내부 구성원들의 계획 · 실행 · 평가 · 예산집행의 투명성 등에 대한 조직적 관리와 독립적 감사가 필요하다.

CHAPTER

제 3 장 사회복지행정과 조직

제3장

사회복지행정과 조직

인간은 사회적 동물이라는 말로 대변되듯이 항상 조직을 만들거나 집단생활을 통해 문명과 문화의 발달을 도모해왔다. 조직원 하나는 조직원 전체를 위하여 존재하고 역으로 조직은 조직원 개인을 보호하면서 공생의 관계를 이루어 왔다.

즉 조직은 인간의 사회적 목표를 보다 효율적으로 달성하는데 기여해 왔고 인간 생활의 더 나은 내일을 위한 노력의 산물로 사회복지 수준을 높이기 위한 수단 또는 과정이라고 할 수 있다. 특히 사회복지행정은 조직을 통해서 수행되는데, 그 이유는 효과적이고 효율적인 성과를 거둘 수 있다는 점에서 사회복지행정조직의 중요성이 있기 때문이다.

또한 사회복지(social welfare)의 향상 및 증진에 있어서 국가[1]는 무한책임과 함께 그 범위가 확장되고 있으며 그 책임은 국가의 행정조직에 의하여 운용되는 것이 현실적으로 가장 합리적이라 할 수 있다.

1) 사회복지사업법 제4조 제1항에 "국가와 지방자치단체는 사회복지서비스를 증진하고 서비스를 이용하는 사람에 대하여 인권침해를 예방하고 차별을 금지하며 인권을 옹호할 책임을 진다"라고 규정하고 있다.

제 1 절 사회복지행정과 조직

1. 사회복지조직의 정의

일반적으로 조직은 특정 목표를 달성할 목적으로 의도적으로 구조화된 계획적 단위로서 목적성과 수단성을 보유하고 있는 체계로 볼 수 있다.

또한 조직은 행정행위를 수행하는 도구로 크게 조직의 구조와 과정이라는 두 가지 의미를 지니고 있다. Skidmore는 "조직은 사람, 과업 및 자원을 가장 질서 있고 효율적으로 배열하는 활동을 말한다. 또한 조직은 배열 그 자체, 즉 조직 활동의 결과를 의미할 수도 있다. 그리고 조직은 가장 단순한 의미로서 공동의 목표를 향한 사람들의 활동과정이다."라고 말한다(Skidmore, 1990: 96).

Jay Urice도 조직의 구조와 과정이란 두 가지 본질적인 측면을 강조하면서 "조직은 목적, 정책 및 계획을 형성하고 그것을 실행하는 사람들의 협력관계에 방향을 제시하여 주는 구조화 과정이다."라고 정의하고 있다.

한편 이러한 조직을 통한 장점은 다음과 같다(Skidmore, 1990: 96~97).

① 활동의 흐름을 결정하며 조직의 효율성에 영향을 미친다.

② 개인의 업무수행을 위한 지침을 제공한다.

③ 활동의 준거 틀을 창조함으로써 계획과 통제를 돕는다.

④ 의사소통과 의사결정을 위한 통로를 설정한다.

⑤ 활동의 중복과 권한 영역에 대한 갈등을 피하게 한다.

⑥ 모든 활동을 추구하는 목표에 관련시킴으로써 노력을 절약하게 한다.

⑦ 직원의 활동을 평가하고 보상하기 위한 승진의 기초가 된다.

2. 사회복지조직의 구조적 요인

조직의 구조는 구성요소 간의 상호의존 및 상호작용이 객관적 실체로서 존재하는 유형을 의미하며, 무엇보다도 조직의 목표 달성을 보다 효율적이고 효과적으로 달성하기 위해 존재한다.

이러한 조직의 구조적 요인으로서 William G. Scott는 전통적인 조직이론의 기본적인 요소 즉 ① 업무의 분화, ② 위계와 기능적 과정, ③ 구조, ④ 통솔범위 등 네 가지가 있다.

첫째, 업무의 분화이다.

업무의 분화는 구체적인 직무와 관련된 전문화를 포함한다. 조직 및 행정의 효율성은 조직의 구성원들에 맡겨진 업무의 전문화에 의하여 증진된다. 오늘날의 작업 계선 제도(assembly line)는 전문화된 업무 분화의 극단적인 형태이다.

이것은 작업의 단순성과 인간의 노동으로부터의 소외 등 많은 문제를 야기했다. 그리하여 이러한 문제를 극복하기 위한 노력이 이루어져 왔으며 작업 순환제, 노동자의 의사결정 참가 등은 이러한 노력의 하나로 볼 수 있다(Skidmore, 1990: 10).

둘째, 위계와 기능적 과정이다.

위계와 기능적 과정은 명령계통, 권위의 위임 등을 포함하는 개념이다.

이것의 기본적인 가정은 권위, 의사결정 및 책임의 위임과 관련된 상부로부터 하부로의 위계질서를 포함하는 명령계통이 존재한다는 것이다.

조직의 효율성은 상부부서가 하부부서를 지휘 통솔할 수 있는 명확한 권한 계열별로 각 부서를 배열함으로써 커지는 것이다(장인협 역, 1984: 35). 그러나 한 사람이 조직의 모든 업무를 감당할 수 없기 때문에 권한과 책임을 하부조직으로 적절히 위임하여야 한다.

셋째, 구조이다.

조직의 구조는 그 기능을 수행하기 위하여 권한과 책임과 관련된 조직의 배열을 말한다. 보통 조직의 구조는 고유 업무 영역과 고유 업무의 영역을 지원하고 조직을 유지하는 지원관리 업무로 나누어지고 조직의 크기와 복잡성에 따라 다시 하위 조직으로 세분화된다.

조직의 고유 업무와 지원관리 업무는 서로 교차되고 연관되어 각 업무를 추진하면서 타 부서와의 협의 조정 업무도 필요하게 된다.

넷째, 통솔의 범위이다.

통솔의 범위란 한 명의 상관이 직접 효과적으로 통솔할 수 있는 부하의 수를 말한다. 적정수준의 통솔범위를 정하기 위해서는 직무의 설정, 시간적 · 공간적 요인, 감독과 부하의 능력과 성격, 의사전달의 기술 등을 고려한다.

3. 사회복지조직 구조의 유형

1) Etzioni의 권력의 형태에 따른 분류

Etzioni는 복종 관계에 의한 조직 유형을 총 9가지로 제시하였는데, 이는 3가지 권력의 형태와 3가지 관여의 형태를 각각 조합하여 만든 것이다. 권력의 형태란 상급자가 하급자를 통제하기 위해 사용하는 권력을 말하는데, 이러한 권력은 하급자의 대응 자세에 따라 강제적 권력(coercive)과 보상적 권력(remunerative) 및 규범적 권력(normative)으로 구분된다.

관여의 형태란 그 권력에 대응하는 자세에 대한 관여의 형태를 의미하는데, 이러한 관여의 형태는 소외적 관여, 타산적 관여, 도덕적 관여로 나누어진다(장인협 역, 1984: 51~53).

먼저 권력의 형태는 ① 위협이나 신체적 탄압에 의거하는 강제적 권력, ② 금전과 같은 물질적 보상에 기반을 둔 보상적 권력, ③ 지위의 상징, 존엄이나 위신의 징표와 같은 상징적 보수의 할당에 기초한 규범적 권력이 있다.

그리고 관여의 형태는 ① 권력 행사자에 대한 강한 부정을 나타내는 소외적 관여, ② 획득된 보상에 따라 권력 행사자에 대해 비교적 무관심을 드러내는 타산적 관여, ③ 권력 행사자에 대한 강한 인정을 나타내는 도덕적 관여가 있다.

Etzioni는 위와 같은 권력의 세 가지 종류와 관여의 세 가지 종류를 결합한 조직유형을 <표 3-1>과 같다.

〈표 3-1〉 복종 관계에 의한 조직의 유형

관여의 형태 권력의 형태	소외적 관여	타산적 관여	도덕적 관여
강제적 권력	유형 1 ex. 강제수용소, 교도소, 군, 정신병원	유형 4	유형 7
보상적 권력	유형 2	유형 5 ex. 기업체	유형 8
규범적 권력	유형 3	유형 6	유형 9 ex. 종교조직, 정치조직, 병원, 학교, 사회복지조직

<표 3-1>에서 이들 9가지 유형은 이론적으로 모두 가능한 것이지만, 그중 1, 5, 9의 유형이 가장 효과적이며 실제로 더 많이 발견된다. 따라서 이 세 가지 중 한 가지 유형을 취하는 것이 조직의 일반적인 경향이다(최성재 · 남기만, 1983: 108).

강제적 조직으로는 강제수용소, 교도소, 군, 정신병원 등이 있으며, 보상적 조직은 일반적으로 이윤을 목적으로 하는 기업체 등으로 규범적 조직으로는 종교조직, 학교, 사회복지조직, 정치조직, 병원 등이 대표적인 형태이다.

2) Blau와 Scott의 수혜자의 종류에 따른 분류

Blau와 Scott는 일차적인 수혜자가 누구이냐에 근거하여 조직을 상호수혜조직, 사업조직, 서비스 조직 및 공공조직으로 분류하고 있다(Blau & Scott, 1970: 14).

이를 살펴보면 ① 조직의 회원에게 일차적으로 혜택을 주는 상호수혜조직으로 정당, 종교단체, 노동조합 등이 이에 해당한다. ② 그 사업체의 소유자에게 일차적으로 혜택을 주는 사업조직으로 주식회사, 은행 등이 이에 속한다. ③ 클라이언트에게 일차적인 서비스를 제공하는 서비스조직으로 사회복지조직, 병원 등이 이에 속한다. ④ 일반 대중에게 혜택을 주는 공공조직으로 행정기관, 군대조직이 여기에 속한다(<표 3-2> 참조).

〈표 3-2〉 Blau와 Scott의 조직유형

조직유형 \ 구분	1차 수혜자	조직의 종류
상호수혜조직	조직의 회원	정당, 종교단체, 노동조합 등
사업조직	사업체의 소유자	주식회사, 상업적인 회사, 은행 등
서비스조직	클라이언트	사회복지조직, 병원
공공조직	일반대중	행정기관, 군대조직 등

3) Gilbert Smith의 업무의 통제성에 따른 분류

Gilbert Smith는 사회복지조직 유형으로 업무 통제와 관련하여 관료조직, 일선조직, 전면적 통제조직, 투과성 조직으로 네 가지 유형을 제시하였다(장인협 역, 1984: 61~112; 최성재 · 남기민, 1993: 110 재인용).

(1) 관료조직

관료조직은 관료제를 골격으로 하여 운영되는 조직으로서, 관료제는 매우 다의적이고 불확정적 개념이기 때문에 특히 전문직과 관료제의 갈등이 사회복지사들의 관심을 받고 있다.

관료조직은 합리적인 통제조직으로서, ① 규정된 권위 및 책임에 따라 구분되며 공식적 임무로 합법화된다. ② 직책과 직위는 서열에 따라 조직된 명령체계에 의해 확립된다. ③ 조직의 구성원들은 공식적인 시험을 통하거나 훈련 또는 교육을 통해서 획득한 전문적 자격을 기준으로 선발된다. ④ 구성원들은 대부분 임명되어 신분이 보장된다. ⑤ 공식적 임무 수행에 있어 엄격한 규칙, 규율 및 통제를 받으며 이 규칙과 통제는 모든 구성원들에게 동일하게 적용된다는 특징을 가지고 있다(Weber, 1947: 196~204, 329~336).

(2) 일선 조직

일선 조직은 공식적 위계 제도가 있음에도 불구하고 실제에 있어서는 권한의 분산이 행하여지고 있는 조직이다. 일선 조직의 운영방침의 결정권은 일선 사무 단위에 있으며 이러한 일선 사무 단위로서는 조직구조의 주변에 있는 개인이나 소집단이 있다.

일선 조직은 ① 조직의 주도권이 일선 사무 단위에 있고, ② 각 사무 단위는 상호 독립적으로 업무를 수행하고, ③ 사무 단위의 활동을 직접 감독하기가 곤란하다는 특징을 갖고 있다(장인협 역, 1984: 79~83).

(3) 전면적 통제조직

전면적 통제조직은 조직과 외부 환경이 단절된 조직으로, 클라이언트에 대하여 엄격한 규칙에 의하여 전반적인 통제를 가하는 조직을 의미한다. 정신병원, 기숙사, 교도소, 구치소, 군 등의 조직들은 이에 해당한다.

(4) 투과성 조직

투과성 조직은 조직의 내부구조에 조직이 접하게 되는 외적 사회망(external social networks) 이 중요한 영향을 미치는 조직이다.

또한 투과성 형태의 조직은 아동을 위한 소집단 유아원, 노인을 위한 소형 집단 아파트(grouped liatlet), 정신질환자를 위한 소규모의 분산된 숙박소와 같은 거택보호에서도 공통되는 특성들을 찾아볼 수 있다(장인협 외, 2006: 158~160).

투과성 조직의 특성은 다음과 같다.

① 조직에의 가입 자율성

② 사적인 활동 가능

③ 영역 유지 구조 미약

④ 역할 구조의 복잡성

⑤ 집합 과정 유지

⑥ 규범적 통제

⑦ 하위문화 부재

〈표 3-3〉 Gilbert Smith의 조직유형

구분	특성
관료조직	- 공식적인 조직과 규정 - 계층적인 권위구조 - 명확하고 전문화된 분업 - 문서에 의한 업무처리 - 기술에 의한 신분보장 - 합리적인 통제조직
일선 조직	- 주도권이 일선에 있는 조직 - 각 업무 단위는 독립적으로 상호업무를 수행 - 업무 단위의 직접적인 통제가 어려움
전면적 통제조직	- 관리자가 전면적으로 강한 통제를 갖는 조직 - 정신병원, 기숙사, 교도소, 구치소, 군 등이 있음
투과성 조직	- 조직구성원 클라이언트가 자발적으로 참여 - 업무와 사적 활동에 분명한 구분이 있어 가정과 사생활을 침해하지 않음 - 영역·유지 구조는 매우 약하고 역할 구조는 복잡 - 조직의 통제가 약하며 조직의 활동이 노출되는 조직 - 자원봉사활동 조직이 이에 해당

4) Hasenfeld의 클라이언트의 상태와 조직의 기술에 따른 분류

Hasenfeld는 클라이언트 상태의 두 가지 유형과 조직의 기술 즉 세 가지 기술을 대응시켜 6가지 유형을 제시하고 있다(신복기 외, 2010: 154~157; 사회복지연구센터, 2016: 102).

먼저 클라이언트의 상태는 클라이언트가 ① 정상적으로 기능하는 경우와 ②비정상적으로 기능하는 경우로 대변한다. 정상 기능이란 사회적 기능을 정상적으로 수행하는 클라이언트를 말하며, 비정상 기능이란 통제나 치유를 요하거나, 문제를 완화시켜야 할 클라이언트를 말한다.

다음으로 조직의 기술은 ① 인간식별 기술, ② 인간유지 기술, ③ 인간변화 기술로 나눌 수 있다.

인간식별 기술은 개인의 속성을 변화시키는 것이 아니라, 다른 사회집단으로부터 바람직한 반응을 야기하도록 하되, 사회적 명칭부여와 공식적인 지위를 부여함으로써 클라이언트의 변화를 시도하는 것이다. 예를 들면, 정신질환자, 암 환자 등과 같이 클라이언트를 식별하여 분류하고 배치하는 것을 통하여 변화를 시도하는 것이다.

인간유지 기술은 개인적인 상태의 악화를 예방 또는 완화하거나 현 상태를 유지하도록 하는 것을 말한다. 가령, 병약한 노인을 대상으로 요양보호 서비스를 제공한다거나 공공부조를 통해 생계유지를 위한 금품을 지급하는 것 등이다.

그리고 인간변화 기술은 클라이언트의 개인적 속성에 변화를 가져오는 개입방법이다. 예를 들면 교육, 심리상담, 의료적 치료 등이 이에 해당한다.

〈표 3-4〉 수혜자의 상태와 조직 기술에 따른 Hasenfeld의 6가지 조직유형

기술의 유형 / 클라이언트 유형	인간식별 기술	인간유지 기술	인간변화 기술
정상 기능	유형 1	유형 2	유형 3
	대학교(신입생 선발), 신용카드 회사	휴양시설, 국민연금공단 건강보험공단	공립학교, YMCA, 직업훈련학교, 기능대학
비정상 기능	유형 4	유형 5	유형 6
	소년법원, 진료소, 보호관찰소	공공부조 사무소, 요양시설	공공병원, 산재환자 전문병원

<표 3-4>에서 유형 1은 클라이언트가 정상적으로 기능하므로, 사회복지조직은 이들의 상태를 일정한 기준에 의하여 식별하여 관리하는 조직을 말한다. 대학교(신입생 선발), 신용카드 회사 등이 이에 속한다.

유형 2는 정상 기능을 가진 클라이언트의 인간다운 생활 조건을 유지하기 위하여 활동하는 조직이다. 휴양시설, 국민연금공단, 건강보험공단 등이 이에 속한다.

유형 3은 정상적인 기능을 가진 클라이언트에 대하여 교육, 훈련 등을 통하여 능력이나 생활 조건을 향상시키려는 조직이다. 공립학교, YMCA, 직업훈련학교, 기능대학 등이 이에 속한다.

유형 4는 비정상적인 클라이언트를 일정한 기준에 의하여 식별하고 그들을 관리하는 조직이다. 소년법원, 진료소, 보호관찰소 등이 이에 속한다.

유형 5는 비정상적인 클라이언트에 대한 생활 조건의 유지를 목적으로 하는 조직으로 사회경제적으로 소외되어가는 장애인, 노인, 아동, 실직자 등을 위하여 활동하는 조직이다. 또한 공공부조 사무소, 요양시설 등이 이에 속한다.

유형 6은 비정상적인 클라이언트들의 능력이나 생활 조건을 개선하고자 하는 조직이다. 공공병원, 산재환자 전문병원 등이 이에 속한다.

4. 사회복지 조직화의 원리

사회복지서비스는 조직을 통하여 생산되어 클라이언트(대상자)에게 전달된다. 즉, 사회복지의 이념과 정책을 사회복지서비스로 전환시키는 사회복지행정의 조직 원리를 이해할 수 있어야, 보다 효율적이고 효과적인 서비스를 제공할 수 있을 것이다.

조직의 원리는 조직을 최적의 상태로 구조화시키면서 능률적으로 관리하기 위한 조직화 방법을 의미하며, 그 방법은 다음과 같은 몇 가지 원리로 분류할 수 있다(신복기 외, 2005: 108~114).

1) 계층제의 원리

계층제(hierarchy)의 원리란, 권한과 책임의 수준에 따라 공식조직을 구성하고 구성원 간의 상·하 등급 및 계층을 설정하여 거기에 적합한 권한과 책임을 배분하고 명령계통과 지휘, 복종관계의 체계를 확립하는 것을 의미한다.

일반적으로 계층의 수준이 높을수록 대외관계, 정책 결정, 장기계획 등의 업무를 수행하고, 계층의 수준이 낮을수록 구체적 업무를 수행한다.

이와 같은 계층제의 원리는 명령의 통로가 만들어지고 또한 상·하 간의 의사소통이 이루어지는 의사전달의 통로가 된다. 아울러 직무와 책임이 명백하게 구분되는 권한위임 및 조직 목표의 설정과 업무 배분의 통로가 될 뿐만 아니라, 조직 내부의 갈등과 분쟁의 조정 및 해결의 수단으로 작용하는 긍정적인 측면도 가지고 있다.

반면에 계층제가 심화, 확대될수록 의사소통의 왜곡을 초래하고, 변화하는 조직 외부 환경에 신축성 있게 대응하는 것을 방해하며, 조직의 경직성과 구성원들의 융통성 있는 인간관계 형성과 창의성을 저해하는 부정적인 측면이 존재한다.

따라서 효과적인 계층제 구축을 위해서는 이 두 가지 측면을 적절하게 조화시켜야 하며 환경에 대한 적응성과 신축성을 높이기 위해 계층의 평준화와 완화를 도모할 것도 고려해야 한다. 특히, 직무상의 계층제를 신분적·사회적 계층제와 연관시킬 경우에는 민주적 이념을 저해하고 창의적 쇄신적 활동을 둔화시킬 우려가 있으므로 유의해야 할 것이다.

2) 명령통일의 원리

명령통일(unity of command)의 원리는 조직의 어떤 구성원도 한 사람의 직속상관으로부터만 명령·감독을 받아야 하며, 두 사람 이상의 직속상관으로부터는 명령·감독을 받도록 해서는 안 된다는 것을 의미한다.

이 원리는 책임소재를 명확히 하고, 의사소통의 혼란을 방지하고, 사회복지조직 관리자로 하여금 전체적인 조정을 가능케 하며, 보고의 체계를 명백하게 해주는 장점이 있는 반면에, 구성원 한 사람만을 통해서 업무를 처리할 경우 업무의 비효율성과 전문성을 발휘할 수 없다는 단점이 있다.

3) 통솔범위의 원리

통솔범위(span of control)의 원리는 1인의 상관 또는 감독자는 한정된 수의 조직 단위 및 구성원을 통솔하여야 한다는 것이다. 통솔의 범위는 통솔자의 능력과 조직의 상황에 따라 달라지기 때문에 조직 단위 및 구성원의 수를 일정하게 정할 수가 없다.

일반적으로 통솔범위에는 직무의 성질, 감독자의 능력, 조직의 역사와 규모, 기관의 장소 여건, 조직 관리의 상태 등이 영향을 미치는 요인으로 작용하기 때문에 이를 고려하여 그 범위를 정하여야 한다.

일반적으로 사회복지기관에서는 한 사람의 슈퍼바이저 밑에 3~8명의 하급 사회복지사가 있는 것이 보통이고 그 외에 업무를 보조하는 구성원을 두는 경우가 있다. 여기에 대한 기준은 없지만 각 기관마다 조직의 규모에 맞는 구성원을 두는 경우도 있다. 하지만 무엇보다도 중요한 것은 상급자와 하급자 간의 상하위계질서보다 인간적인 신뢰관계를 통해 업무의 효율성과 효과성을 낼 수 있는 분위기 조성이 필요하다.

4) 분업 및 전문화의 원리

분업과 전문화(division of work or specialization)의 원리는 업무를 그 종류와 성질별로 나누어 전문 분야별로 구성원들에게 가능한 한 가지의 주된 업무를 분담시킴으로써 조직 관리상의 능률을 향상시키려는 것이다.

이 원리는 조직의 규모가 확대되고 업무처리의 전문성이 증가할수록 더욱 요구된다. 즉, 사람의 성격과 기술에는 차이가 있고, 구성원의 능력에도 한계가 있기 때문에 분업에 의한 전문화가 필요하다. 따라서 분업이 이루어지면, 업무의 능률성이 향상되고 나아가 전문기술의 개발 및 관리 · 감독이 용이해지므로, 업무와 기술이 단순화되는 장점이 있다.

반면 지나친 분업과 전문화는 개인 업무수행에 대한 흥미 상실과 조직 내의 조정을 어렵게 하고, 클라이언트의 혼란 가중과 비용이 증대되는 단점이 있으므로, 지나친 업무의 세분화를 피하고 업무를 각자의 능력에 맞도록 배분함으로써, 구성원의 직무만족도 향상 및 분업화에 따른 통합 조정력을 향상시킬 수 있도록 하여야 한다.

5) 조정의 원리

조정(coordination)의 원리는 조직이 공동의 목적을 달성하기 위하여 구성원들의 행동 통일을 유지하도록 집단적 노력을 질서 있게 배열해야 한다. 조직이 대규모이고 복잡할수록, 그 목적의 효과성을 달성하기 위하여 분업의 원리를 적용하게 되는데, 이는 결과적으로 조직 각 단위의 기능을 분업화 · 전문화시키게 되므로, 각 단위가 조직 공통의 목적을 상실하고 부품화되는 폐단을 초래하게 된다.

따라서 이러한 폐단을 방지하기 위해서 각 구성원의 개별적 노력을 통합화하는 기능이 필요해지게 되는데, 이 통합화를 조정이라고 한다.

조정의 방법은 조직 단위의 권한과 책임의 한계를 명확히 하거나, 조정을 전담하는 기구의 신규 설치 또는 기존 조직 내의 계층적 구조를 활용하여 일정 조직에 조정을 원활히 할 수 있는 권한을 부여하는 방법이 가능하다. 한편으로는 리더십을 활용하여 구성원들에게 동기부여를 촉진하고, 아이디어에 의한 조정 그리고 귀속의식, 동료 의식, 내부 집단의식 고무와 같은 일체감을 통한 조정 등을 함양해 주는 방법도 있다.

6) 조직편성의 원리

조직편성(departmentation)의 원리는 조직발전을 위한 정책 결정 · 기획 · 집행 등 발전적 행정기능을 통일적 · 능률적으로 수행하기 위해서 일정한 기준에 따라 편성하는 것으로 조직편성의 기준은 다음과 같다.

① 목적 또는 기능에 따라 편성되어야 한다. 시설의 경우 보육 · 지도 · 취업 등 목적에 따라 보육부 · 지도부 · 취업부 등과 같이 조직편성을 할 수 있다. 이는 조직 간에 목적과 책임 한계가 명확해야 기능의 중복과 책임의 전가를 방지할 수 있다.

② 목적의 수행을 위하여 필요한 과정 · 절차 및 수단을 기준으로 해서 각 조직을 편성해야 한다. 즉, 접수 및 이송 · 상담 · 치료 · 재활 등 과정별로 서무과 · 상담부 · 재활부로 편성할 수 있다. 이 기준에 의해 현대적인 기술을 활용하여 효과적으로 분업과 전문화를 이용할 수 있고, 동일한 감독하에 기술 업무가 수행됨으로써 그 업무에 대한 조정이 용이하고 편리하게 이루어질 수 있다.

③ 조직 활동에 의해서 혜택을 받는 수혜자나, 취급되는 취급물을 기준으로 조직을 편성하는 것을 의미한다. 즉, 보건복지부 사회복지정책실의 가정복지과 · 아동복지과 · 부녀복지과 · 노인복지과는 수혜자를 대상으로 편성한 것이고 산림청 · 수산청 등은 취급물을 대상으로 편성한 것이다. 이러한 방법은 행정기관과 국민과의 관계를 밀접하게 하고 국민에 대한 서비스를 보다 집중적으로 향상시킬 수 있다는 장점이 있으나, 대상자들에 의한 압력으로 행정이 영향을 받을 수도 있다는 단점도 있다.

④ 조직 활동이 수행되는 지역이나 장소가 조직편성의 기준이 된다. 즉, 지방청이나 지방사무소를 두는 것을 말한다. 이는 특정 지역 내의 행정업무에 대한 지역주민의 요구에 부응하는 행정을 실현하고 지역별 행정업무에 대한 조정과 통제가 용이하다는 장점이 있지만 특정 지역 주민의 압력을 받을 수 있다는 단점도 있다.

이러한 조직편성의 방법은 다음과 같다.

첫째, 수(數)기준에 의한 방법으로 동일한 역할을 하는 구성원을 한 상관에게 소속시키는 방법이다. 이 기준은 구성원의 개인적 능력 차를 고려하지 않는 것이 단점이다.

둘째, 시간 기준에 의한 방법으로 업무시간을 기준으로 구분하는 방법이다. 이는 24시간 서비스를 제공하는 사회복지시설, 의료 및 보건서비스 등에서 유용하게 활용할 수 있는 방법이다. 그러나 이 기준은 열악한 시간대에 근무할 수 있는 능력 있는 직원을 채용하기가 쉽지 않고, 서비스의 질이 낮으며, 업무의 연락이 잘 되지 않을 시 조직의 기능이 단편화될 가능성이 높다는 것이 단점이다.

셋째, 기능 기준에 의한 방법으로 주요한 기능에 따라 동질적 업무를 묶어서 조직하는 방법이다. 사회복지 조직에서 모금 · 홍보 · 기획 등에 배치하는 방법이다. 이 기준은 업무 단위 간의 경쟁심이 지나칠 경우, 단위 간의 협조가 잘 이루어지지 못하고 자신의 업무에만 집중하게 되는 단점이 있다.

넷째, 지리적 영역 기준에 의한 방법으로 지역을 중심으로 조직을 구성하고 자율적으로 운영하고 책임질 수 있도록 조직하는 방법이다. 즉, 클라이언트의 거주 지역에 따라 조직하는 것이다.

이 기준은 서비스의 효율성을 올리고 서비스의 책임자를 분명히 할 수 있다는 장점이 있지만, 업무 단위 간의 업무량의 격차가 발생하고, 특정 지역의 다른 부서의 사기가 저하되고, 같은 부서라도 부서에 따라 서비스를 받지 못하는 클라이언트가 발생할 가능성이 있는 것이 단점이다.

다섯째, 서비스 기준에 의한 방법으로 사회복지실천, 사회복지실천기술론 그리고 지역사회복지 등과 같은 사회복지서비스 실천 방법에 따라 조직하는 방법이다. 이 기준은 서비스별로 전문화를 촉진시킬 수 있는 장점이 있지만, 클라이언트의 문제가 중첩되어 여러 가지 서비스를 제공하여야 할 경우, 서비스를 통합화하여 제공할 수 없다는 것이 단점이다.

여섯째, 클라이언트 기준에 의한 방법으로 클라이언트 집단별로 부서를 나누어 자율적으로 운영하고, 이에 대하여 책임을 질 수 있도록 조직하는 방법이다. 즉, 클라이언트의 종류에 따라 조직하는 것이다.

이 기준은 관리 가능한 범위 내에서 업무량을 유지하고, 한 명의 서비스 제공자가 한 명의 클라이언트를 선택할 수 있는 장점이 있지만. 클라이언트의 문제가 다른 문제들과 연관되어 다양하고 복잡한 경우, 한 명의 서비스 제공자가 지닌 한정된 지식과 기술로써는 폭넓게 다룰 수 없는 것이 단점이다.

일곱째, 서비스 접근 통로 기준에 의한 방법으로 클라이언트가 서비스에 접근할 수 있는 통로별로 업무를 조직하는 방법이다. 그러나 사회복지서비스 접근 통로는 확실하지 못하고 제한되어 있는 것이 일반적이어서 현재로서는 그다지 효과가 없다고 볼 수 있다.

그렇지만 서비스에 따라 확실하고 다양한 접근 통로가 있을 수 있으므로, 그러한 서비스를 제공하는 사회복지조직에서는 적용이 가능하다.

5. 사회복지조직 구조의 형태

1) 공식조직과 비공식조직

보편적으로 조직의 가장 일반적인 형태는 공식조직과 비공식조직이 있다. 공식조직과 비공식조직이 없으면 혼란이 야기되고, 효과성 · 효율성 및 사기가 저하될 우려가 있으므로, 이 두 조직은 서비스 전달의 효과적인 행정을 위하여 필요하다. 따라서 공식조직과 비공식조직은 조직의 경직성을 최소화하고 조직의 목적을 합리적인 방향으로 이끌어가는 중요한 지표가 된다.

(1) 공식조직

공식조직은 기관을 인식할 수 있는 구조로 구성원 관계의 위계질서 조직과 위원회, 이사회의 배열을 포함하며, 조직의 목적을 달성하기 위하여 법령에 의해 공식적으로 업무의 역할을 할당하고 권한과 책임을 부여하는 조직이다.

Redfield에 의하면 공식조직은 광범위한 목적이나 계획과 더불어 시작되며, 활동별로 세분화되고 이들 활동은 각 분야별로 맡겨진다. 구조적 관계는 개인과 개인의 사이에서 되는 것이 아니라 지위와 지위 사이에서 형성되는 것이다.

모든 공식조직은 권한 관계 체계를 중심으로 이루어지며, 조직도표에서와 같은 지위상의 상하관계를 형성하게 된다.

조직도표에 나타난 상급자는 하급자에 대하여 공인된 권한을 행사할 수 있게 된다. 상급자와 하급자, 하급자와 상급자 관계가 공식조직 구조의 중심이 되는 것이 특색이다. 조직계획이나 지위가 분류되는 동시에 그 지위에 있는 사람들도 함께 분류된다(장인협 역, 1984: 34).

공식조직은 권한 관계 체제 중심, 지위상의 상하관계 형성, 인위적, 문서화, 조직지향, 능률의 논리, 가시적, 전체적 질서를 특징으로 한다.

(2) 비공식조직

행정지도자는 기관 내의 공식조직을 이해하는 것 외에도, 비공식조직을 이해할 필요가 있다. Brannen은 비공식조직은 공식조직의 자연적 소산이라고 지적하면서 다음과 같이 설명하고 있다. 대부분의 비공식조직은 서로 빈번히 접촉하는 구성원들로 구성된 소규모의 집단으로 되어 있다.

각 개인은 비교적 적은 수의 사람들과 빈번한 접촉을 갖는데, 이러한 개인들은 흔히 동일시할 수 있는 집단(identifiable group)을 형성하여 그들의 관계는 서로를 받아들일 수 있는 표준화된 행동양식이 된다. 각 개인은 다른 사람이 자기에게 무엇을 기대하며, 자기가 다른 사람에게 무엇을 기대할 것인가를 알게 된다.

이러한 집단들은 효과적인 기술 협조를 할 수 있다. 그들은 보다 더 안정성을 갖게 되며 의사소통 경로를 마련하고 여러 관계를 일상화하게 된다. 개개인들은 이러한 비공식 집단과 자신을 동일시함으로써 만족과 안정감을 얻게 된다.

이러한 집단들안에는 핵심적인 역할을 하는 사람이 지도자가 된다. 그들은 다른 집단, 슈퍼바이저, 조직 전체와의 유기적 관계를 가지고 있다. 이와 같이 자연적 집단형성에 의해서 생겨나는 제반 관계 및 지위 서열 형태를 가리켜 비공식조직이라 한다(장인협 역, 1984: 38~39).

비공식조직이란 어떠한 조직에서도 볼 수 있는 보편적 현상으로 공식적인 제도나 법규 또는 상부의 공식적 지시에 의하여 이루어지는 것이 아니라, 조직 성원들의 자발적이고도 일상적인 접촉을 통하는 과정에서 자연발생적으로 이루어지는

성원 간의 인간관계이며 인격적 관계이다. 그래서 공식조직을 제도상의 조직이라고 한다면 비공식조직은 현실상의 조직이라고 말할 수 있다.

공식적 기관 조직표를 보면 기관장을 위시하여 그 아래 부서들을 반듯한 네모와 선으로 똑같은 간격을 두고 그려 놓았는데 이 공식 조직표에 나타난 바와 똑같이 기관의 각 부서에 권한이 배분되어 행사된다고는 할 수 없다.

사회복지사들은 매일 매일 작업을 해 나가는 과정에서, 경험과 직감으로 비공식조직 구조를 의식하게 된다. 흔히 장기간 근속, 정치적 기반, 특별한 능력이나 지식, 동창 또는 동향관계 등의 조건을 가짐으로써 조직 내에서 다른 사람들보다 더 많은 영향력을 주고받을 수 있다.

사회복지조직에서 사무장이나 총무과장은 공식적으로는 낮은 서열에 속하지만, 위와 같은 조건들을 갖추는 경우가 많기 때문에 비공식적 영향력을 예상외로 크게 행사할 수 있다.

군대에서 선임하사가 이와 비슷하게 소대장이나 중대장보다도 더 많은 영향력을 사병들에게 행사하는 경우가 있다. 이러한 인간관계로 이루어진 비공식적 조직은 공장, 관청, 학교, 병원 등 모든 종류의 공식적 조직 속에 존재하면서 조직에 영향을 미친다.

❶ 비공식조직의 특성

비공식조직은 공식조직을 효과적으로 운영하도록 도울 수 있고 반대로 부정적으로 작용할 수도 있다. 공식조직과 비공식조직을 연결하는 또 다른 중요한 기제는 비공식적 보상체계이다. 기술이나 전문직을 가진 사람들 사이에서는 전문가인 동료에 의존하는 경향이 있다.

이런 사람들에게 존경이나 인기는 업무수행에 대한 보상이 된다. 그리고 비공식적 지위가 높아지면 일을 더 잘하게 하는 동기가 되기도 한다(조석준, 1985: 198~200).

❷ 비공식조직의 형성 요인

비공식조직을 형성하는 요인은 여러 가지가 있다. 사람은 누구나 인격과 개성을 지니고 있기 때문에 규칙보다는 필요, 감정, 욕구에 따라 행동하고자 한다.

Marx가 지적한 바와 같이, 공식적 권위와 사실상의 영향력, 즉 타인의 행동을 지시할 수 있는 법적인 명령권과 실제 상의 권력 사이에는 상당한 거리가 발생하는데 이것이 바로 비공식조직을 형성하는 요인이 되는 것이다(Mouzelish, 1968: 100~108).

① 조직구성원의 혈연 · 지연 · 과거의 역사적 배경이나 경험

② 이해관계 및 업무 외 활동을 강조하는 사교 · 오락에 대한 관심

③ 종교

④ 동창 관계 등에 따라 각종 소집단 형성

⑤ 개인적인 매력

⑥ 공식조직 내에서 구성원이 자기완성의 계기를 마련하기 위한 자생 집단의 형성

❸ 비공식조직의 기능

비공식조직에는 순기능과 역기능이 존재한다. 이러한 것은 비공식조직이 공식조직의 목표와 조화를 이루는가, 그렇지 않는가에 달려 있다. 또한 비공식지도자의 역할도 비공식조직의 기능에 영향을 미친다. 비공식조직의 순기능[2)]과 역기능을 기술하면 다음과 같다(장인협 역, 1984: 36~37).

첫째, 순기능의 관점을 살피면 다음과 같다.

① 조직구성원들에게 공식적으로 부과된 업무를 능률적으로 수행케 한다.

② 조직구성원으로 하여금, 귀속감과 안정감을 느끼게 하고 공식조직에서 오는 소외감을 어느 정도 극복할 수 있도록 한다.

③ 구성원 상호 간의 정보를 교환할 수 있는 의사소통 통로를 확장시켜 준다.

④ 조직구성원의 좌절감과 심리상의 불평, 욕구불만에 대한 배출구 역할을 해준다.

⑤ 조직구성원의 업무태도나 조직의 내부현상을 파악할 수 있게 하고, 조직의

2) J.D. Willams는 비공식조직의 순기능을 ① 의사소통의 채널로 생각과 감정을 나눌 수 있는 기회를 제공 한다. 점심 식사나 커피 시간에 나누어지는 대화는 기관의 행정 책임자에게 유 · 무형으로 전달된다. ② 효과적인 행정가는 비공식적인 자리에서 직원들과 대화하고 그들의 제안과 건의를 수용함으로 조직의 응집력과 통합을 지향한다. ③ 직원들은 인정과 자아존중감을 얻고자 하며 그들에게 인정과 지위를 부여하는 유연성이 필요하다.

생리 · 병리를 알려주고. 구성원으로 하여금 자기실현 · 자기혁신 및 자기개발을 가능케 하는 역할을 한다.

⑥ 비공식조직은 공식조직의 결함이나 약점을 보완함으로써, 공식적 조직을 유지하는 데 도움이 될 수 있다.

⑦ 비공식조직은 공식조직 내의 약점을 평가하는 데 도움을 주며 새로운 욕구에 대한 주위를 환기시킨다.

⑧ 비공식조직은 변화의 대행자(change agents)가 되어, 변화를 가져오기 위한 발전 계획이나 프로그램 토의과정에서 상호작용의 테두리로서 기여할 수 있다.

둘째, 역기능의 관점을 살피면 다음과 같다.

① 파벌을 조성할 수 있으며, 구성원이 공식적인 조직에 대하여 가지는 불안감이 조직 전체로 확대되어 공식조직을 약화 또는 해체시킬 수도 있다.

② 비공식적 접촉을 통하여, 개인적인 이익을 도모할 수 있으므로 공정하지 못할 수도 있다.

③ 조직 단위 사이의 간격을 확대할 가능성이 있다.

④ 비공식조직의 비중이 너무 클 경우, 목적 전치의 현상이 초래되기 쉽다.

⑤ 비합리적인 의사결정의 원인이 될 수 있다.

⑥ 긴장과 압박감을 조성하여 변화의 방해물이 될 수 있다.

❹ 비공식조직에 대한 통제

비공식조직은 공식조직을 보완하는 기능과 그것을 저해하는 기능을 동시에 가지고 있다. 그러나 그러한 역기능이 존재한다고 하여 비공식조직을 제거하거나 간과해서는 안 된다. 오히려 비공식조직의 존재를 인정하고 충분히 이해함으로써 공식조직의 목적을 보다 능률적으로 달성하는 데 기여하도록 지도 · 통제하는 것이 현명한 접근방법이다.

리더십 있는 행정지도자는 비공식조직이 언제 역기능으로 표면화되는지 인지해야 하며, 비공식조직의 순기능을 최대한으로 촉진함과 동시에 역기능을 최대한으로 제거하는 방향으로 통제하는 방법을 마련해야 한다.

비공식조직의 통제 방법으로는 다음과 같은 사항들이 고려될 수 있다(Likert, 1961: 179~180).

① 비공식조직의 목적과 이익을 공식조직의 목적과 이익에 일치시키도록 한다.

② 비공식조직의 존재를 이해함으로 양자 사이의 대립 · 알력을 해소하고, 구성원의 불안감을 제거하여 안정감을 갖도록 하여야 한다.

③ 민주적 지도력을 발휘케 하여 직무에 대한 만족감과 공식적 조직에 대한 자부심을 갖도록 한다.

④ 비공식조직의 지도자를 찾아내어 공식적 목적을 이해시키고 이에 협조하도록 유도하여야 한다.

비공식조직을 완전히 없애버린다거나 전적으로 공식조직체계로 조직을 운영한다는 것은 현실적으로 불가능하다. 오히려 공식조직에 역동성을 부여하는 것이 바로 비공식적 요소들인 것이다(Steiner, 1977: 113~114).

비공식조직은 필요한 정보를 구성원들에게 빠르게 전달하거나, 목적 달성을 위한 활동을 지원하는 데 매우 도움이 될 수 있다. 따라서 행정지도자는 비공식조직이 조직 내에 실제로 존재한다는 사실을 인정하고, 그 비공식조직을 충분히 파악하여 필요할 때는 활용할 수 있어야 한다.

2) 수직 조직과 수평 조직

공식조직과 비공식조직 외에 조직구조의 또 다른 요소는 수직 조직과 수평 조직이다.

수직 조직은 라인조직, 계선조직이라고도 하며, 수평 조직은 참모조직, 막료조직이라고도 한다. 수평 조직과 수직 조직에 대해 정리하면 다음과 같다(장인협 외, 2006: 167~170).

(1) 수직 조직

수직 조직은 명령 복종관계를 가진 수직적, 계층적 구조를 형성하면서 직접적으로 공헌하는 기관이다. 이는 최고행정책임자를 정점으로 하는 '국장(또는 부장) →

과장 → 계장 → 계원'의 순으로 되는 피라미드 형태를 구성한다.

수직 조직의 장점으로는 ① 권한과 책임의 한계가 명확하여 업무수행이 능률적이다. ② 단일기관으로 구성되어 있으므로 결정의 신속성을 기할 수 있다. ③ 강력한 통솔력을 행사할 수 있다. ④ 조직의 안정성을 확보할 수 있다.

단점으로는 ① 대규모 복잡한 조직에서는 수직 조직의 총괄적인 지휘, 감독으로 인하여 업무량이 과중될 수 있다. ② 책임자가 주관적·독단적 결정과 조치를 할 우려가 있다. ③ 각 조직 간의 효과적인 조정이 곤란하여 조직 운영의 비능률성을 초래할 우려가 있다. ④ 특수 분야에 관한 전문가의 지식과 경험을 활용할 수 없다. ⑤ 유능한 인재를 잃게 되면 조직의 기능이 마비될 가능성이 있다. ⑥ 조직이 융통성보다 경직성을 띠게 된다.

(2) 수평 조직

수평 조직은 수직 조직이 그 기능을 원활하게 수행할 수 있도록 지원, 조정, 촉진함으로써 조직 목표의 달성에 간접적으로 공헌하는 기관을 말한다. 주로 자문, 권고, 조정, 연구, 기획, 통제, 인사, 예산 등의 기능을 수행한다.

수평 조직의 장점으로는 ① 기관장의 통솔범위가 확대된다. ② 전문지식과 경험을 활용할 수 있다. ③ 객관적, 합리적 의사결정을 가능케 한다. ④ 수평적인 업무의 조정과 협조를 가능케 한다. ⑤ 조직의 융통성과 신축성을 부여한다. ⑥ 대규모 조직에 더욱 유리하다.

단점으로는 ① 조직 내의 인사 관계가 복잡해지며 수직 조직과 수평 조직 간에 권한과 책임 한계를 둘러싸고 알력과 갈등이 조성될 가능성이 있다. ② 수평 조직에 소요되는 경비가 증가한다. ③ 행정의 지연도 가져올 우려가 있다. ④ 의사소통의 경로를 혼란에 빠뜨릴 우려가 있다. ⑤ 수평 조직의 권한이 확대됨에 따라 중앙집권화의 폐단이 나타날 우려가 있다.

(3) 수직 조직과 수평 조직의 관계

일반적으로 수직 조직은 결정, 집행, 명령 등 조직의 실질적인 기능을 수행하고, 수평 조직은 조언, 권고, 서비스 등 조직의 부수적인 기능만을 수행한다는 의견이 다수였지만, 오늘날에 있어서는 수직 조직의 기능과 수평 조직의 기능은 경우에 따라서 같은 조직이 수행하거나 같은 사람이 담당할 수도 있다. 그러므로 수직 조직과 수평 조직은 기능상 엄격히 분리되는 개념이 아니라 상호보완적 의존적 관계를 가지고 있는 것으로 파악되고 있다.

수직 조직과 수평 조직 상호 간의 갈등으로 불화가 발생할 수 있으므로, 이를 개선하기 위해 양자의 권한과 책임을 명백하게 하고, 상호 간의 순환보직, 인사교류 및 상호접촉을 통해 상대방의 고충을 이해할 수 있도록 해야 한다.

그리고 최고행정책임자는 수직 조직과 수평 조직의 관계를 조정하고, 교육훈련을 통해서 상호 협조와 활용을 도모해야 할 것이다.

3) 집권형 조직과 분권형 조직

(1) 집권형 조직

집권형 조직은 조직 내에서 기획이나 정책에 관한 의사결정에 참여하는 권한이 소규모의 집단에 국한되어 있는 조직이다(한국복지행정학회, 2014: 90~91).

이러한 집권형 조직의 장점으로는 ① 통일된 정책의 수립과 집행이 가능하다. ② 행정적 통제와 지도 감독이 용이하다. ③ 대량의 업무처리로 비용 절감의 효과가 있다. ④ 조직의 위기나 비상사태에 신속히 대응할 수 있다. ⑤ 조직 내 부서 간의 업무조정이나 지역적 격차를 시정하기 쉽다. ⑥ 행정기능의 중복 방지를 억제할 수 있다. ⑦ 조직의 혁신이나 변화에 대한 요구를 수용하는 정도가 높다.

단점으로는 ① 관료주의적이고 권위주의적인 성격을 가지고 있다. ② 형식주의에 빠져 행정의 실효성을 거두지 못할 수도 있다. ③ 조직 내 구성원의 창의성과 자발성을 저해할 수 있다. ④ 획일화로 인해 부서 또는 지역의 특수성을 고려하지 못할 수도 있다.

(2) 분권형 조직

분권형 조직은 조직 내에서 기획이나 정책에 관한 의사결정에 참여하는 권한이 다양한 집단에 분산 또는 위임되어 있는 조직이다.

이러한 분권형 조직의 장점으로는 ① 대규모 조직에서는 높은 효율성과 최고 행정지도자의 업무를 감소시킨다. ② 하위 부서 간의 횡적인 협조 관계가 원활해진다. ③ 구성원의 참여의식을 높이고 자발적 협조를 유도할 수 있다. ④ 부서나 지역 실정에 맞는 행정업무를 수행 가능케 한다. ⑤ 조직 내 구성원의 행정업무에 대한 책임감이 증진된다.

단점으로는 ① 효과적인 지도감독과 통제의 기능이 미약하다. ② 행정업무의 중복을 초래할 수 있다. ③ 행정업무의 처리가 산만해지며 행정력이 분산된다.

4) 동태적 조직

조직구조의 유형은 프로젝트조직, 매트릭스조직, 팀 조직, 네트워크 조직이 있다(한국행정학회, 2014: 103~110; 사회복지교육연구센터, 2016: 107~108).

(1) 프로젝트조직

프로젝트(task force)조직은 특정한 과업에 따라 관련 부서에서 프로젝트 수행을 위해 인력을 파견하고, 수평적 접촉을 통해 프로젝트를 해결한 후 원래의 자신의 부서로 복귀하는 조직이다. 부서 간의 경계 없이 다양한 전문성을 가진 구성원을 팀으로 조직하여 임시적으로 운영되므로, 조직구성원의 관계는 수평적인 관계이며 전문성을 가진 팀원으로 역할을 한다. 그리고 일정한 역할을 수행하고 나면 해체되는 속성을 가지고 있다.

이러한 프로젝트조직의 장점으로는 ① 조직이 구성되어 있는 동안 대량의 자원과 재능을 집중할 수 있다. ② 책임과 평가가 명확하다. ③ 분권화와 기동성이 촉진된다. ④ 후계자 육성이 용이하다. 단점으로는 ① 임시조직이므로 제안된 정책이 집행되지 않거나 변질될 가능성이 있다. ② 자원의 중복이 되기 쉽다. ③ 섹셔널리즘[3]이 확대된다. ④ 단기 지향이 증가한다. ⑤ 스트레스가 발생하기 쉽다.

---

3) 섹셔널리즘은 조직간 혹은 조직 내에서 한 부문이나 파벌 등의 입장을 고집하면서 배타적인 자세를 취하는 경향을 말한다.

(2) 매트릭스(matrix)조직

매트릭스(matrix)조직은 전통적인 기능 조직과 프로젝트조직이 결합된 조직으로 행렬조직이라고도 한다. 매트릭스조직은 프로젝트조직이 임시조직이 아니라 공식조직으로 전환된 것이고, 수직적이며 정형화된 구조가 주는 안정성과 수평 조직이 주는 탄력성을 동시에 가지고 있는 속성이 있다.

이는 전문성을 기초로 조직되며 민주적 의사결정에 의해 운영된다. 이 조직의 구성원은 각자 기능부서에 속하면서 부서 상사에게 보고하고, 동시에 특정 프로젝트 관리자에게도 보고하는 구조를 형성한다.

이러한 매트릭스조직의 장점으로는 ① 구성원의 능력과 재능을 최대한 이용 가능하다. ② 클라이언트의 특별한 요구나 급속한 환경변화에 신속한 대처가 가능하다. ③ 전문화의 원리와 시장 적응을 동시에 달성할 수 있다. ④ 전문지식, 기술의 축적, 개발이 용이하다. 단점으로는 ① 구성원들의 책임과 권한이 애매하다. ② 조정을 위한 의사결정이 지연되기 쉽다. ③ 명령계통 간의 권력다툼이 발생하기 쉽다. ④ 스트레스가 발생하기 쉽다.

(3) 팀 조직

과거의 전통적인 조직 체계인 부, 과, 계 조직의 업무재편을 통해 통합·분할하여 하나의 팀(team)으로 전환함으로써 팀장을 중심으로 업무가 이루어지도록 만들어진 조직이다. 이 조직은 그들 자신이 책임을 질 수 있는 공동의 목적과 업무수행 목표, 업무추진 방법에 전념키로 한 소수의 상호보완적인 기술을 가진 공동 집단이다.

팀 조직이 효과적으로 운영되기 위해서는 다음 환경이 조성되어야 한다.

① 관리층의 이해와 지지가 있어야 한다.

② 상·하층 간의 신뢰가 있어야 한다.

③ 팀 구성원들은 동일한 목표 의식 및 목표에 대한 명확한 인식을 가져야 한다.

④ 훈련과 능력개발을 위한 투자를 아끼지 않아야 한다.

⑤ 팀 구성원들은 목표성취를 위한 모험과 결과에 대한 책임을 져야 한다.

⑥ 팀 구성원들은 팀 발전을 위한 리더십을 분담하여야 한다.

이와 같은 팀 조직은 신속한 의사결정과 자율적 책임 체제 조직 간 유연성이 있다는 장점이 있는 반면에, 팀 간의 갈등을 심화시킬 수 있으며 개별적 창의성을 약화 시킨다는 단점도 존재한다.

(4) 네트워크 조직

네트워크(network) 조직은 환경에 보다 신속하고 적절하게 대응할 수 있도록 외부 자원의 효과적 활용을 꾀하며 공공과 민간의 협력 및 연계에 유리한 조직구조이다.

특히 자신이 보유한 자원을 핵심적 사업에 집중하고 그 나머지 부분은 아웃소싱(outsourcing)한다. 특히 사회복지조직이 다양성과 복잡성이 증대되는 현실적 이해와 클라이언트들의 욕구를 해결하기 위한 측면에서 이 조직의 활용도가 상대적으로 높다고 할 수 있다.

6. 사회복지조직의 특성

사회복지조직은 다른 조직과는 달리, 자신의 속성을 발전시키고자 하는 클라이언트와 직접 접촉하여 활동하고, 서비스를 제공받는 클라이언트의 복지를 유지하고 증진 시키도록 사회적 · 법적 위임으로 그 활동이 보장된다.

이러한 사회복지조직의 특성은 다음과 같다.

① 클라이언트와 직접접촉(face-to-face)하며 활동한다. 즉 사회복지조직의 원료는 인간이다. 다른 관료조직과는 달리, 사회복지조직의 원료는 문화적 가치를 부여받고 사회적 · 도덕적 정체성을 지니고 있는 인간들이다. 그런 면에서 서비스 대상 인구가 빈드시 동일한 특싱을 가지고 있지는 않다.

② 사회복지조직의 목표는 추상적이며 포괄적인 경우가 많다. 기업조직과는 달리, 사회복지조직은 목표와 관련하여 과업환경 및 직원들 간의 합의를 찾기가 상대적으로 어렵다.

과업환경은 다양한 이해관계를 가진 사회집단 및 기타 공식조직과 클라이언트로 구성되어 있으며, 이들은 나름대로의 특별한 가치체계를 갖고 조직의 목표가 설정되기를 기대한다. 그러나 사회복지조직이 이들의 기대를 모두 고려하다 보면 목표설정이 불확실하고 애매모호하게 되기 쉽다.

③ 사회복지 조직의 기술은 불확실하다. 조직의 기술은 조직의 원료를 미리 정해진 방식에 따라 현재의 상태에서 다른 상태로 변화시키기 위해 마련된 일련의 절차를 말한다. 사회복지조직의 기술이 불확실한 이유는 다음과 같다.

인간은 아주 복합적인 존재이며 그 속성이 사람마다 다르다. 따라서 사회복지조직의 원료인 인간은 변동적이고 불안정하다.

인간이 어떻게 기능하고 인간을 어떻게 변화시켜야 하는가에 대한 지식은 단편적이고 불완전하다.

사회복지조직이 변화시켜야 할 인간의 속성들 가운데 관찰 또는 측정될 수 없는 것이 많다.

④ 사회복지조직에서의 핵심적 활동은 직원과 클라이언트의 관계로 구성되어 있다. 사회복지조직의 중요한 업무는 클라이언트와 직원 간의 일련의 관계 속에서 이루어진다. 따라서 사회복지조직에서는 클라이언트와 항상 접촉하는 일선 직원들의 지위와 역할이 매우 중요하다 할 수 있으며, 이들에게는 많은 재량권이 부여된다.

⑤ 사회복지조직은 전문성을 가진 직원들에게 점점 더 크게 의존하고 있다. 그 필요성은 다음과 같다.

사회복지조직이 다루어야 할 문제들의 성격과 복잡성 때문에 과학적이고 이론적이며 실천적인 전문지식을 필요로 한다.

사회복지조직의 서비스 욕구, 즉 클라이언트의 복지증진을 위해 투철한 사명감과 책임감을 갖고 있는 직원이 필요하다.

⑥ 사회복지조직에는 그 효과성을 신뢰성 있고 타당성 있게 측정할 수 있는 척도가 부족하다. 사회복지조직이 효과성 측정에 어려움을 겪는 원인으로는, 목표의 다양성과 모호성, 서비스 기술의 불확실성, 그리고 인간의 속성에 대한 관찰과 측정의 본질적인 어려움 등을 들 수 있다.

제 2 절 집권화와 분권화

행정관리론자인 Fayol은 관리기능을 효율적으로 수행하기 위하여 지도자가 지켜야 할 여러 가지 원칙들을 제시하였다(Weinbach, 1990: 51~53). Fayol은 작은 조직체에 있어서는 집권화가 절대적으로 필요하고, 큰 조직체에서는 분권화가 이루어져야 한다고 했다.

그리고 Sarri는 '사회복지조직은 집권화되어 있으면서도 동시에 분권화된 구조를 갖추어야 한다는 사회적 요구가 있어야 된다(Sarri, 1985: 36).'라고 했으며 또한 Hasenfeld도 분권화와 집권화에 대한 요구가 동시에 나타나고 있음을 지적하였다(Hasenfeld, 1985: 361~367).

1. 집권화와 분권화의 개념

집권화와 분권화는 조직의 수직적 및 수평적 관계와 관련된 개념이다. 조직이 집권화 또는 분권화되어 있다는 것은 조직체 내의 주요 행정기능이 비교적 또는 상대적으로 집권화 또는 분권화되어 있는 상태를 의미한다.

Glisson(1985: 69)은 조직 내에서 기획이나 정책에 관한 의사결정에 참여하는 권한이 소규모의 집단에 국한되어 있는 경우를 집권화라 했고, 이 권한이 다양한 집단에 분산 또는 위임되어있는 경우를 분권화라 하였다. 즉 의사결정권의 집중 또는 분산 정도에 따라 두 개념을 구분하고 있다.

Albers(1971: 99~100)는 분권화를 의사결정 상의 권위와 책임을 위임하고 최소한의 지도 감독과 통제를 하는 것이라고 규정하였다. 집권화란 의사결정권이 중앙 또는 상급 기관에 체계적으로 유보되어 있는 것을 의미하며, 한 조직 내에 있어서 권한의 집중이나 분산뿐만 아니라 상급 기관과 하급 기관 사이의 사무 배분까지도 포함하는 것으로 보고 있다.

유종해(1988: 352)는 집권화와 분권화의 개념을 ① 지역과 관련하여 중앙과 지방과의 관계에서 중앙행정관청이 지방자치단체에 대해 강한 지휘 감독권을 가지는 경우를 중앙집권, 그렇지 않은 경우를 지방분권, ② 한 조직 내에서는 최고책임자에게 권한이 집중되어 있는지의 여부에 따라 계층 상의 집권화와 분권화, ③ 어떤 기능이 한 기관에 집중되어 있느냐 분산되어 있느냐에 따라 기능상의 집권화와 분권화의 개념이 포괄되어 있다고 하였다.

2. 집권화와 분권화의 결정요인

집권화와 분권화의 결정요인은 관점에 따라 다르게 분류하지만, 일반적으로 집권화를 촉진하는 요인이 바로 분권화를 저해하는 요인이 되기 때문에 집권화와 분권화의 관련성을 지니는 요인들을 하나로 묶어 설명할 수 있다(백완기, 1982: 403~404).

1) 조직이 속한 사회 문화적 환경

조직은 환경의 영향을 지속적으로 받는 개방체계이므로, 환경의 사회 문화적 속성을 반영하게 된다. 권위주의적 문화가 지배적인 환경, 즉 인간관계나 조직 간의 관계에서 상 · 하 간의 위계질서가 강조되는 사회에서는 집권화가 나타나기 마련이다. 반면, 인간관계나 조직 간의 관계가 다원주의와 평등주의의 영향을 받는 환경에서는 분권화가 촉진된다. 우리나라의 경우 전통적으로 사회 전반에 걸쳐 집권화의 경향이 강했기 때문에 정치적 집권화는 물론, 행정적 집권화가 두드러진 특성으로 남아 있다.

2) 조직의 규모와 역사

조직의 규모는 집권화와 분권화에 상당한 영향을 미치는데, 소규모 조직일수록 업무내용 및 업무량이 다양하지 않고 많지도 않으며, 의사소통이 신속하고 활발하게 이루어질 수 있고, 또한 행정책임자가 업무 전반에 대하여 정확하게 파악할 수 있으므로, 집권화하는 경향이 있다. 이와는 달리, 대규모 조직은 분권화를 지향하는 경향이 있다.

그리고 역사가 짧은 신설조직은 업무처리에 관한 선례가 없이 상급자의 지시를 따르게 되므로 집권화하는 경향이 있는 반면, 역사가 오래된 조직은 분권화하는 경향이 있다. 물론 역사가 긴 조직이 반드시 분권화되는 것은 아니며, 동일 업무를 수행하는 조직이라면 역사가 오래되고 대규모인 조직이 소규모의 신설조직보다 분권화할 가능성이 높다는 것이다.

3) 하위조직의 능력

동일한 조직 내에서도 하위조직에 속한 구성원들의 전문성이 낮은 경우, 즉 무능하거나 판단 능력이 없고 기술이 부족한 경우에는 자연히 집권화가 강하게 나타나며, 반면에 전문성이 높을 경우에는 권한위임 또는 배분이 이루어지는 분권화의 성향을 띠게 된다.

이러한 권한위임 양상은 특히 전문성이 높은 구성원(사회복지사 · 교사 · 교수 · 의사 등)을 가진 사회복지조직에서 흔히 볼 수 있다.

4) 조직의 위기

조직은 평상시에는 분권화를 지향하지만, 위기나 비상사태가 발생하면 집권화로 수렴하는 경향이 있다. 즉 조직의 존립이 좌우되는 위기 상황에서는 강력한 지도체계를 필요로 하는데, 이러한 강력한 지도체계를 유지하기 위해서는 행정적 권한의 집중이 필수적이기 때문에 조직구조는 집권화될 수밖에 없다.

5) 조직의 지도력

조직 내의 지도력의 형태에 따라 집권화 정도는 달라진다. 조직의 지도자가 유능한 인물일 경우에는 신속한 의사결정이 이루어지고 탄력성있는 관리 활동이 가능하여 타 조직과의 경쟁 관계에서 우위를 점할 수 있게 되므로 집권화의 경향이 높아진다. 반면에, 민주적 지도력을 추구하는 조직에서는 각 개인의 인격을 존중하고 민주적 참여와 활동을 인정하고 구성원의 창의성 계발을 위하여 조직은 분권화의 성향을 띠게 된다.

6) 업무 내용과 업무 분담

업무가 동시에 동일한 방법이나 똑같은 내용으로 수행하는 경우에는 조직이 집권화하는 경향이 있다. 즉, 업무의 내용이 단순하고 획일적인 경우, 효과적인 업무추진을 위해서 활동의 획일성이 요구되므로 행정적 집권화가 이루어지게 된다.

그리고 특정 업무를 공공의 관심사이거나 상위조직에서 중요하다고 생각하는 경우에는 그와 관련된 행정업무가 집권화되기 쉽다. 반면에, 업무 내용이 다양하고 복잡한 경우에는 분권화하는 경향이 있다.

따라서 사회복지조직처럼 다양하고 복잡하며 유동적인 클라이언트의 문제를 다루면서, 전문적인 판단과 치료를 해야 하는 상황에서는 분권화를 하지 않으면 업무 분리 효과를 달성할 수가 없게 된다.

7) 기술의 발달과 행정의 전문화

과학과 기술의 발달은 조직구조의 집권화와 분권화에 영향을 미친다. 통신과 교통의 발달이나 컴퓨터의 등장은 신속한 의사소통을 가능하게 하고, 정보에 대한 접근성을 증진시킴으로써 집권화를 촉진시키는 요인으로 작용하고 있다.

과학과 기술의 발달은 행정의 영역을 확대하고 전문적 기술을 요구하는 경향이 있으므로 동시에 분권화에도 지대한 영향을 미친다. 즉, 지식 외의 기술 발달로 인하여 행정지도자가 전문화된 분야의 지식과 기술을 갖추지 못하는 경우, 업무에 대한 간섭이나 통제의 범위가 줄어들게 됨으로써 분권화가 현저해질 수밖에 없다.

8) 조직 환경의 불확실성과 변화 가능성

항상 변동하는 조직의 환경으로 인하여 조직의 업무가 늘 일관성, 안전성, 확실성을 유지하기는 어렵다. 이러한 조직 환경의 불확실성이나 가변성은 분권화를 촉진 시킨다. 그 이유는, 변동 가능성 있고, 불확실한 환경의 요구에 신속히 적절하게 반응하기 위해서는 복잡한 행정절차를 간소화하여 업무처리를 가능케 하는 분권화가 필수적인 조직구조이기 때문이다.

9) 행정지도자의 인간관

조직 관리에 있어 행정지도자가 조직구성원을 어떻게 보느냐에 따라 조직의 관리전략이 달라진다.

인간에 대한 종래의 이론을 X 이론과 Y 이론으로 구분한 McGregor에 의하면 X 이론에 근거한 지도자는 권위주의적인 지도력, 엄격한 통제와 지도 감독, 상부 책임제도의 강화를 관리전략으로 활용하므로 집권화를 선호하는 경향이 있으며, Y 이론에 근거한 지도자는 민주적 지도력의 확립, 권한의 위임, 자기 평가제도의 활성화 등 분권화와 관련된 전략을 선호하는 경향이 있다.

3. 집권화와 분권화의 장·단점

집권화와 분권화는 각각 다음과 같은 장·단점들을 지니고 있다(남기민, 1991: 109~127).

1) 집권화의 장·단점

집권화의 장점으로는 ① 통일된 정책의 수립과 집행이 가능하다. ② 행정적 통제와 지도·감독이 용이하다. ③ 대량의 업무처리로 비용 절감의 효과를 올릴 수 있다. ④ 조직의 위기나 비상사태에 신속히 대응할 수 있다. ⑤ 조직 내 부서 간의 업무조정이나 지역적 격차를 시정하기가 쉽다. ⑥ 행정기능의 중복을 피하고 분열을 억제할 수 있다. ⑦ 조직의 목표 달성에 필요한 인적 및 물리적 자원의 동원이 가능하다. ⑧ 조직의 혁신이나 변화에 대한 요구가 수용되는 정도가 높다. ⑨ 조직체 내의 갈등을 신속히 해결할 수 있다.

단점으로는 ① 관료주의적이고 권위주의적인 성격을 띠게 된다. ② 형식주의에 빠져 행정의 실효성을 거두지 못할 수 있다. ③ 조직 내 구성원의 창의성과 자발성을 저해한다. ④ 획일화함으로써 부서 또는 지역의 특수성을 고려하지 못하는 것 등이 있다.

2) 분권화의 장·단점

분권화의 장점은 ① 대규모 조직에서 효율성이 크며, 최고 행정지도자의 업무를 감소시킨다. ② 부서 특히 하위 부서 간의 횡적인 협조 관계가 잘 이루어진다. ③ 참여의식을 높이고 자발적 협조를 유도할 수 있다. ④ 부서나 지역의 실정에 맞는 행정업무를 수행할 수 있다. ⑤ 조직 내 구성원의 행정업무에 대한 책임감을 증진시킬 수 있다.

반면, 단점으로는 ① 효과적인 지도 감독과 통제의 기능이 미약하다. ② 행정업무의 중복이 초래될 수 있다. ③ 행정업무의 처리가 산만해지고 행정력이 분산된다. ④ 전문적 기술의 활용이 곤란해지는 것 등이 있다.

이와 같은 집권화와 분권화의 두 개념은 상대적인 개념으로 한 가지 개념을 강조하면 다른 한 가지 개념은 약화 되는 경향이 있다. 그러나 행정업무를 기획, 집행, 평가함에 있어서 집권화와 분권화는 반드시 대립하는 개념은 아니며, 오히려 상호 보완하는 성격도 지니고 있으므로 두 개념의 적절한 조화가 필요하다.

즉, 조직의 장기계획 수립, 기획 등은 상위조직이나 최고지도층에서 담당하고, 이에 수반되는 업무의 집행은 하위조직이나 하급자에게 적절하게 권한을 위임 또는 배분함으로써 행정조직의 집권화와 분권화가 갖는 장점을 동시에 추구해 나갈 수 있다.

제 3 절 의사결정

모든 조직은 스스로 달성해야 할 목표를 설정하고 목표 달성을 위한 각종의 수단과 방법을 선택하고 실천한다. 조직이 나아갈 활동 방향을 정립하는 것은 목표를 설정하는 일과 함께 매우 중요한 것으로써 자원의 낭비를 막고, 보다 능률적인 행정 집행과 직결된다.

이러한 활동 방향의 정립을 합리적으로 하기 위해서는, 조직 상·중·하의 모든 계층 구성원들이 상호 정보를 교환하는 과정을 통하여 의사결정을 한다. 그런데 올바른 의사결정과 이에 부응하는 올바른 정책과 계획을 설정하기 위해서는, 그 결정의 대상이 될 수 있는 두 개 이상의 선택 대안이 있어야 하고, 각 대안의 장·단점을 경제성과 효과성의 측면에서 비교하여 평가한 후에 그중 하나를 선택하는 것이 바람직하다(조석준, 1985: 61~68).

의사결정과정은 연속적인 선택과 결정의 연속이라고 말할 수 있다. 이러한 선택과 결정은 고(高) 행정지도자를 비롯하여, 중간 관리층 및 하급 관리층의 직원들도 비록 각자의 일의 권한과 성질은 다르지만 의사결정을 하면서 조직의 목표를 달성하려는 의지는 같다.

이러한 이유로 해서 Simon은 조직은 이러한 의사결정의 단위들로 연결된 결정의 망이라고 할 수 있고, 행정과정이란 결정을 위한 이들 결정 단위 간의 상호작용인 의사결정 과정이라고 지적하였다.

특히 의사결정은 클라이언트는 물론 개인·집단·지역사회·구성원의 생활에 영향을 미치는 사회복지 조직에 있어서 매우 중요하다.

따라서 사회복지행정가들은 다른 행정가들과 마찬가지로 기관의 의사결정과정에 대한 중요한 책임을 지고 있다. 그들의 의사결정이 바로 서비스 전달에 직접적 또는 간접적으로 지대한 영향을 미치기 때문이다.

더욱이 도덕성과 윤리성을 고려해 클라이언트에게 제공한다는 특성이 있기에 이는 매우 중요하다. 그러므로 사회복지행정가는 의사결정의 의미와 유형, 의사결정과정의 단계 등에 관한 지식과 기술을 이해하여야 하며, 의사결정에 참여하는 사람이 누구인지를 알고 있어야 한다.

또한 힘든 결정들을 과감하게 내려야 하며, 기관의 목적을 향상시키고, 클라이언트의 욕구 해결을 증진시킬 수 있는 의사결정을 하도록 노력하여야 한다(장인협 역, 1982: 138).

1. 의사결정의 개념

1) 정의

의사결정에 대한 정의를 많은 학자가 내리고 있지만 그중 몇몇 학자의 정의를 살펴보면 다음과 같다.

Albers에 따르면, 의사결정이란 "협의로는 여러 가지 행동 방침 가운데서 하나를 선택하는 것을 의미하며 광의로는 최종 선택 이전에 취해야 할 모든 행동들을 다 포함"한다. 여기에서 가장 중요한 것은 어떤 일을 시행해야 할 것인지를 결정하는 일이다.

Albers는 의사결정의 이러한 단계는 과학적인 조사연구에 있어서 시작 단계와 비슷하다고 보았다. 즉, 의사결정의 시작 단계에서는 최소한 몇몇 대안들이 서로 우열을 가릴 수 없을 정도로 적절해 보이나, 그중 최선의 안은 점차 명백하게 되고, 자동적으로 다른 대안들은 배제된다고 정의하고 있다(장인협 역, 1982: 138~139 재인용).

Hungate는 "의사결정이란 가능한 여러 가지 행동 방침들로부터 선택된 하나의 특정한 행동 방침으로서, 문제를 해결하기 위한 행동을 고안해 내는 방법을 제공해 준다. 또한 의사결정의 장이 되는 것이 인간 상황이므로 문제해결 과정에 있어서 인간적인 요소를 이해하는 것이 필수적이다.

따라서 어떤 문제에 직면해서 그 문제를 완전하게 파악하고 문제의 복합적인 행동 체계 내에서 문제를 이해한 후에야 비로소 의사결정이 가능"하다고 하였다. 즉, "의사결정을 수행하는 일은 모든 직원이 참여해야 하는 일이며, 의사결정이란 하나의 조직 내에서 전 구성원에 의해 모든 수준에서 이루어지는 것이다"라고 정의하고 있다(장인협 역, 1982: 140~141 재인용).

위에서 살펴본 바와 같이 일반적으로 의사결정이란 두 개 이상의 행동 방안 중, 한 가지 행동 방안을 의식적으로 선택하는 행위를 말한다. 그러므로 사회복지행정에 있어서 의사결정은 행동 목적을 달성하기 위한 두 개 이상이 가능한 행동 방안 가운데서, 최선의 방안을 선택하는 행위 또는 행동이라고 규정지을 수 있다.

2) 의사결정 시 고려해야 할 사항

어떠한 의사결정을 하기 위해서는, 결정에 필요한 정보, 예측하기 어려운 미래의 상황변화, 결정이 야기할 장래의 상황 및 결정에 참여하는 사람들의 주관 등이 고려되어야 한다. 나아가, 의사결정 과정에서는 행정의 사회적 책임 등도 고려대상이 되므로, 의사결정을 하는 것은 매우 복잡할 뿐만 아니라 결정을 놓고 조직 내·외의 많은 갈등도 뒤따른다.

따라서 의사결정이 자기가 속하고 있는 조직 활동과 사회에 미치는 영향을 생각해 볼 때, 무엇을 고려하여 선택의 기준으로 삼아야 하는지가 문제 된다. 의사결정 시 고려할 사항을 요약하면 다음과 같다(강신택 · 안해균 · 오석홍, 1983: 113~114).

(1) 목표 지향성

의사결정에 있어서, 정책과 계획의 근본목표가 무엇인가를 의식해야 하고, 행동의 대안이 두 개 이상 있다는 것을 고려해야 한다.

(2) 가치판단과 사실 판단

의사결정에 있어서 즉흥적인 경솔한 결정을 한다면, 상부의 결정과 방침에 큰 영향을 미치게 된다. 따라서 행동의 목표를 선택하는 경우에는 그것에 포함된 가치를 판단해야 하고, 결정된 목표를 수행하는 경우에는 현실적인 사실을 판단해야 한다.

(3) 결정의 계층적 구조

모든 결정에도 수직적인 계층적 서열이 존재한다. 따라서 상부의 결정은 바로 하부의 목표가 되지만, 하부의 목표 선택이 그대로 상부에서 선택되는 것은 아니다. 그러나, 하부의 목표 선택이 상부가 결정하는 대안 중의 하나가 될 여지는 있다.

(4) 대안의 한계성

모든 대안이 기본 정책을 만들고 수행하는 데 있어 완전한 것이 되기는 어렵다. 왜냐하면 복잡한 주변 환경이 수시로 변하고 있기 때문이다. 따라서 대안은 목표 달성을 위한 최선 또는 최적의 것이 되는 경우가 일반적이다.

2. 의사결정의 모형

의사결정의 이론모형에는 여러 가지가 있다. 그중 중요한 것으로는 합리모형, 만족모형, 점증모형, 혼합모형, 최적모형, 쓰레기통 모형 그리고 공공정책 모형 등을 들 수 있을 것이다(강신택 · 안해균 · 오석홍, 1983: 115~118).

1) 합리모형

합리모형은 인간은 누구든지 이성과 합리성 또는 이해타산에 따라서 결정하고 행동한다는 것을 전제로 한다. 따라서 합리적 의사결정자는 문제해결을 위한 모든 대안을 작성하고, 그 대안들이 가져올 결과에 대한 각종 자료를 수집하고 분석하여, 그 결과를 예상하면서 각 대안을 비교 평가하여 최선의 합리적인 대안을 찾게 된다. 이는 가장 이상적인 모형이지만 사실상 실현 가능성이 희박한 모형이다.

합리모형은 인간 형태의 비합리적인 속성과 사회집단의 비합리적인 성향 등을 크게 고려하지 않고, 인간은 합리적으로 행동한다는 이상적 · 규범적 성격을 지니고 있다. 그런데 현실적으로 이러한 전제들은 많은 제한을 받으므로, 결정이 예측한 대로의 결과를 가져오지 못한다는 문제점이 있다.

즉 Simon에 따르면 인간은 현실적으로 합리성에 따라서 생각하고 행동하는 것이 아니므로, 대안의 결과에 대한 예측도 불완전하고, 모든 대안을 전부 고려할 수도 없는 것이다. 결국, 합리모형은 결과를 정확하게 예측할 수 있는 능력의 부재, 의사결정자의 정보수집 및 지적 능력의 한계, 그리고 완전한 대안 발견의 불가능, 선택의 과도한 비용 소모 등을 이유로 최근에 많은 비판과 한계가 제기되고 있다.

2) 만족모형

H.A. Simon과 J.G. March가 주장한 만족모형은, 합리모형의 현실적 제약을 극복하기 위한 것으로 제시되었다. 만족모형은 의사결정자가 합리적 의사결정이 지니는 여러 가지 제약을 감안하여, 현실적으로 만족스러운 정도의 대안을 선택하는 것에 강조점을 두고 있다.

즉, 의사결정자가 결정하는 데 있어 최적 대안을 찾는 것은 복잡하고 불가능하기 때문에, 만족할 만한 선에서 대안을 찾는 데 그친다는 것이다. 결국 만족모형의 특색은 절대적 합리성보다는 제한된 합리성을 추구하고, 최적의 대안보다는 현실적이고 주관적 관점에서 만족스러운 대안을 선택하는 데 그치게 된다는 것이다.

이는 지나치게 주관적이어서 만족의 정도를 결정짓는 객관적 기준이 없고, 대안이 보수적인 성격을 띠기 때문에, 환경이 급변하는 상황에서는 적응하기 어려우며 조직의 정책 결정에 그대로 적용하기도 어렵다.

3) 점증모형

C.E. Lindblom과 A. Wildavsky가 주장한 점증모형은 기존의 정책이나 결정을 인정하고 그보다 향상된 대안에 대해서만 부분적 또는 순차적으로 탐색하여 의사결정을 하는 현실적 · 실증적 접근방법 모형이다. 점증모형은 이상적 · 규범적 합리성보다는 시민과 정치인의 지지를 얻을 수 있는 정치적 합리성을 중요시한다.

점증모형에 따르면, 정치 행정상의 의사결정은 반드시 규범적이고 합리적인 결정을 하는 것이 아니라, 오히려 현실을 긍정하고 그것보다는 약간 향상된 결정에 만족하는 것이 일반적이라고 한다.

결국 점증모형은 의사결정자가 모든 대안을 검토해서 하는 것이 아니라, 현재 상태와 크게 다르지 않은 극히 소수의 대안만을 검토해서 결정한다는 것이다.

따라서 현재 상태보다 월등하게 혁신적이고 창의적인 다른 결정은 기대하기 어려우나, 현재 상황에 가장 적은 저항을 받으며 문제를 효율적으로 해결할 수 있다는 장점이 있다. 반면에, 현실 유지적인 수준에서 문제를 해결하는 방식을 취하기 때문에, 보수주의로 빠질 수 있어 편향적이라는 시각도 있다. 또한 상대적으로 안정되고 균형 잡힌 조직에 적용하는 것은 가능할 수 있으나, 급속한 환경의 변화에 점진적으로 대응해야 하는 쇄신 · 혁신이 요구되는 조직에서는 적용하기 어렵다는 단점이 있다.

4) 혼합모형

혼합모형은 인간의 정보수집 및 처리 능력의 한계와 현실적인 제약을 인정하면서도, 현실적인 제약 내에서 가능한 대안을 개발하여 효과성과 효율성이 가장 높은 것을 선택한다.

종합적 합리성을 바탕으로 하여 일반적인 내용은 합리모형이지만 세부적인 결정은 점증모형의 방법을 취하고 있다. 사회복지조직의 기획과 의사결정과정에서 이용할 만한 방법이다.

5) 최적모형

최적모형은 점증모형과 만족모형의 보수성에 이의를 제기하며 등장한 이론으로서, 정책 결정을 체계론적 시각에서 파악하고 정책 성과를 최적화하려는 모형이다.

정책 성과를 최적화한다는 것은 결정 과정에서 투입보다 산출이 커야 한다는 의미인데, 이는 정책 결정에 드는 비용보다는 효과가 높아야 한다는 것을 전제로 한다.

정책의 최적화를 위해서 경제적 합리성뿐만 아니라 직관, 판단, 창의성과 같은 초 합리적 요인을 동시에 고려하여야 한다. 최적모형은 정책 결정 과정에서 초 합리성이 고려되고, 인간이 노력하면 최적의 결정에 이를 수 있다는 장점이 있다. 하지만 정책 결정 체계 전반을 내용으로 삼고 있어 최적의 의미가 불분명하고, 초 합리성의 이용 방법이나 합리성과 관계가 모호하다는 단점이 존재한다.

6) 쓰레기통 모형

쓰레기통 모형은 정책의 결정이 합리성이나 협상, 타협 등을 통해 이루어지는 것이 아니라, 조직화된 무정부상태 속에서 나타나는 몇 가지 흐름에 의하여 우연히 이루어진다고 보는 모형이다. 복잡하고 혼란한 상황 속에서 의사결정을 설명하는데 적합하다.

조직의 목표가 모호하며 조직의 기술이 불확실한 사회복지조직에는 잘 적용된다. 그러나 조직화된 혼란 상태는 모든 조직에서 나타나는 현상이 아니고, 일부의 조직 또는 일시적으로 나타나는 혼란 상태에서의 의사결정 형태를 설명하는데 국한된다는 점이 단점이다.

7) 공공정책모형

공공정책모형은 재정 관련 정책 결정에서 바람직한 민주적 의사결정이 어떻게 이루어져야 하는가를 주요 내용으로 다루고 있다. 각종 정부 기관들이 제공하는 공공재화와 용역의 공공성을 강조하여, 사적 경제 부문에서의 결정 논리를 그대로 적용하는 것에 주의를 기울여야 한다.

따라서 참여하는 국민이 많을수록 효율적이고 민주적인 정부 재정관리가 가능하므로, 국민의 참여를 강조한다.

3. 의사결정의 단계

의사결정의 단계를 설명하기 전에, 학자마다 의사결정 단계를 상이하게 정의하는 바, 여러 학자의 의사결정의 단계를 살펴보고자 한다.

Ables와 Murphy는 의사결정자가 조직의 어떤 측면이 옳지 않다고 인식하고, 불만을 가지게 됨으로써 체계적인 의사결정 과정이 시작된다고 보고 그 단계를 5가지로 제시하고 있다.

① 문제의 정의와 욕구 규정,

② 관련 정보 확보,

③ 해결 대안의 개발 및 평가,

④ 최선책의 선택,

⑤ 대안의 실행 단계이며 각 단계에는 환류를 수용하는 것이 바람직하다.

Elion은 의사결정의 단계를 의사결정자가 결론에 도달하기 전에 거치는 과정이라고 보고

① 정보투입단계,

② 정보분석단계,

③ 성과측정의 특정화,

④ 대안 설정 및 예측단계,

⑤ 대안의 최종 선택 등 5가지 단계를 제시하고 있다.

Skidmore는 의사결정 단계를 문제해결적 결정지침으로,

① 상황과 문제의 정의,

② 관련된 사실의 수집 및 조사,

③ 대안 형성,

④ 대안의 결과 예상,

⑤ 감정의 고려,

⑥ 최적의 대안 선택,

⑦ 실천과 계속적지지,

⑧ 융통성 발휘 등 8가지 단계를 제시하고 있다(Skidmore, 1983: 59~62).

여러 학자가 제시한 의사결정 단계는 대부분 유사하므로 사회복지행정과 실천에서 많이 활용되고 있는 Skidmore의 의사결정의 단계를 중심으로 설명하고자 한다.

1) 상황과 문제의 정의

사회심리학자인 W.I. Thomas는 상황정의의 개념을 사람과 그의 행동을 이해하기 위해서 자신들에 대한 이해와 감정뿐만 아니라 다양한 문제 상황을 이해하는 것을 의미한다고 설명하고 있다. 다시 말하면 주어진 시각에 개인의 위치가 어떠한가, 어떤 심리 · 사회 · 문화적 요소와 힘이 포함되어 있는가, 그 사람과 전체상황과 관련해서 관련된 타인의 감정이 어떠한가를 아는 것이 중요하다.

따라서 불만족스러운 현재 상황 또는 조건을 문제로 인식하고 그것을 개선 또는 해결하기 위한 의사결정을 하기 위하여 유능한 행정가는 그 문제나 욕구가 어떤 것인지를 정확히 규정해야 한다. 왜냐하면 문제나 욕구의 정확한 규정 없이는 그 해결 대안을 개발할 수 없기 때문이다. 그래서 그러한 문제에 관련된 상황과 사회적 · 심리적 · 문화적 요인 그리고 문제해결 대상자의 욕구 정도까지 구체적으로 파악되어야 한다.

2) 관련된 사실의 수집 및 조사

의사결정과정에서 중요한 단계는 상황과 문제에 밀접한 관계가 있는 자료를

수집하고 명백한 이해를 얻기 위해서 조사하는 것이다. 사실의 수집은 여러 가지 방법으로 할 수 있으며 사상이나 감정은 결정을 요구하는 사람으로부터 얻을 수 있다. 물론 자료는 사람의 친척이나 구성원으로부터도 얻을 수 있다.

사실의 수집은 존재하는 모든 자료를 수집하는 것이 불가능하기 때문에 이는 하나의 근접책에 불과하다. 그럼에도 불구하고 기본적 사실은 결정에 의미를 주기 위해서 조사되어야만 한다. 따라서 사실을 조사하는 것은 의사결정에서 중요하다.

따라서, 자료는 세심하고 객관적으로 조사되어야 하고 중요성을 알아보아야 한다는 것을 의미한다. 이러한 사실의 조사를 통해서 사실의 중요성이 객관화되면, 사실의 우선순위를 정하는 데 도움을 준다.

만약 결정을 내리기에 충분한 정보를 가지고 있지 못하다면 부수적인 정보를 찾아야 하며, 이러한 부수적인 정보의 도움으로 올바른 결정을 내릴 수가 있는 것이다.

3) 대안 형성

의사결정의 과정은 상황에 따른 최선의 대안을 선택하고 결정하는 과정이다. 때로는 두 가지 선택만이 존재할 경우가 있고, 때로는 상당히 많은 대안이 있을 수도 있다. 따라서 이용 가능한 각기 다른 대안들을 인식하고 이해하는 것이 매우 중요하다. 즉, 각각의 대안은 명료화되고 이해되어야만 하는 것이다.

대안 형성의 예로써 사회복지기관과 수행 능력이 부족한 직원과의 마찰이 일어났을 경우, 행정가는 여러 가지 대안을 고려할 수 있다. 즉, 그들을 즉시 해고하거나, 격려, 훈련, 동료의 재배치, 타 부서로 전근, 그들의 흥미에 맞추어서 기관의 조직유형을 변화시키는 대안을 생각할 수 있을 것이다.

4) 대안의 결과 예상

각각의 선택과 우선순위를 이해하는 것과 병행에서 미래의 결과를 예상하는 것은 필수적이다. 즉, 특정한 대안이 선택된다면 어떤 결과들이 부수적으로 발생할 것인지를 고려하여 각각의 대안들을 고려하어야 한다.

5) 감정의 고려

조직에서 발생하는 다양한 일들을 인지하면서 나타나는 감정을 고려하는 것은 일반적인 행정에서보다 사회복지기관의 행정에서 특히 중요하다. 이론적으로는 의사결정이 합리적 근거에 기초하여, 사실과 대안의 세심한 고려 및 예상되는 결과를 검토하여 이루어진다고 하지만, 현실에 있어서는 감정이 종종 행동의 합리적 이유에 영향을 미치게 된다.

특히, 의사결정에 있어서 각기 다른 선택에 관한 개인적 감정을 고려하는 것이 매우 중요하다. 따라서, 모든 행정가가 다양한 감정을 가지고 있다는 것과 그러한 각각의 감정이 특정한 결정을 내리는 데 매우 중요하다는 것을 인식해야 한다.

6) 최적한 대안 선택

앞서 나열한 5단계가 끝난 후 결정을 최종적으로 내려야 할 단계이다.

행정가들은 결정을 내리는 데 있어서, 그들이 실수할 때도 있고 때때로 잘못된 선택을 내린다는 것을 인지할 필요가 있다.

이와 같은 것은 모든 행정가에서 일어날 수 있으며, 이것을 이해하는 것이 의사결정과정을 원활하게 할 수 있다. 인간관계에서도 완전함이 없는 것과 마찬가지로 의사결정에서도 완전함이란 있을 수 없다. 또한 시간의 관점에서 볼 때는 결정을 연기시키는 것을 피하는 것이 중요하다.

7) 실천과 계속적 지지

한번 결정이 내려진 후에는 그것을 지지하는 방향으로, 그리고 그것을 수행하기 위해서 무엇을 할 것인가에 관심과 노력을 모아야 한다. 미지근한 지지나 결정을 무시하는 듯한 행위는 필연적으로 조직의 분열과 실패를 불러일으킨다.

모든 구성원은 결정을 이해하고 지지하기 위해 결정을 충분히 숙지해야만 한다. 즉, 결정을 내리는 것도 중요하지만 그것이 목표를 향해서 수행될 수 있도록 계속 지지해 주는 것도 필요하다.

8) 융통성 발휘

융통성은 의사결정의 결과를 효과적으로 만들기 위해 매우 중요하다. 실수가 행해지고 또 다른 대안이 더 바람직하다는 것을 인식하게 되었을 경우, 융통성은 더욱 필요하다. 특정 결정에 대한 모든 가능한 결과를 예상하는 것은 불가능하기 때문에, 때때로 예상과는 다른 결과가 발생할 수 있다. 바로 이와 같은 경우에, 융통성을 가지고 계획과 과정을 변경시킬 필요가 있다.

4. 의사결정의 유형

의사결정은 그 강조점에 따라 다양한 의사결정의 유형이 존재하지만, 이것은 절대적인 유형이 아니다. 의사결정의 유형은 의사결정의 주체, 의사결정의 구조화 정도, 의사결정의 방법 등에 따라 분류할 수 있다. 이러한 다양한 의사결정의 유형에 대하여 살펴보면 다음과 같다(Skidmore, 1983: 48, 57~59, 63~65).

1) 의사결정의 주체에 따른 유형

의사결정은 개인이나 집단에 의해서 행해질 수 있다. 기관의 정책과 과정에 영향을 미치는 많은 결정은 보통 몇몇 사람에 의해서 수행된다. 즉, 몇몇 핵심적인 개인들이 타인들의 사고와 감정에 영향을 미치는 의사결정에 주체적 역할을 하게 된다.

이러한 의사결정 주체에 따른 유형은 개인에 의해서 이루어지는 개인적 의사결정과 집단에 의해서 이루어지는 집단적 의사결정 두 가지로 나눌 수 있다.

첫째, 개인적 의사결정이다.

개인적 의사결정이란, 정책 결정을 하는 데 있어서 수집한 자료와 정보 및 자신의 경험과 판단을 최고행정지도자 혼자 하는 경우를 말한다.

개인의 의사결정에는 ① 의사결정 나무 분석(decision tree analysis), ② 대안 선택 흐름 도표(alternative choice flow chart)의 방법이 있다.

먼저 의사결정 나무 분석은 개인이 가능한 여러 다른 대안을 발견하여 나열하고 각각의 대안을 선택하였을 때와 그렇지 않았을 경우의 결과를 그림으로 그려서 생각하는 방법이다. 여기서 그림의 모양이 나무와 비슷하여 의사결정 나무 분석이라고 한다.

그리고 대안 선택 흐름 도표 방법은 목표가 분명하고 예측 가능한 사항의 선택에 적용될 수 있는 방법으로, 어떤 사항의 연속적 진행 과정에서 "예"와 "아니오"로 답변할 수 있는 질문을 연속적으로 하여 예상되는 결과를 결정하도록 하는 도표이다.

둘째, 집단적 의사결정이다.

집단적 의사결정이란 직원 혹은 전문가들의 의견을 종합하여 최고행정지도자가 결정을 내리는 경우를 말한다.

집단적 의사결정에는 ① 델파이(Delphi)[4] 기법, ② 명목 집단 기법(소집단투표기법 Nominal Group Technique), ③ 초점 집단기법(표적집단면접법 Focus group interview)의 방법이 있다.

❶ 델파이 기법

먼저 델파이 기법은 우편을 이용하여 어떤 문제에 대하여 전문가 또는 관련자들로부터 합의점을 찾는 방법으로써 ① 응답이 무기명이고, ② 대면적(face-to-face)인 회의에서와 같은 즉각적인 환류(feedback)를 통제하며, ③ 개인의 의견을 집단적 통계분석으로 처리하여 만족스러운 결과를 얻을 때까지 계속된다는 특징을 가진다. 따라서, 어떤 불확실한 사항에 대한 전문가들의 합의를 얻으려고 할 때 사용된다.

이 델파이 방법의 장점은 ① 익명성으로 인하여 특정인의 영향을 줄일 수 있을 뿐 아니라 집단의 의견에 개인을 순종시키려는 집단의 압력을 줄일 수 있다. ② 응답자의 시간을 효율적으로 이용할 수 있다. ③ 피드백을 체계적으로 통제하기 때문에 개인의 이권 행사로부터 오는 부정적인 영향력을 최소한으로 줄일 수 있다는 점이다.

단점으로는 ① 반복적인 과정을 거치므로 시간이 많이 소요된다. ② 절차를 반복하는 동안 응답자 수가 줄어든다. ③ 극단적인 의견은 판단의 합의를 얻기 위해서 제외되는 문제 등이 있다.

---

4) 델파이 기법은 델파이의 여사제들이 여러 지방에 사람을 보내서 현인들로부터 의견을 수렴했던 것에서 파생된 것으로 1950년경 미국의 Rand Corporation의 Dalky와 그의 동료들에 의해서 개발된 것이다. 오늘날에는 첨단기술에 의해 그 과정이 단순화되고 빨라졌다.

❷ 명목 집단 기법

명목 집단 기법(Nominal Group Technique)은 일단의 전문가 또는 관련자들이 한 장소에 모여 각자의 의견을 제출해, 그것을 가지고 종합하여 정리한 후, 각각의 의견을 검토하는 절차를 만족스러운 수준의 합의가 이루어질 때까지 계속해서 하는 것을 말한다.

명목 집단 기법은 기본적으로 6~9명 정도의 소집단을 이용하여 의사결정을 하는 기법이며 사람이 많은 경우 소집단으로 나누어 할 수도 있고 각 집단에 각각의 다른 문제를 제시할 수도 있다.

명목 집단 기법은 다양한 의견을 청취할 수 있고, 참여의식을 높이고, 동기부여에 크게 기여할 수 있으나, 여러 사람이 참여할 경우 시간이 많이 소요된다는 단점이 있다.

❸ 초점 집단기법

초점 집단기법은 통제된 집단이 집단으로 토론하여 심층적으로 의견을 끌어내는 기법을 말한다.

2) 의사결정의 구조화 정도에 따른 분류

의사결정의 구조화 정도에 따른 유형은 정형적 의사결정(programmed decision-making)과 비정형적 의사결정(nonprogrammed decision-making)으로 나눌 수 있다.

첫째, 정형적 의사결정이다.

정형적 의사결정은 의사결정자가 일상적으로 반복되는 업무에 대한 것과 발생한 문제에 대한 대안과 방법이 사전에 정해져 있는 결정을 이루는 것을 말한다. 예컨대 직무 규정, 인사 규칙, 조례 등에 명시되어 있는 업무가 여기에 해당한다.

둘째, 비정형적 의사결정이다.

비정형적 의사결정은 새로운 사태의 발생을 비롯하여 예측하지 못한 일과 중대한 주변 환경의 변동 등에 대처하기 위한 정책대안의 수립과 결정에 관한 것이다. 즉, 아무런 대비책을 사전에 마련하지 못하였거나 대안을 구상해 놓지 못한 경우인데, 안정된 조직의 경우보다 불안정한 조직의 경우에 이러한 결정이 많이 발생한다.

정형적 의사결정과 비정형적 의사결정을 전통적 기법과 현대적 기법으로 나누어 설명하면 <표 3-5>와 같다.

〈표 3-5〉 의사결정의 현대적 기법과 전통적 기법

의사결정의 유형	기법	
	전통적 기법	현대적 기법
정형적 결정 - 일상적, 반복적 결정 - 조직은 결정을 위한 특별한 처리 과정이 마련되어 있음	1. 관례 2. 정해진 업무처리의 절차(일상적 사무규정/표준운영절차) 3. 조직구성원의 예측 가능한 업무 세칙과 정해진 의사전달 통로에 의함	1. 정보의 수집과 계량화 2. 계수적으로 시험·평가함 3. 컴퓨터를 이용한 자료처리·대안 작성 및 선택
비정형적 결정 - 비구조적인 신규의 정책 결정 - 일반적인 문제해결 과정에 의해서 처리됨	1. 직관적인 판단과 창안 2. 경험에 의한 대안의 구상 3. 책임자의 엄선과 훈련에 의한 전문지식의 확보	1. 자기 발견적 문제해결 기술 2. 의사결정 절차 훈련 3. 대안 발견을 위한 컴퓨터 프로그램 구성 4. 문제해결을 위한 여러 대안의 작성과 비교·평가 및 결정

출처: H. A. Simon(1977: 48)

주로 사회복지조직은 환경에 크게 의존하고 있고, 이러한 환경은 예측할 수 없을 정도로 빠르고, 어렵게 변화되기 때문에 이에 대처하기 위한 의사결정이 많이 발생하게 된다.

따라서 사회복지행정가는 비정형적 의사결정에 대한 지식과 기술을 습득해야 할 것이다.

3) 의사결정의 방법에 따른 유형

보편적으로 의사결정은 사실과 감정의 결합으로 이루어진다. 또한 종종 의사결정은 사실보다 감정에 더 관련되기도 한다. 예를 들어 지원자 중에서 다른 사회복지사보다 나은 자격을 가지고 있다 하더라도 최고행정지도자가 그 사람을 더 좋아한다는 이유만으로 임용하는 경우가 있다.

항상 의사결정과정은 사실과 감정의 조합을 포함하며, 유능한 행정가는 이러한 상황을 인식하고 감정을 허용하려고 노력한다.

이러한 의사결정의 방법에는 직관적 결정 · 판단적 결정 · 문제해결식 결정의 세 가지 방법이 있다.

첫째, 직관적 결정(Intuitive decision)은 합리성보다 감정에 의존하여 결정하는 것이다. 따라서 결정된 행동은 사람이 가장 옳다고 느끼는 것에 관련되어 있으며 영감(inspiration)과 관련되어 있다. 따라서 주로 직관적 의사결정은 경미한 사항이나 즉각적으로 결정되지 않으면 안 되는 상황에서 이루어진다.

사회복지사는 클라이언트와 함께 일을 할 때 종종 이러한 방법을 사용한다. 특히, 이러한 직관적 결정은 직원들을 고용 · 해고하는 데에 있어서 중요한 역할을 한다.

둘째, 판단적 결정(judgemental decision)은 개인의 습득된 지식과 경험을 기초로 판단하여 결정하는 유형이다. 이러한 판단적 결정에 대해서 Carlisle은 "사람이 조직의 장과 그 운용에 대해 익숙하게 된 이후 한때 참신했던 결정들은 이제 일상적인 것이 되어 버린다"라고 했다.

슈퍼바이저는 작업 단위의 운용에 익숙하게 되므로, 어떤 행위를 추구하면 어떤 결과가 일어날 것을 정확히 예측할 수 있게 된다. 그래서 슈퍼바이저는 매일매일, 특히 하급 사회복지사와 업무를 추진하면서 정신적 사고를 필요로 하지 않는 많은 결정들을 한다. 그들은 무엇을 어떻게 할 것인지 정확하게 알고 있기 때문에, 적어도 의사결정의 상당부분은 판단적 결정에 의한다.

사회복지조직에서 사회복지행정가가 대부분의 의사결정 방법을 판단적으로 결정을 하는 것은 사회복지사로서 일정한 정도의 경력과 지식을 가지고 있고 그 과정에서 습득한 경험과 지식을 활용하여 합리적인 판단을 할 수 있기 때문이다.

셋째, 문제해결식 결정(problem-solving)은 즉각적인 결정이 필요하지 않고 합리적이고 과학적인 절차를 밟아 이루어지는 의사결정 방법이다. 문제해결식 결정 방식은 많은 정보가 필요하고 종종 시간과 연구, 분석, 평가가 필요한 경우에 사용된다. 문제해결식 결정과 같은 합리적 방식은 보통 객관적 과학적 접근을 포함하고 특히 대여섯 가지 정도의 선택이 포함되는 복잡한 문제들을 해결하는 데 사용된다.

이와 같은 의사결정의 유형은 기준에 다양하게 분류할 수 있다.

일선 사회복지사들이 행하는 업무적 결정, 중간층이 하는 관리적 의사결정 그리고 최고 의사결정 계층이 행하는 전략적 의사결정과 같은 의사결정의 계층에 따른 분류와, 의사결정 구조화 정도에 따른 정규적 결정과 비정규적 결정의 구분과 비슷한 것으로서 전략적 결정(strategic decision)과 전술적 결정(tactical decision)도 있다. 전략적 결정은 목표 달성과 조직발전에 관한 문제의 결정이며, 전술적 결정은 일상적 성격을 띤 수단적 기술적 결정을 말한다.

제 4 절 위원회와 이사회

사회복지조직에서 위원회와 이사회는 정보수집 · 목표 수립 · 계획 및 결정을 하고 결과를 평가하는 중요한 수단의 하나이다.

클라이언트의 욕구를 충족시키는 다양한 서비스를 제공하는 사회복지조직에서 목표를 달성하기 위해서 일상적인 조직의 활용만으로는 충분하지 않는 경우가 잠재적으로 나타날 수 있기 때문에 지역사회로부터의 지지와 평가, 특별한 문제와 과업 수행을 위한 전문가의 조언 등이 필요하다.

사회복지조직은 기관의 운영을 인도하고 보조하는 중요한 역할을 하고 조직의 효과적 운영을 위해 위원회와 이사회를 적극적으로 잘 활용함으로 목표달성을 할 수 있어야 한다. 이러한 특성을 통해 사회복지조직은 여러 가지 형태의 위원회와 이사회를 운영하고 있다.

1. 위원회

위원회는 조직의 목표 달성을 위한 특별 과업이나 문제해결을 위하여, 일상적인 조직과는 별도로 전문가 또는 업무 관련들로 구성된 활동 기구를 의미한다. 공식적인 조직기관에 있어 위원회는 매우 중요하다. 일반적으로 위원회는 재정 · 인사 · 주민과의 관계 유지 등 기관의 일반적 업무에서 정규적으로 발생하는 특별업무를 취급하는 상임위원회와, 비정규적인 특별업무를 처리하기 위한 임시위원회 두 가지 유형으로 구분된다.

위원회는 기관의 구성원들이 소속감을 가지며, 효율적이고, 효과적으로 활동할 기회를 제공하며, 기관의 활동을 강화하거나 약화시킬 수 있으며 심지어는 파괴할 수도 있다. 위원회는 기관장의 작업량을 줄이고 기관서비스를 강화시킬 수 있다.

여기서 기관장과 위원회는 유기적인 협력관계를 가져야 한다. 따라서 기관장은 위원회를 구성하는 데 적합한 사람들을 신중하게 선정해야 한다. 한편, 위원회의 위원들은 그들이 중요한 책임을 맡고 있다는 사실을 인식해야 한다. 그러나 최종적인 결정권은 최고 의사결정자인 기관장에게 있다.

1) 위원회의 장 · 단점

위원회의 장점으로는 ① 조정역할, ② 제안을 평가하고 전문가들의 견해를 수집, ③ 의사결정에 참여하는 기회를 넓혀 조직의 관리기능을 증진, ④ 위원들로 하여금 공통결의 준수, ⑤ 기관장이 일을 진행시키기 전에 필요한 시간적 여유나 정보를 제공하는 점 등이 있다(Carlisle, 1979: 39; 유종해, 1992: 376~377).

한편, 위원회가 사회복지조직에 대해 미칠 수 있는 부정적인 영향, 즉 단점들도 있다. ① 한 사람이 할 수 있는 결정을 여러 사람이 하기 때문에 비용이 많이 든다. ② 모임이 자주 있지 않고 회의에서 진척되는 바도 별로 없어 행동이 느리다. ③ 위원들 간의 책임감을 약화시킨다. ④ 위원회는 정책의 집행이나 실행을 크게 돕지 못한다. ⑤ 어떤 특정한 집단의 이익을 지키려고 하는 사람이 있어 위원회가 정치적 도구로 이용될 수 있다는 단점 등이 있다(Carlisle, 1979: 391).

2) 위원회의 운영

위원회를 효율적으로 운영하는 데는 다음 사항들이 고려되어야 한다.

(1) 위원회의 규모

위원회의 규모는 위원회의 목적 및 기능에 따라 다르다. 한 위원회에 많은 사람을 배치하면 규모가 커지고, 그에 따라 토의가 복잡해지며 많은 시간을 소비하게 된다. 그리고 회의 시간을 설정하고 구성원들의 충분한 참여를 유도하는 데 어려움이 많다. 그래서 업무를 효과적으로 처리하기 위해서는 3~5명으로 구성되는 것이 좋다고 하며, 이렇게 구성된 위원회는 회의 시간을 정하기가 쉬우며, 출석률이 높고 성원들의 위원회 소속감이 놓고 참여가 활발하다. 위원회가 대표성을 띨 수 있도록 규모가 어느 정도가 되어야 하는지는 위원회의 기능 및 역할과 밀접한 관계가 있다.

(2) 위원회의 구성

위원회의 구성은 위원회의 기능과 밀접하게 관련되어 있다.

위원회는 조직의 구성원들로만 구성되는 유형, 지역사회의 유지 또는 대표로만 구성되어 자문을 하는 유형, 그리고 조직구성원과 지역사회대표자들이 함께 모여 구성되는 유형 등이 있다(Skidmore, 1983: 253).

일반적으로 위원회의 위원은 심의를 잘할 능력이 있는 유능한 자, 위원회의 목적 및 기능에 대해서 관심을 가지고 있는자, 시간과 에너지를 제공할 수 있는 자를 선정하여야 하며, 때로는 위원회 운영에 관심이 없는 자도 기관 사업에 대한 광범위한 견해를 제공할 수 있기 때문에 선정되는 수가 있다. 그러나 이익단체에 속한 위원들은 위원회 활동을 복잡하게 하거나 활동을 방해하는 경우도 있다.

그리고 위원선정 시, 소수집단 즉 여성, 장애인 단체 등의 대표성을 확보할 필요가 있다. 대표성은 위원이 제공하는 서비스를 해 온 기간, 교육 및 훈련 배경, 지역사회 활동, 성별, 연령 등 요소에 비추어 평가해야 한다.

(3) 시간의 활용

효과적인 위원회 운영을 위해서는 시간의 활용과 그 역동성을 이해하여야 할 필요가 있다.

위원회의 위원들은 시간을 효율적으로 활용해야 한다. 흔히, 회의를 하는 동안에는 시간을 낭비하고 끝날 무렵에 가서 중요한 문제를 내놓는 사람이 있다. 효율적으로 시간을 사용하기 위해 회의 개최 전에 위원들에게 의사일정과 회의의 세부사항을 알려주어야 한다. 이렇게 사전 통보를 함으로써 위원들이 회의에 앞서 준비할 기회를 가질 수 있고, 위원회 활동을 질서 있게 진행하도록 도울 수 있다.

회의 일정은 변경할 수도 있어야 한다. 그리고 의사일정에 나타난 각 항목을 다루는 데 필요한 시간을 계산해 보는 것이 좋다. 또한 회의 전에 위원회가 다룰 세부 사항들을 위원들에게 사전에 통보하는 방법도 도움이 된다.

이렇게 하여 위원들에게 회의 전에 위원회에서 다룰 안건을 알려주어 회의 참가를 위한 준비를 할 수 있도록 하여 위원들이 회의에 참석할 가능성을 유도하고 위원들이 안건에 대해 시정이나 제안할 기회를 넓혀줄 수 있다.

(4) 책임 및 권한

위원회 설치의 성격에 따라 위원회의 역할이 다르기 때문에, 행정책임자는 위원들에게 위원회의 업무 · 책임 · 권위를 명확히 알려주어야 한다. 이들에게 수행할 업무 및 목적에 대해서 구체적으로 설명을 해줄수록, 위원회를 보다 더 성공적으로 운영할 수 있을 것이다.

위원회는 특정 업무와 업무수행을 위한 시간표를 가질 필요가 있다. 때로는 일부 행정책임자는 위원회에 책임을 떠맡기지만, 정작 위원들에게는 이 책임을 수행할 권한을 주지 않는 경우도 있다. 따라서 위원회의 사기가 저하되어 결국 위원회가 효과적으로 운영되지 못한다. 그래서 위원들의 책임과 권한을 명문화시킬 필요가 있다.

(5) 위원회의 리더십

임명이나 투표 그리고 추천에 의하여 위원장이 선출되면 행정가는 위원장의 관심 · 참여 · 능력을 기르고 과제수행을 위해 시간 활용 여부에 대하여 고려한다. 위원장은 위원들과 의사소통을 잘하고, 이들을 신뢰하고, 대화하고, 타협하려는 마음과 융통성을 가진 지도자로서의 자질을 갖추어야 한다.

Green(1970: 188~189)은 위원의 책임은 회의 전에 준비를 하고, 정기적으로 참석하며, 시간을 엄수하고, 지적인 작업에 참여하는 것이라 하였다. 또한 위원장의 책임은 회의를 계획하고, 능률적으로 회의를 진행하며, 위원들의 참여율을 높이고, 위원회의 업무와 관련된 자료 내용을 잘 파악하는 것이라고 설명하였다.

(6) 신뢰성 확보

위원회가 효과적으로 운영되기 위해서는 위원들과 위원장 간에 그리고 위원들 상호 간에 신뢰감이 있어야 한다. 위원들은 다른 위원의 의견을 수용하고, 개인의 인격을 존중하며, 개인의 결정 및 선택할 권리를 존중하여야 한다.

또한 위원들 상호 간 자유롭게 의사소통이 가능한 통로를 만들어 위원회의 심의과제를 성취하도록 도와야 한다. 만약, 신뢰성이 확보되지 않아 상호불신을 하게 되면, 위원들 간의 관계는 무너지고 위원회는 조각이 나며 질문, 계획, 결정에 대한 효과적인 심의가 불가능한 위원회로 전락하게 된다.

(7) 융통성

위원회를 효과적으로 운용하려면 위원들이 융통성과 타협적인 태도를 가져야 한다. 변화에 적응할 줄 아는 사람은 발전할 가능성이 있는 것이다. 자기의 주장을 고집할 수도 있겠지만, 집단이나 기관의 복지를 위해 필요하거나 또는 새로운 정보나 더 심층적인 토론에 의하여 변경의 필요가 있다면 자신의 주장을 포기할 수 있어야 한다.

이러한 위원의 융통성은 위원회를 활성화시키는 한 요인으로 작용한다.

(8) 합의 도출

위원회는 일정한 기간이나 시간 내에 회의의 계획과 업무에 관한 합의가 이루어져야 한다.

위원회의 공식적 결정은 비밀투표나 공개투표에 의해 이루어진다. 규모가 작은 위원회에서는 투표보다는 구두로 결정하는 경향이 있는데, 이는 구성원 간에 신뢰하는 관계가 있다는 표시이다.

결정이 내려지기 전에 모든 위원이 그들의 견해를 다시 한 번 더 제시할 기회를 갖는 것이 좋다. 그렇게 되면 위원들은 결정을 정당한 것으로 받아들일 것이다.

한편, 비공식적인 합의는 공개토의가 이루어지는 경우 또는 다수가 특정 견해를 가지고 있다거나 특별한 결정을 선호한다는 일정한 표시가 있는 때에 이루어질 수 있다.

2. 이사회

이사회는 목표를 달성할 수 있도록 법률적 책임을 지고 있는 조직의 정책 결정 기구이다. 사회복지조직들은 지역사회의 복지증진을 위한 조직이기 때문에 지역사회 주민들로부터 피드백을 얻고, 기관의 목표를 설정하며, 실천 방향을 계획 · 지도하고, 지역사회의 욕구와 이를 충족할 방법에 대한 지침을 얻을 수 있으며, 기관의 목표에 대한 효과성과 효율성을 증가하는 방법과 책임성을 확보할 수 있도록 하기 위하여 관련자들을 중심으로 이사회를 구성한다.

즉, 이사회는 사회복지조직의 필요성과 그 존재 가치에 대한 철학적 및 사회적 근거를 제공한다. 그렇기 때문에 대부분의 사회복지 조직에서는 이사회를 설치하는 것이 법률적 사항으로 되어 있다. 따라서 이사회는 자연인과 동일한 법인의 상설적 기관이 되며, 원칙적으로 법인을 대표하며 법률행위를 하는 상설적 필요기관이다.

사회복지사업법에 의하면, 사회복지법인의 이사회는 대표이사를 포함하여 이사 7명 이상과 감사 2명 이상을 두어야 한다. 이사는 정수의 3분의 1 이상을 2배수로 추천한 사람 중에서 시 · 군 · 구청장이 선임하여야 하며 특별한 관계가 있는 자가 이사 현원의 5분의 1을 초과할 수 없도록 규정하고 있다.

또한 감사 1인은 법률 또는 회계에 관한 지식이 있는 사람 중에 선임하고, 다만 대통령령으로 정하는 일정 규모 이상의 법인은 시 · 도지사의 추천을 받아 「주식회사의 외부감사에 관한 법률」에 따른 감사인에 속한 사람을 감사로 선임하여야 한다.

1) 이사회의 기능과 책임

이사회의 기능은 ① 기관의 법인체를 형성한다. ② 기관의 목표, 정책, 프로그램의 형성에 대한 책임을 진다. ③ 기관의 활동에 대해서 지역사회에 설명하고 이해시킨다. ④ 기관은 지역사회로부터 프로그램에 대한 신뢰를 받을 수 있도록 하여야 한다. ⑤ 과업과 인사정책에 관한 조직들을 설정해주며 기관장을 선정하고 이의 입무평기를 할 책인은 갖는다 ⑥ 재원의 확보와 지출에 대한 책임을 진다. ⑦ 진행되는 활동의 양적 · 질적인 면을 개선, 강화하는 방향에 대한 기관 활동을 평가한다. ⑧ 중요한 구성원이 바뀜에 따라 기관이 약화 되지 않도록 역할의 지속성을 보장하는 것 등이 여기에 포함된다(Trecker, 1971: 109).

또한 이사회의 책임으로는 ① 기관 목표를 달성한다. ② 기관의 법적 구조를 형성한다. ③ 필요한 시설을 제공한다. ④ 조직의 행정책임자를 채용한다. ⑤ 정책을 확정한다. ⑥ 예산 설정 및 재원을 조달한다. ⑦ 기관 활동을 점검한다. ⑧ 지역사회주민들에게 서비스를 설명한다. ⑨ 지역사회계획에 참여한다. ⑩ 지역사회, 정부와 민간 관련기관에게 재원을 제공하는 것 등이 이에 속한다(Schmidt, 1959: 40~50).

이러한 이사회의 기능과 책임을 볼 때, 이사회는 사회복지조직의 법인격이며 최고정책 결정기관이면서 그리고 조직 활동의 후원기관의 성격을 띠고 있다.

2) 이사회의 이사 선임

이사회를 구성하는 이사는 기관과 기관이 운영하는 서비스 프로그램에 대하여 진정으로 관심을 가지며, 서비스를 확충하는 데 능력과 에너지를 기여할 수 있는 사람이어야 한다.

이사는 또한 대표성을 가진 사람이어야 한다. 그리고 이사회 운영에서 어느 정도 경험이 있고 기관과 기관의 서비스에 관한 지식을 가진 사람들과, 과거 이사회에 대한 경험이 없는 사람들을 혼합하여 조직하는 것이 좋다.

이사 개개인의 능력도 중요하다. 즉, 명백하게 사고할 수 있고 지역사회 및 기관의 욕구를 이해하는 사람이라야 한다. 일단 이사회 선임이 된다면 이사회에 참가할 시간을 낼 수 있어야 한다. 말은 잘하지만, 기관을 위한 활동을 거의 하지 않을 사람은 피해야 한다. 또한 행정가는 이사회를 운영하는 데 있어 시간을 효율적으로 사용하고, 이사회를 신뢰하고 존중하며, 융통성과 타협하려는 마음을 가지고 이사회를 대하여야 한다.

우리나라의 사회복지법인에서 이사들 대부분이 자신의 역할을 제대로 인지하지 못하고 있기 때문에 이사회의 기능과 책임이 거의 형식적으로 이루어지고 있다. 우리나라 민간 사회복지조직이 제대로 발전되지 못하는 중요한 요인 중 하나가 이사회 활동의 미미한 활동 때문이라고 할 수 있다.

3) 이사회의 운영

효과적이고 효율적인 이사회의 운영에는 여러 가지 요소들이 작용한다. 그 가운데에서도 시간의 활용, 신뢰와 존중, 그리고 유연성과 타협이라는 세 가지 요소가 매우 중요하다.

시간의 활용은 이사회가 모임의 시작과 종료 시간을 계획하고 업무가 그 계획안에서 이루어져야 한다는 것이다. 이는 이사회가 시간의 역동성을 이해하고, 할당된 시간이 모임과 그 이외에도 이용될 수 있다는 것을 의미한다.

이사들 간의 신뢰와 존중은 필수적이다. 이사들은 서로 다른 가치관과 관점이 항상 존재한다는 것을 인식하면서, 다른 이사들을 존중하고 신뢰하여야 한다. 그러기 위해서는 이사들의 서로 다른 점을 인지하고 공유할 기회가 제공되어야 한다.

이사들은 필요한 경우에는 타협적이고 유연해져야 한다는 것이다. 이것은 이사들이 항상 다른 이사의 견해에 동의해야 한다는 것이 아니라, 충분한 토의와 적절한 정보와 대안을 고려한 후에 다수의 의견을 따라야 한다는 것을 의미하며 소수의 견해가 정당하다면 의견을 제출하도록 하여야 한다.

3. 위원회와 이사회의 차이점

위원회와 이사회를 엄격하게 구분할 수 있는 기준은 없지만, 다음과 같은 몇 가지 점에서 상대적으로 차이가 난다.

① 위원회보다 이사회는 행정가의 참여 없이는 회의를 개최하는 경우는 드물다.

② 위원회보다 이사회는 조직의 구성원이 이사회의 일원으로 참여하는 경우는 드물다.

③ 위원회보다 이사회는 규모가 작은 경우가 많다.

④ 위원회보다 이사회에 수혜자가 참여하는 경우가 드물다.

⑤ 위원회보다 이사회는 조직의 운영에 영향력을 발휘하며 운영의 개선에 기여한다.

⑥ 위원회는 주로 자문이나 건의하는 역할을 수행하고 이사회는 정책을 수립하고 결정한다.

제 5 절 기획과 통제

개인이건 단체건 간에, 어떤 목표를 세우고 그것을 달성하려고 하면 계획을 세우는 것은 너무나도 당연하다. 사회복지조직은 지역사회 주민의 문제나 욕구를 해결하기 위한 서비스를 제공하도록 사회로부터 인가를 받았을 뿐만 아니라, 세금과 후원금으로 서비스를 제공하고 있기 때문에 사회복지조직은 효과적이고 효율적인 서비스를 제공하여야 할 책임이 있다.

따라서 사회복지조직의 목표인 서비스를 효과적이고 효율적으로 달성하기 위해서는 적절하고 치밀한 기획이 필요하다. 특히, 사회복지조직의 일반 환경과 과업 환경의 요인이 급변하기 때문에 사회복지행정가는 이러한 환경적 변화에 맞는 기획을 수립할 수 있어야 한다.

1. 기획

1) 기획의 중요성

기획[5]의 중요성은 경영과 관리에서 오랫동안 강조되어 왔으며, 최근에 이르러 사회복지행정에서도 기획과정에 관심을 기울여 왔다.

사회복지행정에서 기획의 중요성은 효율성, 효과성, 책임성과 평가, 사기, 불확실성 제거, 합리성 확보 등을 이유로 주장하고 있다(Skidmore, 1983: 44).

① 기획은 효율성을 증진시키기 위해서 중요하다. 사회복지조직의 인적·물적 자원이 한정되어 있기 때문에 최소의 비용으로 최대의 성과를 취하기 위해서는 치밀한 기획이 요구된다.

② 기획은 효과성을 증진시키기 위해서 중요하다. 사회복지조직이 클라이언트에

---

5) 학자에 따라 기획과 계획을 다른 의미로 쓰기도 하지만 보편적으로 기획을 계획과 구분하는 경우 기획은 계획을 세워가는 활동 과정, 지속적인 행동의 동적이고 포괄적인 개념으로 사용되고 있고, 계획은 구체적인 사업에 대한 연속적인 의사결정으로써 기획의 결과로 나타난 행동의 정적인 개념이다.

게 제공되는 서비스는 그들의 욕구를 해결하는 데 효과가 있어야 하므로 이를 성취하기 위해서는 사전에 반드시 충분하고 치밀한 기획이 있어야 한다. 그리고 효과성은 만약 활동이 기획되지 않는다면 바람직한 결과를 성취할 수 없다는 점에서 중요하다.

③ 기획은 책임성과 평가를 증진시키기 위해서 중요하다. 사회복지조직은 사회로부터 인가를 받아 세금과 후원금으로 서비스를 제공하고 있다. 때문에 효과적이고 효율적인 서비스를 제공하여야 할 책임을 가지므로 적절한 기획을 마련하는 것이 무엇보다도 중요하다. 그리고 오늘날 사회복지 프로그램의 평가와 공적 보고의 요구가 점증하고 있는 실정이다. 이러한 요구는 사회복지행정가들이 구체적인 목표와 그들의 프로그램과 서비스를 측정하는 평가 절차들을 주의 깊게 기획함으로써 충족될 수 있다.

④ 기획은 조직구성원의 사기 진작을 위해서도 매우 중요하다. 주의 깊은 기획은 사회복지조직의 구성원의 자기 효능감을 위해서도 필수적이다. 즉, 조직구성원들은 기획과정에 참여할 수 있고 참여를 통하여 자신들이 조직에 기여한다는 감정 등은 구성원의 성취감과 만족감을 자아낸다. 특히 그러한 감정은 행정책임자와 구성원들이 공동으로 조직의 운영을 기획할 때 일어나는 것이다. 즉, 기관의 각 구성원이 자신이 하는 일을 정확하게 이해함으로써 높은 사기를 자아내는 정서적 분위기가 마련된다.

⑤ 기획은 미래의 불확실성을 제거하는 데 중요하다. 기획과정을 통하여 보다 효과적으로 미래에 대한 불확실성을 제거할 수 있다. 반면에 급변하는 외부 환경에 대한 치밀한 기획이 없으면 사회복지조직의 목표는 혼란스러워질 것이고 권위적인 행정책임자로부터 클라이언트와 조직구성원은 불이익을 당할 것이다.

⑥ 기획은 합리성 확보에 중요한 역할을 한다. 기획은 문제해결을 위해 경험적으로 증명되어 보다 타당하게 적용될 수 있는 수단을 제공함으로써 합리성 확보에 주요한 역할을 한다.

2) 기획의 개념 · 원리 · 특성

(1) 기획의 개념

기획은 일반 행정에서와 마찬가지로 사회복지행정에서도 필수적인 과정이다. 그러나 기획의 개념이 다양하여 명확하게 정의된 개념이 없기 때문에, 먼저 다양한 학자들의 기획에 대한 개념을 종합하면 다음과 같은 학자들의 의견을 소개하면 다음과 같다.

Drom(1963: 58)은 "기획이란 최적의 수단으로 목표를 달성할 수 있도록 장래에 취할 행동을 위하여 일단의 결정을 준비하는 지속적인 과정"이라고 정의하였고, Walter Ehlers(1976: 57)도 "기획이란 현재 혹은 미래의 특정한 시기의 목표에 도달하기 위한 행동 과정이며, 기획은 오로지 목표를 성취하는 체계적인 방법이다."라고 하였다.

Gilbert와 Specht(1977: 1)는 기획을 통찰력, 체계적인 사고, 조사, 행동 노선의 대안 선택에 있어서 가치 선호의 행사를 통하여 문제를 해결하고 장래의 일의 방향을 통제하려는 의도적 시도라고 정의하고 있으며 Ewell(1972: 68)은 기획을 행동이 요청되기 이전에 무엇을 하고 어떻게 할 것인가를 결정하는 것이라고 정의하고 있다.

Cleland와 King(1968: 93)은 기획은 해야 할 일, 하는 방법 및 시기, 하는 일의 필요성, 일을 책임질 사람을 구체적으로 정하는 것으로써 선택할 수 있는 여러 가지 대안들 가운데서 적절한 것을 가려내는 작업이라고 정의하고 있다.

위에서 논의된 학자들의 개념을 중심으로 기획의 개념을 살펴보면 다음과 같다. 기획이란 미래의 목표를 설정하고 그 목표를 성취하기 위한 수단을 결정하는 연속적인 의사결정 과정을 통한 행동을 위한 준비과정이라고 할 수 있다.

(2) 기획의 원리

사회복지행정에 있어서 기획은 최적화의 원리, 규범의 원리 그리고 허용의 원리 등 3가지 원리로 운용되고 있으며 다음과 같다.

첫째, 최적화의 원리이다.

최적화의 원리란 제어수단과 사회적 자원 등의 제약조건 아래 제어 목표를 최대화 내지 최소화하는 것을 의미한다.

둘째, 규범의 원리이다.

규범의 원리란 어떠한 특정의 이념, 가치 기준에 입각하여 계획화를 행하는 원리이며 그와 같은 가치 기준은 어떤 방법으로 계량화되어 있는 경우와 계량화되어 있지 않은 경우가 있다.

셋째, 허용의 원리이다.

허용의 원리란 어떠한 제약조건 아래에서 제어목표가 일정한 범위에 떨어지도록 계획화를 행하는 원리이며 이 원리는 최적화 원리를 일반화한 것이다.

(3) 기획의 특성

기획의 특성은 다음의 여섯 가지로 나눌 수 있다.

① 미래 지향적인 과정이다.

② 지속적인 과정이다.

③ 그 자체가 목적이라기보다는 목표 달성을 위한 수단적 과정이다.

④ 기획은 결정을 내려야 하는 의사결정과 관련이 있다.

⑤ 동태적이다.

⑥ 과정 지향적이다.

3) 기획의 종류

기획의 종류는 기간, 위계, 대상 수준에 따라 나누어 볼 수 있다.

(1) 기간에 의한 분류

기획의 기간에 따라 단기 및 장기기획으로 분류하고 있다. 단기기획은 장기기획에 포함되며 장기기획을 보완한다.

하위층으로부터 최고층으로 올라감에 따라 단기적인 기획에서 전체적이고 장기적인 기획으로 그 책임 수준이 높아진다. 장기기획은 창의성과 미래에 대한 비전을 갖게 하며, 단기기획은 장기기획과 상호 밀접한 관련성을 가지고 장기기획에 통합되어야 한다.

❶ 단기기획

단기기획은 장기기획에 근거하여 대개 1년 내외의 기간을 의미하므로, 보다 구체적이고 상세하며 행동 지향적이고 실제적인 실행방법을 제시해준다. 그리고 현실성이 높고, 변화하는 조직 외부 환경에 대한 적극적 대처 전략으로서의 가치를 가지고 있다.

단기기획은 경쟁의 속성을 기초로 경쟁조직을 이기기 위해 조직의 가용한 모든 능력을 기획하는 일련의 행위이며, 다른 조직과의 경쟁이 극심한 경우 필요성이 부각 되고, 환경변화에 대한 적응과 대처의 도구이다. 또한 경쟁[6]을 활용하는 점과 환경 분석을 강조한다는 점이 특징적이다.

이러한 단기기획을 사회복지조직이 수행하는 이유는 ① 새로운 클라이언트 집단의 발생, ② 타 기관과의 직·간접적 경쟁 증가, ③ 재원 제공기관의 요구 때문이다.

❷ 장기기획

장기기획은 1년 이상 5년, 10년 또는 그 이상의 기간에 걸친 기획으로써 외부 환경의 영향을 중시하고, 주기적으로 조직의 목적과 목표를 재설정하는 것이 포함된다. 이러한 장기기획은 창의성과 미래에 대한 비전을 가질 수 있게 하며, 조직의 발전을 위해서는 장기계획을 수립하는 것이 필요하다. Carlisle(1979: 131; 장인협 외, 2006: 재인용)은 장기기획의 단계를 다음과 같이 제시하고 있다.

① 현재 처한 조직 위치 결정

② 앞으로 가능한 상황과 경향에 관한 세부 기획 지침 작성

③ 목표의 개발과 사정

④ 목표를 달성하기 위한 전략 수립

⑤ 요구한 결과들을 얻기 위한 프로그램 활동

⑥ 5단계 활동들을 실행하기 위해 요구되는 지지자원의 결정

---

6) 일반기획에서는 타 조직이나 기관 간의 경쟁이 전체사회에 부정적인 영향력을 갖는 것으로 보고 있지만 단기기획에서는 경쟁은 불가피하기 때문에 경쟁을 적극적으로 활용하여야 함을 강조하고 있다. 사회복지조직에서의 경쟁은 기업의 직접적 경쟁보다는 간접적 경쟁의 성격이 강하다. 즉 과거보다는 직접적 경쟁이 증가하는 추세지만 교육과 예술 등과 같은 상이한 사회조직들과 재원 공급처에 대한 재원 확보의 경쟁을 벌이는 경우가 대부분이다(Webster & Wylie, 1998: 27).

⑦ 기획의 집행

⑧ 기획의 통제

(2) 위계 수준에 의한 분류

조직 내의 위계적 수준에 따라 기획의 형태, 범위, 기획에 소요되는 시간은 각각 다르다. 따라서 조직 위계 수준에 따른 기획의 형태는 최고관리층, 중간관리층, 감독관리층 그리고 실무관리자로 구별된다.

〈그림 3-1〉 위계 수준별 역할

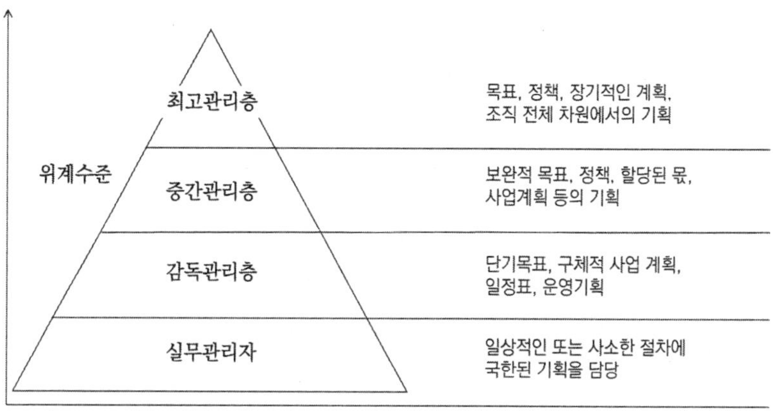

출처: Mcfarland(1970: 149)

4) 기획과정

기획과정이란 일련의 목표를 설정하고, 그 목표를 달성하기 위한 계획을 마련하여 실행하고, 실행된 결과와 의도한 결과와의 일치 여부를 확인하는 평가 및 통제하는 과정으로 나누어 볼 수 있다. 이것은 현재의 위치, 앞으로의 목적지, 그리고 그 목적지에 도달하는 방법 및 평가의 고찰을 의미한다.

사회복지행정의 기획과정은 기본적으로 기업의 기획과정과 유사하지만, 약간의 다른 강조점을 갖고 있다. York는 기획과정을 연속적이고 순환적이며 각 단계가 서로 상호의존하는 과정으로 보고 ① 문제 확인, ② 목표설정, ③ 프로그램 설계, ④ 평가의 4단계로 구분하고 있다. 여기서 평가단계는 다시 문제 확인 과정으로 연결되는 순환적인 관계라고 한다.

Drucker는 기획과정을 ① 목표설정, ② 목표의 우선순위 결정, ③ 자원의 식별, ④ 대안적 행동의 평가, ⑤ 행동 노선의 선택, ⑥ 파생 계획의 수립의 6단계를 들고 있다(성규탁, 1994: 241).

한편 Skidmore(1983: 46~53; 장인협 외, 2006: 재인용)는 사회복지행정의 기본적인 기획과정 단계를 다음과 같이 제시하고 있다.

① 목표의 설정

② 기관자원의 고려

③ 대안들의 열거

④ 각 대안의 결과 예측

⑤ 최선의 계획 결정

⑥ 구체적 프로그램 수립

⑦ 변화에 대한 개방성 유지

여기서 각 단계는 사회복지행정 기획의 필수적 요소이며, 서비스 전달의 효과성과 효율성을 가져올 수 있게 한다. 각 단계를 살펴보면 다음과 같다(장인협 외, 2006: 108~112).

(1) 목표의 설정

목표란, 어떤 활동의 주체가 달성하고자 하는 바람직한 미래의 상태를 말한다. 즉, 목표란 사회복지 기관 및 시설 등이 달성하고자 하는 활동 지표 및 활동 목표라 할 수 있다. 이러한 목표는 현재의 것은 아니지만, 현재의 활동에 중요한 영향을 미치는 힘을 지니고 있다. 그리고 지역사회주민이나 클라이언트의 복지증진이라는 단순히 주어진 목표를 달성하기 위한 형식적인 활동이 아니라 사회복지 기관 및 시설 등이 스스로 설치 목표 및 운영 목표를 설정하고 달성하려는 점에서 중요한 의의를 가지고 있다.

특히, 사회복지 기관 및 시설이 유지되고 그 발전을 도모하기 위해서 기관 내외의 환경과 긴밀한 상호작용의 관계를 원활하게 도모하면서 사회복지조직의 운영

방향을 결정짓는 목표설정에 있어서 고려하여야 할 점은 다음과 같다.

첫째, 민주적 과정

바람직한 운영 목표설정을 위해서는 기관 내에서뿐만 아니라 관계 기관 및 지역사회 주민 등과의 활발한 의사소통을 통한 폭넓은 민주적 과정 속에서 사회적 욕구를 발견하여야 한다.

둘째, 전문가 집단 활용

기관 내외에 있는 여러 분야의 전문가들과 광범위한 의견교환을 통하여 그들의 전문적인 지식과 경험을 적극적으로 활용해야 한다.

셋째, 상향된 목표설정

사회복지기관에서 설정되는 목표는 사회복지 수준을 현재보다 높은 수준으로 끌어올릴 수 있는 바람직스러운 것이어야 한다.

넷째, 환경적 요인 고려

목표를 설정할 때는 사회복지행정 관리자의 가치관, 기관의 전통성, 기관 내외의 갈등 등 환경적 요인들이 영향을 미칠 수 있다는 것을 고려하여 신중히 설정하여야 한다.

(2) 기관자원의 고려

기관의 인적, 물적 자원을 고려하는 일이다. 몇 가지 목표를 결합시키기 위해서는 기관의 설비, 가용 예산 및 서비스에 대한 지역사회의 자원 등을 확보하는 것이 필수적이다.

직원의 가용성 또한 중요하며 직원의 수, 자질, 능력, 태도와 감정 등도 고려되어야 할 것이다.

(3) 대안들의 열거

목표가 설정되고 기관자원에 대한 검토가 끝나면, 바라는 목표에 도달할 수 있는 여러 가지 대안들이 고려되어야 한다.

이 단계에서는 창의력이 특히 중요하며 자유로운 집단토의 및 개인들 간의 대화를 통하여 새로운 가능성을 발견할 기회를 마련할 수 있다.

(4) 각 대안에 대한 결과 예측

기획과정은 예측적 과정, 즉 특별한 활동이 있으면 발생할 것으로 예측되는 미래에 대한 전망이다. 유능한 사회복지행정가는 다양한 대안적 방법들을 고려한 다음 각각의 대안에 대한 결과를 세심하게 기술하고 예측하여야 할 것이다.

만약 어떤 행동을 취한다면 무슨 일이 일어날 것인가에 대한 예측 가능성을 타진하거나 평가의 가능성을 열어두는 것도 필요에 따라 준비하는 것도 중요하다.

미래에 발생할 일에 대한 가능성을 예상하여 준비하는 것과 발생가능한 일을 여러 각도에서 검토할 필요가 있다. 여러 대안의 가능한 결과를 볼 수 있을 때 그것들을 평가하여 최선의 대안을 선택하도록 준비하여야 할 것이고 특히 경제 · 정치적 분야에 대한 미래방향 예측은 중요하다고 할 수 있다.

(5) 최선의 계획 결정

모든 대안을 열거하여 장래의 발전과 관련하여 주의 깊은 검토를 한 다음, 이들을 비교 분석하는 과정에 있어 많은 자료와 판단을 집결시킬 필요가 있다. 이와 같이 주의 깊고 세심한 분석이 이루어지면 어느 것이 분별 있는 선택인지를 결정하여야 한다.

이 단계에서 어려운 문제는 우선순위를 정하는 일이다. 대안들이 열거되고 가능한 목표의 선택이 이루어지면 그들의 중요성 및 실현 가능성에 가중치를 부여하여 우선순위를 정할 필요가 있다. 일반적으로 어떤 목표는 다른 목표들보다 더 중요하며 어떤 것은 즉각적인 행동이 필요하고 반면에 어떤 것은 지연시켜도 무방하다는 것을 결정하여야 한다.

(6) 구체적 프로그램 수립

합의된 목표에 도달하기 위하여 구체적인 프로그램을 형성하는 단계이다. 이 단계에서는 단계별 행동이 규정되고 기록되는 청사진 혹은 도표를 만드는 것이다.

목표달성을 위한 시간표와 우선순위는 필수적인 것이다. 주기적인 진척 상황의 검토와 보고 및 프로젝트의 완성을 위하여 구체적인 시간 분석이 계획되어야 한다. 시간표를 작성하는 것은 청사진 및 도표를 활동성 있게 하고 계획을 능률적이고 효과적으로 수행하는 데 유용하기 때문이다.

이와 같은 기획안 작성 기법으로는 갠트차트(Gantt Chart)와 PERT/CPM 기법이 있다. 이들은 전략적 기획안 작성에 매우 빈번하게 활용되는 기법인데 갠트차트는 간단하거나 시급한 기획을 할 때 활용되며, PERT/CPM은 대형기획이나 인력 및 자원의 사용이 복잡한 경우 주로 이용한다.

(7) 변화에 대한 개방성 유지

개방성 혹은 융통성이야말로 전체 기획과정에서 매우 중요하다. 원래의 계획은 상황이 변하지 않았거나 목표를 향한 보다 나은 절차가 개발되지 않았을 경우 그대로 지켜져야 한다. 그러나 구체적인 프로그램이 실제로 수행될 때 종종 변화가 발생한다. 이때 유능한 사회복지행정가는 그 변화가 보다 나은 발전을 가져오거나 유용한 자원을 수반하는 경우 언제든지 계획의 변경을 지지하여야 한다.

지금까지 기본적인 기획의 단계들을 살펴보았다. 그러나 이러한 단계들은 항상 질서정연하게 순서대로 일어나지는 않는다. 때로는 뛰어넘기도 하고 서로 겹치기도 한다. 따라서 기획에 있어 개방성과 융통성은 필수적이며 경직은 회피되어야 한다.

5) 훌륭한 기획의 특성

효과적인 관리를 수행하는 기관들의 기획과정에는 많은 특성이 있다.

Trecker는 훌륭한 기획의 특성을 다음의 여섯 가지로 기술하였다(장인협 역, 2006: 120~122).

첫째, 신중성이다.

기획은 고위층의 관리기능을 나타내는 것으로 그것을 타인에게 위임하거나 소홀히 다루어지게 된다면 반드시 기관에 악영향을 초래할 것이다.

둘째, 청사진을 제공해야 한다.

기획이란 현재에서 미래까지 연속적인 과정이다. 그것은 먼 미래를 위한 기획은 존재하지 않으며 오늘의 결정은 내일의 기관을 이루기 때문이다.

셋째, 질서정연해야 한다.

기획은 목적설정으로부터 목표 달성에 필요한 프로그램을 합리적인 방법으로 전환하는 것이다. 즉, 기획은 목적에서 완성을 위한 통합적 프로그램을 논리적으로 움직여 나가는 것이다. 그것은 결코 우연적이거나 비공식적일 수는 없다.

넷째, 명료성을 유지해야 한다.

효과적인 기획은 목적, 프로그램, 책임, 관계 등이 명확해야 한다. 다시 말해서 결과가 뚜렷해야 한다는 말이다.

다섯째, 역동성을 지니고 있어야 한다.

기획은 역동성이 있어야 한다. 이는 변화하는 조건들과 새로운 발전을 고려하고 변화에 상응하기 위한 적응성을 길러야 하기 때문이다. 또한 지도할 수 있을 만큼 튼튼해야 하며 기관의 변화하는 욕구를 충족시킬 만큼 융통성이 있어야 한다.

여섯째, 행동성을 지니고 있어야 한다.

기획은 그 자체가 목적이 아니고 청사진도 아니며 목적을 위한 수단에 불과하다. 그것은 효과적인 활동과 적극적인 성취로 이끈다. 기획은 목적과 프로그램을 결정하는 과정이 실제로 목적 달성을 위해 필요한 활동을 일으키도록 돕는 방법으로 수행되어야 한다.

6) 기획에 활용되는 기법

기획에 활용되는 기법으로는 갠트차트 기법, 프로그램 평가검토 기법, 월별 활동계획카드 기법, 방침관리기획 기법 등이 있다(나눔의 집, 2011: 재인용).

(1) 갠트차트

갠트차트(Gantt Chart, 시간별 활동계획 도표)는 바차트라고 부르기도 한다. 1910년대에 갠트에 의해 고안된 생산관리용 도표로 현재도 널리 사용되고 있으며 특히 일정 관리를 기법으로 널리 이용되고 있다.

❶ 내용

세로 바에는 세부 목표와 활동 및 프로그램을 기입하고 가로 바에는 시간을 기재하여 사업의 소요 시간을 막대로 나타내는 도표이다. 갠트차트는 계획과 실제의 작업량을 시간에 따라 표시하여 계획과 통제기능을 동시에 수행할 수 있도록 만들어진 도표이며, 사용 목적에 따라 작업자-기계도표(man-machine chart), 작업부하도표(load chart) 그리고 작업진도표(process chart) 등이 있다.

❷ 특징

상대적으로 복잡하지 않은 사업을 계획할 때 주로 사용되며 단순 명료하다는 장점이 있다. 반면, 세부적인 활동을 포함하지 않고 과업이나 활동 간의 연결과정이 표시되지 않으며 과업 간의 연관성을 알 수 없다는 한계가 있다.

〈그림 3-2〉 Gantt Chart의 예

	목표	기간											
	프로그램	3	4	5	6	7	8	9	10	11	12	1	2
1	독거노인 긴급구호 시스템 운영팀 구성												
	1-1 책임자 및 실무자 임명												
	1-2 긴급 구호 자원봉사자 모집												
	1-3 지역 내 지원 업체 선정												
2	긴급구호 장비 및 비품 확보												
	2-1 긴급구호 호출 펜던트 구입												
	2-2 긴급전용 전화 개설												
	2-3 긴급구호관리 메인 컴퓨터 구입												
3	긴급구호 시스템 홍보												
	3-1 방송 및 언론사 접촉												
	....												

(2) 프로그램 평가 검토 기법

프로그램 평가 검토(PERT) 기법은 1950년대 미국 해군의 잠수함 건축 과정에서 고안된 것으로 작업의 성격이 복잡하여 종합적인 파악이 중요할 때 유용한 기법이다.

이 기법은 목표 달성을 위하여 설정된 주요 세부목표와 프로그램의 상호관계와 시간 계획을 연결시켜 도표화한 것이다. PERT(Program Evaluation Review Technique)는 명확한 목표를 가진 프로그램을 조직화하고 진행 시간표를 작성하며 예산을 수립하여 프로그램 진행사항을 추적해나가는 데 매우 유용한 기법이다.

<예>

다음 그림에서 긴급구호시스템 운영팀 구성 - 긴급구호 장비 구입완료 - 구청으로부터 시스템 운영비 지원 결정 – 독거노인 긴급구호 시스템 실시까지의 경로가 임계경로이다. 이 프로그램을 수행하기 위해 최소한 확보해야 하는 기간은 임계경로에 걸리는 41일이다.

〈그림 3-3〉 PERT의 예

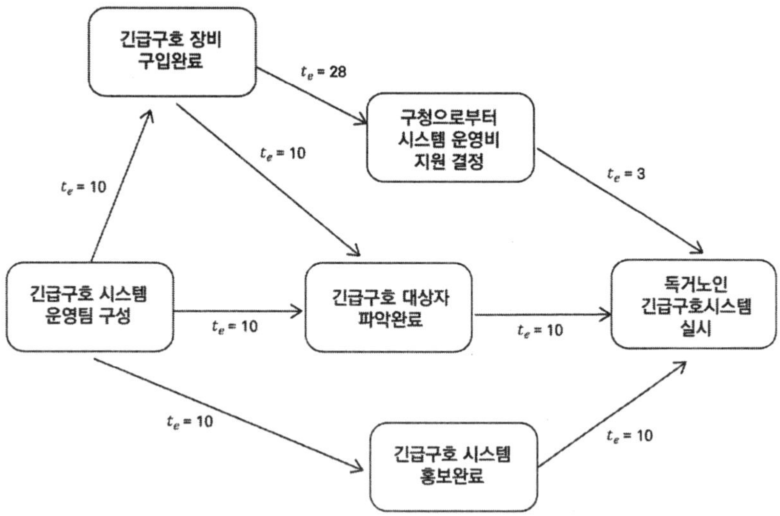

❶ 내용

이 기법은 기간 계획을 논리적 흐름에 따라 연결해서 도표화하여 주어질 일정 안에서 완수하여야 하는 과업을 규정하고 통제한다. 즉, 특정 프로그램의 목표에 따라 이와 관련된 과업과 활동, 세부 활동 간의 관계를 논리적으로 시간 순서에 따라 도식화하는 것이다.

이러한 도식화 작업은 프로그램과 관련된 활동 및 시간의 진행사항을 추적, 감독할 수 있도록 시간 흐름에 따른 사업 진행 정도를 보여주는 지도를 제시하는 효과가 있다.

❷ 특징

PERT는 최종목적 또는 궁극적인 목적으로부터 시작하여 이와 관련된 주요 과업과 활동들을 역방향으로 연결하는 과정과, 각 과업과 활동들의 소요 시간을 추정하여 기재하는 과정으로 구분되며, 이를 순서도를 사용하고 기록하여 명확하고 포괄적으로 목표를 성취하기 위한 업무들을 체계적으로 나타낼 수 있다.

❸ 임계경로

PERT(프로그램 평가 검토 기법)에서는 활동에 걸리는 기대 시간을 다음과 같이 산정한다. 조사의 시작에서 종료까지 이르는 경로 가운데 가장 오랜 시간이 걸리는 경로를 임계경로(critical path)라 부른다. 이는 조사 활동을 수행하기 위해 최소한 확보해야 할 시간을 의미한다.

(3) 월별 활동계획 카드

월별 활동 계획 카드(Shed- U graph)는 미국의 Remington-Rand 회사에서 고안해 낸 것으로써 갠트차트와 비슷한 점을 가지고 있다. 카드의 위쪽 가로에는 월별이 기록되고 해당 월 아래에 과업을 적은 작은 카드가 놓여진다. 시간에 따라 변경하고 이동하는 것은 편리하지만 업무 간의 상관관계를 파악하는 데는 적절하지 못하다.

〈그림 3-4〉 월별 활동 계획의 예

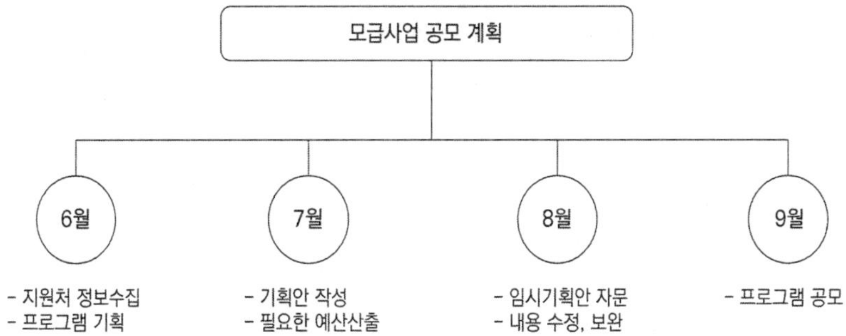

(4) 방침관리기획

방침관리기획(Breakthrough planning)은 PDCA(Plan-Do-Check-Action) 사이클에 따른 프로그램 기획 기법으로 Hoshin Kanri라는 일본 기업의 기획 방법에 기초한 것이다. 이 기법은 한 조직의 문제를 해결하고 핵심적 목표를 달성하기 위해 조직의 자원을 결집시키는 데 초점을 두고 있으며 공통된 목표 달성을 위해 조직구성원 전체의 노력을 적절하게 조정하기 위한 기법이다.

'계획 – 실행 – 평가 - 개선'의 단계를 거치는 일련의 절차를 하나의 프로그램 기획관리 과정으로 보는 것이다. 즉, 계획은 전략과 계획을 세우는 것이며, 실행은 계획을 시작하는 것이다. 그리고 확인은 실시상황에 대해 모니터링과 평가를 하는 것이며, 조정은 모니터링과 평가의 결과를 다시 전략과 계획에 반영하는 것이다.

2. 통제

1) 통제의 의의와 특성

행정에 있어서 통제란 매우 광범위한 개념으로 기관 내부통제와 외부통제를 포괄하는 것이다.

일반적으로 통제란 행정관리 상에 적용되는 활동으로써 행정의 실시가 기획한 대로 행해지고 있는 것인지 여부를 확인하고, 기획과 실행 간의 격차를 바로잡는 것을 말한다. 즉, 통제란 실행의 단계에서 기획대로 진행되는가를 검증하는 기능이라고 할 수 있다. 통제의 의의는 행정에 있어서 기획을 통해 형성된 목적 가치가 실제로 달성되는가를 검증하고 시정조치하는 데 있다.

통제의 특성은 그 본질상 사후에 행하여지는 것이 아니라 기획을 실제로 집행하는 과정에서 행해지는 데 있다. 간혹 통제를 사업실시 후에 행하는 것으로 생각하는 경향이 있으나 통제는 업무의 진행 상태를 항상 명백히 파악하면서 발견된 사실에 입각하여 기획과 실시의 차이를 분석하고 시정 조치하는 것이다.

예를 들면, P라는 보육원에서 20명의 연장 아동을 분기별로 5명씩 취업시켜 자활토록 한다는 기획을 하였다면 분기마다 기획대로 되었는가를 분석하고 그 차이를 시행토록 바로잡는 것이다(장인협 · 이정호, 2009: 95~97).

2) 통제의 원칙

기관에서 통제를 할 때에는 다음과 같은 원칙을 준수해야 실행의 소기의 목표를 거둘 수 있다.

첫째, 즉각적인 조치를 통한 통제

통제는 기획과 실행 간에 차이가 발견되면 즉시 조치를 강구해야 한다. 조치를 회피하고 시기를 놓치면 실효성을 거두기가 어렵다.

둘째, 적절한 범위의 통제

너무 사소한 문제까지 통제하는 것은 오히려 업무 활동을 위축시킬 가능성이 있으므로 적절한 통제를 해야 한다.

셋째, 인간적인 통제

통제기능을 행사하는 사회복지행정가가 기획과 실행 간의 차이에 대하여 그 원인 규명이나 시정조치를 하려고 할 때 감정적인 처리를 억제하고 부하직원의 애로와 고충을 이해하는 인간적 바탕에서 접근해 나가야 한다.

넷째, 객관적인 통제

모든 통제 수단이 통제 효과를 가져올 수 있는 것은 아니다. 상황에 따라 객관적인 통제 수단과 방법을 선택하여 효용성이 있는 통제를 해야 한다.

다섯째, 융통성 있는 통제

통제는 상황변화에 따른 기획안의 변경, 예기치 않았던 사태 발생 또는 실패 등에 당면해서도 적용할 수 있는 융통성을 지녀야 한다.

여섯째, 기획과 실행의 차이를 통한 통제

통제하는 데 있어서 활용되는 모든 숫자나 보고는 기획기준과 실행기준을 비교할 수 있어야 한다.

일곱째, 업무의 전반적인 흐름에서의 통제

통제하는 데 있어서 업무의 흐름과 상황은 전반적 관점에서 파악되어야 한다. 부분적인 파악보다는 업무 전체를 균형 있게 파악하여야 한다.

3) 통제의 과정

기관에서의 통제는 다음과 같은 과정을 통하여 실시되어야 한다.

첫째, 통제기준 설정

통제기준은 정하여진 목표를 구체적으로 분할하여 설정하는 것이라 할 수 있다. 이 단계에서는 기획과 실시를 대조하면서 조절할 수 있는 중요한 통제 점을 정리하되, 가능한 계량적으로 설정해야 한다.

둘째, 현상 파악

실시의 현상을 명백히 파악하는 것이다. 현상 파악의 방법은 관찰, 구두보고, 보고서 제출 등에 의하여 실시할 수 있다.

셋째, 비교검토와 평가 실시

통제기준과 파악된 현상과의 관계를 비교 검토하고 평가하는 것이다. 이 단계에서는 기준과의 다른 점을 명백히 알고 제 조건의 문제점을 분석하며 전체적인 관점에서 평가해야 한다.

넷째, 시정조치

이 단계는 통제기능 수행과정 중에서 가장 중요한 단계라고 할 수 있다. 시정조치를 행함에 있어서 설정된 기준에 도달하지 못하게 된 원인을 확인해서 그 원인을 제거하는 데 노력하는 것이 중요하다. 또한 시정조치를 함에 있어서는 인적·물적 조건을 적정화하고 필요한 경우에는 기획안 자체를 수정하거나 업무수행 방법의 개선을 도모해야 한다. 그리고 시정은 가능한 자율적으로 행하도록 하는 것이 바람직하다.

제 6 절 조직문화

1. 조직문화의 정의 및 의의

조직문화의 정의와 의의 및 기능은 다음과 같다(사회복지교육연구센터, 2016: 176~178; 신복기 외, 2013: 130~135).

1) 정의

* 조직문화란 조직구성원이 집단으로 공유하는 조직행동의 기본 전제이다.
* 조직의 가치와 신념, 규범, 관습 및 행동양식을 포함한다.
* 조직구성원의 상호작용을 규정하는 메커니즘으로 조직의 분위기를 결정한다.

2) 의의

* 조직문화는 조직이 가지고 있는 가치와 신념에 의해 형성되는 그 조직 고유의 분위기라 할 수 있다. 이는 조직 관리에 영향을 미친다.

* 조직 내적인 측면에서 구성원에게 조직의 정체성을 고유하게 하고 의사소통·의사결정·과업수행 등에 영향을 미친다.

* 조직 외적인 측면에서는 환경과의 관계에 영향을 미치는 요소이다.

* 최근에는 조직의 상호작용에 대해 관심을 가지게 되면서 조직문화가 더욱 강조되고 있다.

3) 기능

* 조직문화는 일상적으로 일어나는 업무 관행이나 의사결정 관행에 영향을 미친다.

* 조직문화는 조직이 정책이나 전략을 선택하는 데에 영향을 미친다.

* 조직문화는 조직이 처한 내·외부적 환경에 대해 대처하거나 조직에 적합한 기술을 선택하는 데 영향을 미쳐 조직의 성과를 극대화할 수 있도록 한다.

* 조직문화는 조직 내에 성격이 다른 소집단들을 통합하거나 합병 등에 따라 상이한 두 조직을 통합하는 데에 결정적인 요소가 된다.

2. 조직문화의 구성

조직문화의 구성요소는 파스케일과 피터스의 7S 모형을 들 수 있다. 조직문화를 구성하는 일곱 가지의 주요 요소들이 모두 S자로 시작되기 때문에 7S 모형으로 명명되었다. 조직문화의 구성요소로서 공유된 가치, 구조, 전략, 제도, 절차, 구성원, 관리 기술, 그리고 행동·관리 스타일 등 이른바 7S를 들고, 이것이 서로 연관되어 있으며 공유된 가치가 가장 중심적 위치를 차지한다고 주장하고 있다.

이러한 7가지 구성요소는 상호 연결성 및 의존성이 높을수록 독특하고 뚜렷한 조직문화를 발현시키는 데 바람직하며, 조직문화의 개발은 이들 7가지 요소를 상황에 적합하게 개발함으로써 달성될 수 있다고 한다(신복기 외, 2013: 134~135).

결론적으로 조직문화의 가장 중심적 위치는 공유된 가치이고 주변으로 관리기술 행동이나 스타일 구성원과 전략들 제도와 절차 등으로 구성된다.

〈그림 3-5〉 7S 모형

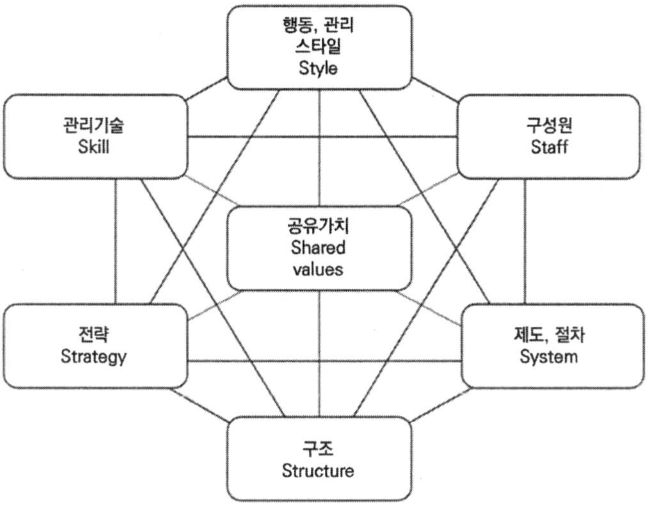

출처: 신복기 · 박경일 · 이명현(2013)

3. 조직문화의 유형

조직문화는 여러 문화 요소들이 결합한 패러다임(paradigm)으로 볼 수 있다. 조직문화는 조직의 방향성을 결정하고 목적 달성을 추구하면서 성장, 발전해 나가며 오랜 기간에 걸쳐 형성된다. 조직문화의 유형화에 있어 Harrison의 조직문화와 Handy의 조직문화의 유형을 설명한 신복기 · 박경일 · 이명현(2013)의 내용은 다음과 같다.

1) Harrison의 조직문화 유형

Harrison(1987: 5~20)은 많은 기업체의 조사를 통하여 조직구성원의 실질적인 작업 관련 가치관을 연구한 결과 조직의 문화 특성이 그 조직의 이념적 지향에 달려 있다고 보고 네 가지의 서로 다른 이념형으로 구분하였다.

이 네 가지의 유형은 조직의 이해관계와 구성원 이해관계의 일치성 여부 및 조직의 외부 환경에의 적응 능력에 있어 서로 차이가 난다는 것이다. 그리하여 그는 네 가지의 조직문화 유형을 발견하고 그 특성에 따라 역할문화, 성취문화, 권력문화 그리고 지원문화로 명명하였다.

(1) 역할 문화(role culture)

역할이란 조직 내 각 직위에 있는 사람들이 수행하도록 기대되는 과업 행동이다. 역할문화는 이 기대에 대한 조화를 강조하며 주요 가치관은 합리성을 중요시한다. 역할 지향적 조직의 구성원은 상대적으로 단순하고, 책임이 분명하고, 경계가 명확하며, 측정 가능한 직무를 수행함으로써 가장 능률적이고 효율적으로 일을 수행한다고 가정하고 있다. 전체 조직기구는 피라미드 형태를 유지하며 조직은 행동을 지배하는 규칙 · 절차 · 원칙에 의하여 운영된다.

(2) 성취 문화(achievement culture)

성취문화에서는 규칙에 적합화 하기보다는 직무 자체에 관심을 가지고 직무수행에 초점을 둔다. 이 조직의 구성원은 그들 자신의 문제해결을 위해 상호작용을 중시하며 내재적 만족(intrinsic satisfaction)에 보다 더 동기부여된다.

소규모의 공장 또는 컨설팅회사, 연구소 등에서 성취지향 문화를 갖는 경향이 있다.

(3) 권력 문화(power culture)

권력 문화에서 조직은 전통적인 가족 공동소유의 기업형태로서 가부장적 지위의 리더에 의하여 구성원이 지배 감독 된다. 리더의 권한에 복종하고 추종하는 관습에 따라 조직의 활동은 상대적으로 제한되어 있으나 안정된 사회적 질서가 존재한다. 리더십은 권한, 정당성, 가부장적 덕목에 바탕을 두고 있으며 종업원은 순종하고 자발적으로 일하려는 태도가 지배적이다.

(4) 지원 문화(support culture)

지원 문화에서 조직은 구성원에게 상호 협조, 귀속 의식, 연관성 등 대인관계의 원활화를 통하여 만족도를 높인다. 구성원이 조직에 개인적인 이해관계를 맺도록 하여 진실한 구성원으로서의 소속감과 조직몰입(organization commitment)을 갖도록 한다.

2) Handy의 조직문화 유형

Handy(1978: 25~41)는 조직문화란 정확하게 정의를 내릴 수 있는 것이 아니라, 다만 인식할 수 있는 것이기 때문에 그 어떤 형태이든 그 자체가 좋고 나쁜 것이 아니라 그 환경에 어떻게 적응하는가에 따라 나타나는 다양성에 기반을 두고 여기에서 표출되는 문제의 중요성에 가중치를 강조하면서 Harrison의 조직문화 유형을 더욱 구체화하였다.

그의 문화유형 구분은 클럽 문화(club culture-zeus), 역할 문화(role culture-apollo), 과업 문화(task culture-athena), 실존 문화(existential culture-dionysus) 등인데 이는 Harrison(1987: 5~20)의 조직문화 유형 분류와 비슷하다고 할 수 있다. 해리슨과 핸디의 문화유형 구분을 비교 요약하면 다음과 같다.

〈표 3-6〉 Harrison과 Handy의 조직문화 유형 비교

해리슨의 조직문화 유형	권력 문화	역할 문화	성취 문화	지원 문화
핸디의 조직문화 유형	클럽 문화	역할 문화	과업 문화	실존 문화
조직문화 유형의 특성	친화와 신뢰를 바탕으로 감정이입을 통한 의사소통 개인 차이 인정, 비합리적, 자비로운 권력, 신속성	질서와 규칙 개인 특성 무시, 합리적, 논리적, 안정성, 예측성, 표준화, 구조화	문제해결 지향, 권한 분산, 전문성, 창의성, 다양성	조직에 우선하는 인간의 중요성, 합의에 의한 의사결정, 보스의 존재 불인정
각 조직문화 유형의 예시적 산업 및 기업형태	소기업, 투자기업 중개업, 정치집단 초창기 기업	관료조직, 보험회사, 상업은행	컨설팅회사, 기술집약 산업	전문직(의사 변호사), 대학연구개발부서

출처: 신복기 · 박경일 · 이명현(2013: 139)

4. 조직문화의 개발과 관리

바람직한 조직문화는 조직이 어떠한 상황에 처하더라도 잘 어울리는 문화여야 한다. 그 때문에 조직을 둘러싸고 있는 환경이나 선택하고자 하는 전략이 조직문화와 적합한지를 고려할 필요가 있다. 조직문화를 개발하기 위해서는 다음과 같은 세 가지 차원을 고려해 볼 수 있다(신복기 외, 2013: 143).

〈그림 3-6〉 조직문화 개발을 위한 3가지 차원

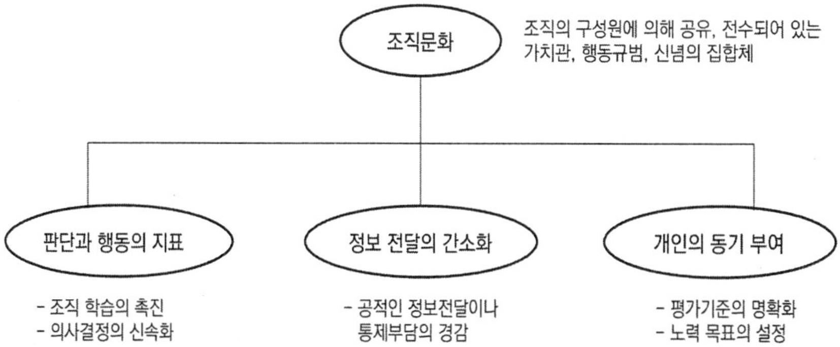

출처: Globis Corp 편저, 황명수 · 서문석 역, 『MBA경영전략 125가지』, 신복기 · 박경일 · 이명현(2013: 143) 재인용.

CHAPTER

제 4 장 사회복지행정과 인간관계 (Human Relations)

제 4 장
사회복지행정과 인간관계(Human Relations)

복잡하고 변화가 다양한 현대 사회에서 생존의 기본적인 요건의 하나로 리더십의 중요성이 증대되고 있고, 향후 리더십의 다양한 이론과 변화에 대응하는 지도자의 능력에 관한 담론은 지속될 것이다.

변화하는 환경과 위기의 연속선상에서 지도자의 능력과 자질은 조직의 성패를 좌우하는 중요한 요소로 인식되고 있다.

리더십은 연구자의 관점에 따라 다양하게 정의되고 있으며, 리더의 특성을 강조하는 경우와 리더의 행동이나 조직이 처한 상황의 이해를 중심으로 분석하는 경우가 있다.

즉, 리더십은 조직이 갖는 성향과 행동 및 상황의 이해를 통해 돌파해나가는 능력과 그에 수반되는 특성을 아우르는 개념이다. 하지만 보편적으로 리더십은 다른 사람과의 관계에 영향을 미칠 수 있는 능력의 총체를 말한다. 또한 의사결정 스타일이란, 조직에서의 의사결정이 어떻게 이루어지는가를 의미하고 있다.

이와 같은 맥락적 이해를 전제로 사회복지조직이 추구하는 목적을 달성하기 위해서는 조직구성원의 인간관계를 어떻게 유지, 관리, 동기화시키느냐에 따라 다르게 나타날 것이다. 이에 리더십은 전문가의 자율성 욕구와 통제 욕구 사이에서 형성되는 긴장감을 조정한다. 또한 조직이 추구하는 목적을 달성하는 정도의 동기를 유발하고, 환경적 압력에 대응하는 유연성을 제시하며 새로운 환경에서의 적응을 높이고 통합하는 능력을 길러준다.

제 1 절 리더십(Leadership)

사회복지기관의 경우 행정지도자는 크게 두 집단으로 나누어 볼 수 있는데 그 하나는 전문직 직원이며 다른 하나는 행정 볼런티어이다.

Trecker는 이들 행정지도자에 대하여 전문직 직원에는 기관에 대해 전반적인 책임을 지는 기관장이 있고 부기관장이 있다고 하였다. 그 밖에도 서비스와 프로그램에 대해 리더십을 발휘하는 사업부장, 케이스워크 부장, 기타의 부·과장들도 각자의 할당된 영역에서 지도해야 한다고 제시하고 있다.

행정 볼런티어에는 회장, 이사장, 부회장, 기타의 임원, 상임위원회의 위원장, 그리고 이사들이 있다. 이러한 볼런티어들은 무보수로 일하고 그들이 자유로이 맡을 수 있는 지위에 선출되거나 임명되는 것이다. 그들은 자기 시간의 일부만을 이러한 일에 보낸다. 그들은 기관의 활동에 관해 흥미를 갖고 맡은 일에 대해 특별한 능력을 보유하고 있다는 점에 유의해 둘 필요가 있다.

그들의 일은 단순히 기관의 서비스와 프로그램에 관한 것이 주가 되며, 행정적인 책임은 거의 없고 행정 리더십을 발휘하도록 기대하지도 않는다(장인협 역, 1982: 79~80).

행정지도자는 그들이 전문직 직원이든 볼런티어이든 리더십의 본질을 잘 이해해야 하며 필요한 자질을 갖추어야 한다. 또한 민주적 방법의 중요 특징을 잘 인식하여 민주적 절차에 따라 행동해야 한다.

1. 리더십의 필요성 및 정의

1) 리더십의 필요성

리더십(Leadership)이란 어떤 목표를 달성하기 위해 사람들에게 행사하는 영향력, 기술 혹은 이를 행사하는 과정이기 때문에 조직의 목표를 효과적으로 달성하기 위해서는 조직구성원들의 기술과 노력, 그리고 그들 상호 간의 협력이 필요하다.

지도자가 리더십을 행사함에 있어서는 몇 가지 전제조건을 살피면 다음과 같다.

① 지도자는 성원들 각자에 대해 리더십을 행사하는 데 있어 적절한 시기와 상황을 선택할 수 있어야 한다.

② 지도자는 조직구성원으로 하여금 작업수행에 대한 동기를 유발할 수 있도록 조직체의 분위기를 조성하여야 한다.

③ 지도자는 조직의 지도자로서 자신의 고유한 특징과 집단의 분위기를 고려하여 고유의 리더십 유형을 개발하여야 한다.

이와 같이 리더십은 지도자가 갖추어야 할 행동의 특질, 능력, 및 지위로서 다양하게 정의되며 이러한 리더십의 필요성은 다음과 같다(신복기 외, 2010: 252~253; 김성옥 외, 2012: 164~165).

① 지역사회의 환경적 변화에 적절한 대응 차원에서 필요하다.

② 전문가의 자율성 욕구와 조직의 통제 욕구 사이에 부단한 긴장이 존재하며 이와 같은 긴장으로 인하여 구성원은 조직의 규칙과 규정을 준수하도록 동기부여할 리더십이 필요하다.

③ 구성원의 목표와 조직의 목표 사이에 가능한 많은 일치를 가져올 수 있도록 노력하는 데 리더십이 요구된다.

④ 새로운 기술과 또는 새로운 구조의 도입과 같은 중요한 내부적 변화는 이와 같은 변화가 조직에 통합되도록 하는 리더십이 필요하다.

2) 리더십의 정의

현대 사회복지 행정론이나 그 밖의 많은 조직에서 리더십에 관한 다양한 담론이 형성되어 있고 많은 학자들은 리더십이란 분야를 매우 중시하면서 새로운 형태의 리더십론을 형성하고 있다.

왜냐하면 현대사회에서 가장 중요한 것은 조직을 효과적으로 이끌어 내거나 효율적인 성과를 거두기 위해서 많은 노력을 기울이고 여기에 절대적인 영향력을 행사하는데 지대한 영향력을 행사한다고 말한다. 이러한 맥락적 이해를 전제로 리더십에 대한 정의를 말하는 다양한 학자들을 소개하면 다음과 같다.

Compbell은 “리더십이란 그 자신을 통해서보다는 다른 사람의 직접적인 노력을 통해 조정된 집단의 유효성에 대한 한 개인의 기여”라고 정의하며, Bernard는 “리더십이란 조직적인 노력을 하는 사람들이나 그들의 활동을 이끄는 개인 행동의 특질이다.”라고 말하였다. Mayo는 사회적 기술이 이 리더십의 기본이 된다는 것을 전제하면서, “기술이란 인간적 목적의 서비스에 있어서 일을 잘 처리해 나가는 능력이다.”라고 정의한다.

따라서 사회적 기술이란 다른 사람의 생각을 받아들이고 공동의 과업에 동질적인 참여를 촉진하는 방법으로 다른 사람들의 태도나 생각에 대해 반응하는 능력을 나타낸다. Tead는 리더십을 “다른 사람들이 하기를 원하기 때문에 지도자가 그들에게 제안한 것을 하도록 하는 능력이다. 가장 훌륭한 행정지도자는 사회적으로 정당한 목적을 가지고 있고, 그들이 속하고 있는 집단에 자극적이고 창조적인 호소를 함으로써 그들의 성실을 불러 모으는 사람이다. 이것이 민주적 리더십의 본질이다.”라고 하였다(장인협 외, 2006: 90).

한편 Skidmore(1983: 130)는 리더십을 지위와 능력으로 정의하면서 다음과 같이 말하였다. “하나의 지위로서 리더십은 어떤 상황에 대한 통제의 책임을 지는 것을 말하며 그것은 지시하거나 지도하는 지위이다. 리더십은 능력으로서 다른 사람들이 지도자가 취한 길을 따르도록 다른 사람과의 관계에 영향을 주는 기술이나 능력이다. 리더십은 바람직한 변화를 가져오거나 다른 사람의 행동을 일으키는 능력을 포함한다.”

또한 Terry(1960: 493)는 사람들로 하여금 집단의 목표를 기꺼이 달성하게끔 영향을 미치는 활동이라고 정의하고 있고, Robbins(1984: 112)는 목표 달성을 지향하도록 집단에 대하여 영향을 미치는 능력이라고 하였다.

Trecker(1977: 53)는 공동목표의 달성에 있어서 사람들이 협동하여 일하도록 영향을 주는 능력이며 리더십의 핵심은 지도자를 따르는 것이라고 하였다. Katz와 Kahn(1978)은 리더십이란 조직구성원이 업무를 수행하는 데 있어 요구되는 수준보다 초월하는 성과를 내려는 노력을 불러일으키는 영향력이라고 하였다.

이제까지의 리더십 정의를 정리하면 리더십이란, 목표의 설정과 달성을 위하여 개인이나 집단에 영향을 미치는 과정이며 과업 수행 집단의 활동을 지휘하고 조정하는 능력이자, 한 사람이 다른 사람에게 특정한 목표를 달성하도록 동기화하는 행동이다.

이러한 정의에는 두 가지 중요한 특징이 있는데 이는 다음과 같다.

① 리더십은 조직체 구성원에 대한 권위, 혹은 권력의 위계적 관계이다.

② 지도자와 구성원 간의 협동적인 관계이다.

2. 리더십의 특성과 목표

1) 리더십의 특성

① 리더십의 활동 중심은 개인이다.

② 리더십은 역동적 행위이다.

③ 리더십은 사람에게 영향력을 주기 위한 활동이다.

④ 리더십의 가장 중요한 요인은 영향력이다.

⑤ 리더십의 목표는 목적 달성이다.

⑥ 리더십은 의도적이다.

2) 리더십의 목표

① 조직 및 집단목표의 선택이다.

② 조직 및 집단 내외에서 발생하는 여러 사건에 관한 해석이다.

③ 목표 달성을 위한 업무 활동의 조직화 및 구성원의 동기유발이다.

④ 구성원 간의 협동 관계 및 팀워크의 유지이다.

⑤ 조직 및 집단 하부로부터의 지지와 협조의 도출이다.

3. 리더십 이론

리더십에 관한 이론은 특성 이론 · 행동 이론 · 상황 이론 · 최근의 리더십 이론으로는 거래적 · 변환적 이론, 가치 경쟁적 이론으로 분류될 수 있다(최성재 외, 1998:

294~308; 김형식 외, 2001: 299~311).

1) 특성 이론(Trait theory)

1940~1950년대의 초기 리더십 이론인 특성 이론(trait theory)은 개인적 특성에 초점을 두고 리더의 특징과 자질을 탐구하는 이론이다.

특성 이론은 성공적인 리더와 성공하지 못한 리더 간에는 구별되는 보편적인 특성이 있기 때문에 어떤 특정한 특성을 갖추게 되면 성공적인 리더가 될 수 있다는 것을 전제로 하고 있다. 따라서 용모와 같은 신체적 특징과 판단력, 언어능력 등을 강조한다.

특성 이론에서는 성공적 리더가 되기 위해서는 지능 수준이 높고 주도적이며 자신감 있고 활력이 강하고 과업과 관련된 지식을 충분히 소유하여야 한다.

그러나 특성 이론은 모든 리더가 보편적으로 소유하고 있는 구체적 특성을 발견하지 못했고 구성원의 욕구를 무시한 점, 여러 가지 특성들의 상대적 중요성을 밝히는 데 실패한 점, 상황적 요소들을 등한시한 점 등이 한계로 지적되고 있다.

리더가 갖추어야 할 6가지 자질로 버나드(Barnard)는 활력과 인내력, 결단성, 설득력, 책임성, 지적 능력을 들고 있으며, 스토길(Stogdill)은 육체적 특성, 사회적 배경, 지능, 퍼스낼리티, 과업과 관련된 특성, 사회적 특성 등을 제시하고 있다(장동일, 2006: 233).

1990년대에 들어 과학적 접근방식을 응용한 특성 이론적 접근이 다시 나타났다. 그 결과, 다양한 리더의 특성으로는 비전, 지식과 전문성, 정서적 인정, 자신감, 생동감, 지구력 등을 제시하였다.

2) 행동 이론(Behavioral theory)

특성 이론의 한계점을 극복하기 위해서 행동과학자들이 1950~1960년대에 고안한 행동 이론에서 리더십의 가장 중요한 측면은 리더의 특성이 아니라 다양한 상황에서 리더가 어떻게 행동해야 하는지이며, 성공적인 리더는 특별한 리더십 행동 유형을 가지고 있고 리더십은 훈련을 통해 누구에게나 개발될 수 있다는 것이다.

이러한 행동 이론에는 베일즈(Bales) 연구, 오하이오(Ohio) 연구, 미시간(Michigan) 연구, 관리 격자(managerial grid) 이론 등이 있다.

(1) 베일즈(Bales) 연구

베일즈(Bales)는 하버드대학에서 개발하여 리더십의 형태를 분석 · 연구한 결과로서 그 형태는 활동, 과업 수행, 호감의 3가지 측면이 모두 탁월한 사람이 가장 유능한 지도자라고 주장했다.

(2) 오하이오 연구

오하이오 연구는 Stogdill, Fleishman, Hemphill 등이 연구하였다. 오하이오 연구는 리더의 입장을 강조하는 관점으로 업무의 성과를 제고시키고 만족을 가져오는 리더의 행동이 무엇인지를 묻는 리더 행동 기술 질문지(Leader Behavior Description Questionnaire)를 작성하여 정보를 수집하고 분석하여 리더의 행동을 구조주도(initiating structure), 행동과 배려(consideration) 행동의 두 가지 차원으로 구분하였다.

① 구조주도 행동이란, 리더가 과업을 조직화하고 정의하며 업무를 할당하고 의사소통 전달망을 확립하며 업무집단의 성과를 평가하는 행동, 그리고 일에 대해 상세한 설명으로 지도해주고 그것을 완수할 수 있도록 이끌어주는 행동이다. ② 배려행동은 신뢰, 상호존경, 우정, 지원 그리고 구성원의 복지를 위한 관심을 나타내는 행동과 일을 수행하면서 구성원의 어려움과 특별한 상황들을 고려해서지지해주고 반응해주는 행동이다.

오하이오 연구는 이 두 가지 차원을 조합하여 리더십 행동 유형을 5가지로 분류하고 있다. 이 분류 유형 중 구조주도와 배려가 높은 리더가 구조주도 또는 배려 어느 한쪽이 낮거나, 또는 둘 다 낮은 리더보다 하위자들의 성과와 만족을 가져오는 경향이 있음을 발견하였다(Robbins, 1984: 115).

여기서는 구조주도 행동과 배려행동, 이 두 가지 행동 차원에서 높은 점수를 갖는 이들이 바로 리더십 역량을 갖는 리더로 평가받을 수 있다고 제시한다.

(3) 미시간 연구

미시간 연구는 Likert 등이 연구하였다. 오하이오 연구와 비슷한 시기에 미시간 대학교 사회조사연구소에서 리더십 연구가 진행되었다. 미시간 연구의 주된 목적은 오하이오 연구와 마찬가지로 어떤 유형의 리더 행동이 업무집단의 성과와 만족을 가져오는가를 찾아내는 데 있었다.

이 연구에서는 총 두 가지 유형의 리더십이 확인되었는데, 이들은 직무 중심 리더십 유형(job-centered leadership style)과 구성원 중심 리더십 유형(employee-centered leadership style)이 있다. 직무 중심 리더십은 세밀한 감독과 합법적이고 강제력을 활용하여 업무계획표에 따라 이를 실천하고 업무성과를 평가한다. 다음으로 구성원 중심 리더십은 인간 지향적이며 책임의 위임과 구성원의 복지, 욕구, 승진, 개인적인 성장에 관심을 둔다. 미시간 연구에서 나타난 결과는 구성원 중심 리더십이 직무 중심 리더십보다 더 높은 집단 생산성과 직무만족도와 관련이 있다는 것을 발견하였다.

미시간 연구는 오하이오 연구와 다르게 관리자는 이 두 가지 행동을 동시에 충족시킬 수 없으며 어느 한쪽의 리더십 행동에 더 높은 비중을 둘 수밖에 없다고 보았다.

(4) 관리 격자 이론(관리 그리드 모형)

오하이오와 미시간 연구의 리더십 행동의 두 가지 차원에 기초를 두고 Blake와 Mouton(1964: 6~10)이 제시한 관리 격자 이론은 관리자의 인간에 관한 관심과 생산에 관한 관심을 두 개의 축으로 하여 상호작용에 초점을 두는 분류방식을 말한다. <그림 4-1>을 참조하면 다음과 같다.

이 격자망은 횡축과 종축 각각 9개의 위치가 설정되어 총 81종류의 합성적 리더십 유형이 된다. 특히 격자망의 네 모퉁이와 중앙의 기본적인 5개 유형 중 9.9형인 팀형이 가장 높은 성과를 올릴 수 있는 리더십 유형으로 나타나고 있다.

〈그림 4-1〉 관리 격자 이론에 의한 리더십 유형

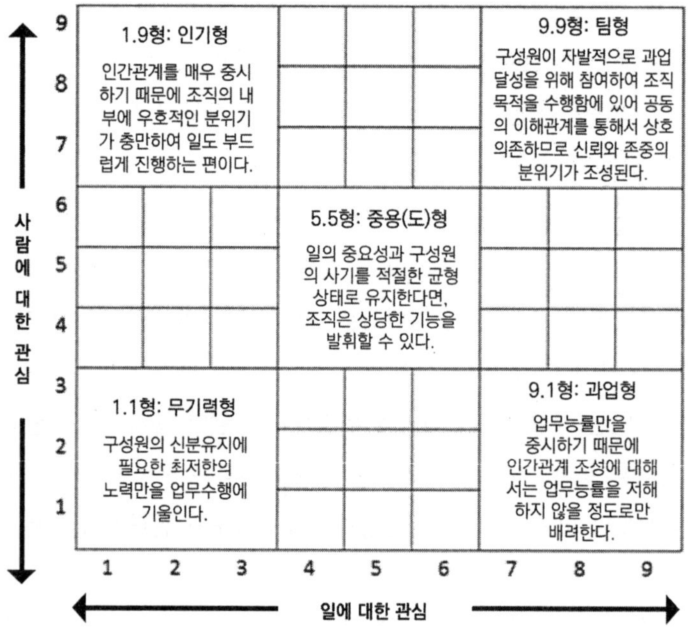

출처: Blake & Mouton(1986)

3) 상황 이론

상황 이론(situational theory)은 1960년대 말부터 1970년대에 이르기까지 행동이론의 한계성을 인식하고 등장한 새로운 이론이다. 이는 리더십이 지도자의 특성뿐만 아니라 존재하는 상황에도 관련되어 있고 특정 상황에 따라 리더십의 효과성이 다르게 나타나며 리더십도 조직이나 집단의 상황에 따라 서로 다를 수 있다는 이론이다.

따라서 리더에 의한 상황의 진단은 리더의 특성, 하위자의 특성, 집단구조와 과업의 성격, 영역의 검토를 필요로 한다. 여기에서 상황이란 리더가 속해 있는 조직의 목표와 성격, 규모, 역사, 유형, 발전의 강도, 구성원의 자질과 행동, 기대와 욕구 등의 산물을 의미한다.

이와 같이 상황 이론에는 상황적합 이론(contingency theory), 상황 이론, 경로-목표 이론(path-goal theory)과 리더십 대체물 이론(leadership substitutes approach) 등이 있다.

(1) 상황적합 이론

상황적합 이론은 Fiedler(1964: 1967)에 의하여 제시되었는데 그의 초점은 적응적 상황의 리더십에 있으며 리더의 유형과 상황적 변수를 결합하여 설명하는 이론이다.

Fiedler는 조직에 대한 리더의 영향력은 세 가지 변수에 의해서 결정되는 데 그 변수는 ① 구성원이 리더에 대하여 갖는 신뢰도와 충성심이 지도자의 매력을 포함하는 정도의 리더와 구성원과의 관계, ② 구성원 직무의 구조화 정도인 과업 구조화 정도, ③ 리더십 지위에 내재하는 공식적 · 합법적 구성원의 평가와 인사권의 영향력 정도를 나타내는 리더의 직위 권력 정도 등이다.

이와 같은 상황적 조건은 서로 상호작용하여 리더에게 호의적인 상황 또는 비호의적인 상황에 처하게 될 때 두 가지 리더 유형, 즉 과업 지향적 리더십과 관계 지향적인 리더십 중 어느 것이 더 효과적인지를 밝히는 것이 이론의 특징이다. 이 두 가지 리더십 유형과 세 가지 변수의 결합이 상황에 어느 정도 적합한지에 따라 리더십의 효과성이 달라진다는 이론이다.

이러한 상황적합 이론에서는 모든 상황에 한 가지 형태의 행동이 지속적으로 효과를 가질 수 없다.

이 연구에서 과업 지향적 리더는 상황이 매우 호의적인 상황이거나 매우 비호의적인 상황에서 더 좋은 성과를 올리는 경향이 있고 관계 지향적 리더는 호의성이 중간 정도일 때 더 높은 성과를 올릴 수 있다는 것을 발견하였다.

연구 결과 LPC(Least Preferred Coworker Score) 평점이 높은 리더는 구성원과 밀접한 상호작용적 대인관계를 유지하는 데 만족하며 배려 또는 인간관계 중심적인 대인관계 지향형으로 간주되고 LPC 평점이 낮은 리더는 과업지향형으로 간주한다. 여기서 LPC는 Fiedler가 리더십 스타일을 파악하는 데 있어서 함께 일하기 가장 싫었던 동료를 생각하면서 자신의 리더십 스타일 모습을 점검하는 LPC 점수 기법을 개발하였다. 이 척도는 함께 일하기 가장 싫었던 사람을 긍정적으로 받아들이는 사람은 관계 지향적 행동을 갖는 것으로 부정적으로 받아들이는 사람은 과업 지향적인 행동을 갖는 것으로 구분한다.

(2) Hersey & Blanchard 상황 이론

상황 이론은 Hersey & Blanchard에 의해 제시되었다. 이는 다양한 상황 중에서 조직구성원의 상황에 주목하여 조직구성원이 없으면 리더도 존재하지 않는다는 가정을 전제로 이론을 전개한 이론이다.

조직구성원의 성숙도를 준비 능력 차원과 의지 차원으로 구분하고 ① 준비 능력 차원은 지식, 경험, 기술 보유 등을 포괄하고, ② 의지 차원은 믿음, 헌신, 동기 등을 포함한다.

이 두 가지 차원에 따른 조직구성원의 네 가지 형태의 성숙도 성향에 따라 각각의 리더십을 제시한다.

① 조직구성원이 능력이 없고 의지도 없는 경우에는 모든 것을 지시하고 점검해주는 지시형 리더십이 필요하다. ② 조직구성원이 능력은 없는데 의지만 있는 경우에는 아이디어와 결정된 방향과 방안을 제시해주는 제시형 리더십이 필요하다. ③ 조직구성원이 능력은 있는데 의지가 없는 경우에는 의사결정에 참여를 유도해서 아이디어를 공유하며 책임감을 갖고 이를 통해 성장시킬 수 있는 참여형 리더십이 필요하다. ④ 조직구성원이 능력과 의지가 있는 경우에는 위임하면서 함께 일하는 위임형 리더십이 효과적이다.

(3) 경로-목표 이론

House(1971)는 오하이오의 연구와 동기부여의 Vroom의 기대이론을 결합하여 경로-목표이론을 제시하였다. 경로-목표 이론은 조직의 목표를 성취하기 위해 가장 중요한 요인은 조직구성원의 동기라고 보고 리더의 핵심 역할은 조직구성원의 동기를 높이는 것이다.

경로-목표 이론은 경로의 동기 부여화, 욕구 충족, 목표 달성을 주요 변수로 하고 있으며 상황에 따라 효과적인 리더십의 패턴이 달라진다는 전제를 갖고 있다.

따라서 경로-목표 이론에서 리더는 구성원으로 하여금 조직 목표를 달성할 수 있다고 기대하는 행동 경로를 명확하게 밝혀주고 원하는 보상은 더 쉽게 많이 받을 수 있다고 믿게 해야만 동기부여가 이루어져 성과를 높일 수 있다는 것이다.

그는 리더십을 두 가지 상황적 요인과 네 가지 리더십 유형으로 설명하고 있다. 상황적 요인은 조직구성원의 상황과 업무의 상황으로 나눈다.

조직구성원의 상황은 구성원의 능력, 성격 및 동기와 작업집단의 특성, 작업의 구조화 정도이다. 업무 상황은 조직 내의 규칙과 절차 등이다.

또한 리더의 행동을 지시적 리더십, 지지적 리더십, 성취 지향적 리더십, 참여적 리더십 네 가지로 분류하였다. ① 지시적 리더십은 해야 할 사항들에 대해서 정확하게 언급하면서 그들을 이끄는 것이다. ② 지지적 리더십은 조직구성원의 욕구와 복지를 위해 노력하면서 그들을 이끄는 것이다. ③ 성취 지향적 리더십은 조직구성원에 대한 믿음과 함께 도전적인 목표를 제시하면서 이끄는 것이다. ④ 참여적 리더십은 조직구성원의 견해를 존중하면서 참여 유도와 격려를 통해 이끄는 것이다.

경로-목표 이론에서의 연구 결과는 ① 과업의 구조화 정도가 낮아 업무수행의 절차나 방법이 공식화되어 있지 않거나 구성원의 지식과 경험이 부족할 때는 구성원의 활동을 세부적으로 분담시키고 적극적으로 통제 · 조정할 수 있는 지시적 리더십이 효과적이다. ② 업무가 단조롭거나 너무 어려워 자신감을 상실하고 있는 경우에는 작업환경의 부정적인 측면을 최소화할 수 있고 불안감을 감소시킬 수 있는 지지적 리더십이 효과적이다. ③ 과업이 구조화되어 있지 않을 때는 구성원에게 목표를 설정하여 주고 이를 달성할 수 있다는 신뢰감을 가지게 하는 성취 지향적 리더십이 효과적이다. ④ 구조화되어 있지 않은 과업의 목표, 절차, 방법 등의 결정 과정에 구성원을 참여시켜 명백한 역할 기대를 제공하여 목표성취에 대한 기대를 높이려 할 때는 참여적 리더십이 효과적이다.

경로-목표 이론의 단점은 리더의 행동 범주가 너무 포괄적이고 복잡 · 난해하며 이론의 모형과 변수들의 타당성과 신뢰도의 검증이 어렵고 상황에 따라 리더십의 형태를 바꾸는 것이 현실적으로 불가능하다는 점이다.

4. 최근의 리더십 이론

1) 거래적 · 변환적 리더십 이론

리더가 조직의 안정에 초점을 두는지 혹은 변화 지향적인지에 따라 리더십을 구분하고 있다. 이 둘은 서로 대치되는 개념이 아니라 양립할 수 있으며, 그 내용은 다음과 같다(김형식 외, 2013: 300~310; 한국복지행정학회, 2011: 136~137).

(1) 거래적 리더십

거래적 리더십은 개인적 관심에 호소하는 안정지향형 리더십으로 업무의 할당, 의사결정, 결과의 평가, 통제 등 일상적인 리더의 행동을 강조한다. 리더와 조직구성원 간에 사회적, 개인적 가치의 교환관계가 발생한다고 보았으며 적절한 보상, 예외에 의한 관리, 자유방임 등을 변수로 꼽으며 이로써 동기를 부여할 수 있다고 보았다.

(2) 변환적 리더십

변환적 리더십은 구성원에게 개인적 관심보다는 차원이 높은 도덕적 가치와 이상에 호소하여 조직의 합병을 주도하며 신규부서를 만들고 새로운 조직문화를 변동시키려고 노력하는 변화 추구적이고 개혁적인 리더십이다.

여기서 변환적 리더는 구성원에 대한 권한 부여(empowerment)를 강조하여 궁극적으로 조직이나 집단의 목적 달성을 위한 과업 수준 향상을 지향한다.

따라서 변환적 리더십은 환경변화에 민감하게 대처하여 새로운 비전, 조직문화, 규범을 창출하고 그것이 새로운 현실이 되도록 조직구성원의 지지와 신뢰를 확보하고 관행을 거부하고 스스로 위험을 감수하면서 도전하는 등 조직의 변화를 주도하는 카리스마 있는 변화주도형 리더 활동을 강조한다. 또한 조직구성원을 추종자로서가 아니라 리더로서 개발시키며 이 구성원의 동기를 높여 조직의 목적을 달성하도록 유도하며, 개인의 이해관계를 초월해서 조직의 공공선을 지향할 수 있도록 만들며, 조직구성원들은 비전을 이루기 위해 어려움을 극복하면서 높은 수준의 헌신을 실천할 수 있도록 만든다.

이러한 거래적·변환적 리더십의 특성은 다음 <표 4-1>과 같다.

〈표 4-1〉 거래적 · 변환적 리더십의 특성

특성	거래적 리더십	변환적 리더십
목적	현상유지	변화
활동	규정 또는 규칙에 의거	규정 또는 규칙의 변화
보상	개인적	비개인적
리더-구성원과의 관계	상호 의존적	상호 독립적
과업	일상적	비일상적

2) 가치 경쟁적 리더십 이론

리더십에 관한 지나친 단순화나 이분화의 경향으로 인해 통합적 관점을 유지하는 리더십 이론의 필요성이 강조되었다.

Quinn(1988)은 사회집단이나 리더의 다양한 역할을 규정하기 위하여 Parsons의 AGIL[1]모델을 기초로 통합적 관점을 가진 가치 경쟁적 리더십 이론을 제시하였다. 가치 경쟁적 리더십 이론은 리더십의 초점을 한 축은 외부 지향적-내부 지향적인 성격, 다른 한 축은 통제 위주-유연성 위주로 하는 네 가지 영역을 제시하였다.

가치 경쟁적 리더십 이론에서 리더는 이 네 가지 기능을 수행하기 위하여 각각의 영역에 맞는 리더십을 발휘하는데 그 영역에서의 필요한 리더십 유형은 다음과 같다(김형식 외, 2013: 310~313; 한국복지행정학회, 2011: 136~137).

① 환경적응을 위한 비전제시자(vision setter) 유형은 외부 지향적, 조직 활동의 유연성을 추구하고 개방성을 추구하는 리더십을 지향한다.

② 목적 달성을 위한 목표 달성자(task master) 유형은 조직 생산성을 극대화하기 위한 통제와 규율 위주의 공식적인 리더십을 제시한다.

③ 통합을 위한 동기부여자(motivator) 유형은 조직구성원의 인간관계 향상에 관심을 둔 비권위적 특성을 가진 리더십을 발휘한다.

---

1) AGIL에서 A는 Adaptation(환경적응), G는 Goal attainment(목표 달성), I는 Integration(통합), L은 Latent pattern maintenance(형태 유지)를 의미한다.

④ 형태 유지를 위한 분석자(analyzer) 유형은 내부 지향적이며 구조화된 통제 위주의 가치에 중점을 두는 리더십을 추구한다.

사회복지조직의 관리자에게 공통으로 강조되고 있는 것은 이들 중 외부 지향적, 탈집중-유연성 리더십이다. 이는 서비스 효과성과 정당성 확보와 주위와의 협력 강화 그리고 내부 관리와 혁신 등에서 이 유형의 리더십이 효과적이다.

이와 같은 가치 경쟁적 리더십 이론에 기초로 한 사회복지 조직에서의 리더의 역할은 다음 <표 4-2>와 같다.

〈표 4-2〉 가치 경쟁적 리더십에서의 사회복지조직 리더의 역할

리더십 유형	리더십 목표	구체적 역할
비전제시가	기관의 변화와 적응	- 기관운영과 관련된 외부 환경변화 주시
		- 클라이언트나 지역사회의 욕구 변화 주시
		- 기관운영의 새로운 방향 모색/혁신적 변화 주도
		- 재원·인력 확보 및 기관 합법성 유지
		- 클라이언트 옹호와 정책 개발 참여
목표달성가	기관 생산력 극대화	- 기관 활동의 목표 달성 및 결과 중시
		- 목표달성을 위한 우선순위 제시
		- 클라이언트나 지역사회의 욕구 변화에 대처하기 위한 기관활동 제시
		- 중앙집권적 관리를 통한 생산력 극대화
동기부여가	기관 구성원 관계 강화	- 구성원 협동심 및 팀워크 강조 및 고양
		- 구성원 알선 위치와 자율권 극대화
		- 구성원 알선 워커의 동기 고양
		- 전문직 간의 의견 조정과 팀워크 고양
		- 기관인력의 효율적 관리
분석가	기관 활동 지속성 향상	- 기관서비스 및 프로그램 실행에 대한 이론적·기술적 지식확보
		- 기관서비스 및 프로그램 진행 상황에 대한 면밀한 분석
		- 기관 활동의 내부 규정 강조
		- 기관활동을 위한 효율적 전문 인력의 배치

출처: 김형식 외(2013: 313)

3) 서번트 리더십

서번트 리더십은 1970년에 처음 발표된 Greenleaf의 "리더로서의 서번트"에서 처음 대두되었다. Greenleaf는 서번트 리더란 "첫 번째가 서번트"라고 제시하면서, 기존의 리더의 역할은 조직의 관리와 통제가 중심이고 지시와 명령이 가장 큰 역할을 하였다. 하지만 서번트 리더는 자신을 조직구성원의 하인으로 인지하고 지시와 명령·통제보다는 부하의 성장과 성공을 먼저 우위에 두어야 한다고 주장하였다.

기존의 리더십은 조직관리에 있어 목표 달성을 통제와 명령이 중심이었다면 서번트 리더십은 조직구성원을 먼저 중심으로 두고, 조직구성원을 통해 스스로 목표 달성을 할 수 있도록 가장 우선으로 생각한다.

조직구성원에 대한 섬김을 중요시하며 조직의 최고 관리자는 자신을 서번트로 인식하고 조직구성원을 어떻게 섬기고 봉사해야 하는가를 우선 생각하며 돕는 역할을 한다. 또한 서번트 리더는 구성원이 자율적으로 업무를 수행하도록 권한과 책임을 위임하고 그들을 지원하게 된다.

이를 통해 결과적으로 조직은 상하 간에 관계가 원만해지고 궁극적으로 조직의 방향성에 부합하는 목표 달성에 기여한다.

최고 관리자가 조직에서 군림하지 않고 구성원들을 섬기며 그들이 일을 잘 수행할 수 있도록 적극적으로 동기부여를 한다. 또한 리더십을 발휘하며 리더와 구성원과의 관계는 상하 종속관계가 아니라 수평적인 동료관계를 이루려고 노력한다.

결론적으로 서번트 리더십은 경청, 공감, 치유, 스튜어드십, 기회와 자원의 제공, 존중과 봉사를 강조한다(홍권표 · 윤동열, 2013: 1825~1844).

4) 코칭 리더십

코칭 리더십(coaching leadership)은 조직의 목표를 달성하기 위해 리더가 부하의 성장과 학습을 촉진하는 행동을 뜻한다.

조직에서는 개인보다 팀을 강조하고 팀의 필요성이 점점 높아지고 있기 때문에 구성원 각자의 능력향상보다는 팀원들의 상호교류와 네트워크 그리고 구성원의 능력개발을 발굴해 내는 리더십으로서 팀장은 관리나 통제보다는 팀 내외의 정보 흐름과 소통을 장려해야 한다.

또한 기존의 권위를 포기하며 자율을 최대한 보장하되 적재적소에 충고하고 팀원 각자의 강점과 약점을 잘 고려해서 개발시키는 역할이 더 중요하다. 특히 팀장은 스포츠팀 코치나 감독의 역할을 배워 이 요소를 가미할 필요가 있다(Stowell, 1986; 강영순 · 김정훈, 2013: 1909~1928 재인용).

5) 토탈 리더십

Stewart D. Friedman은 1984년부터 와튼스쿨에서 조직관리, 일과 삶의 통합, 리더십과 같은 경영 실무 분야를 강의하며 리더십 프로그램(Wharton Leadership Program)을 처음 도입하여 제시한 리더십 연구의 선구자이다.

토탈 리더십 프로그램의 핵심은 '네 가지 영역의 성공'(four-way-wins) 즉 '일-가정-공동체-자신' 이렇게 4가지 영역에서 더 나은 결과를 만들어 내는 것이다.

〈그림 4-2〉 토탈 리더십 훈련 방법

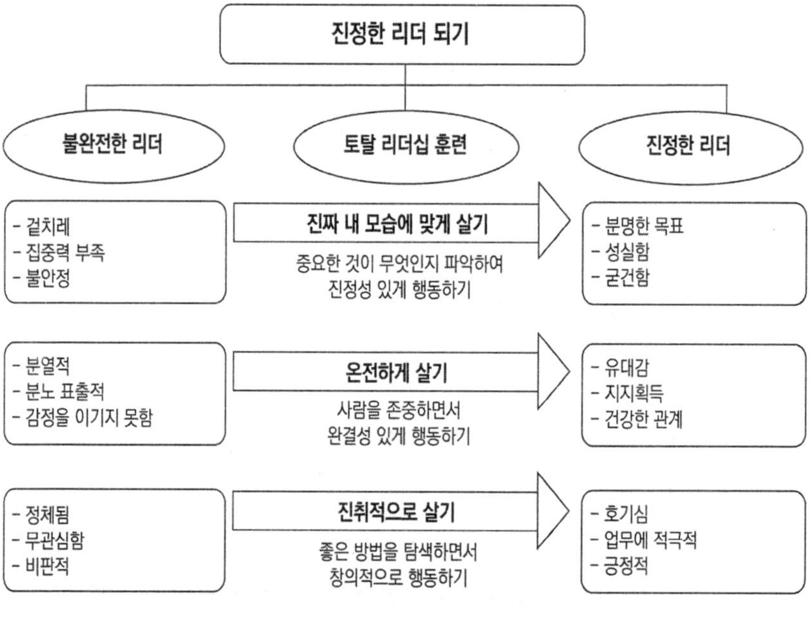

출처: Stewart D. Friedman(2013: 32), Total Leadership 와튼스쿨 인생

이러한 토탈 리더십은 진짜 내 모습에 맞게 살기(진정성), 온전한 삶을 살기(완결성), 창의적으로 살기(창의성)를 연습하는 과정이다. 이 네 가지 영역에서 성공할 방법을 제시하고 있다. 다음은 풍요로운 삶을 살면서 더 유능한 리더가 될 수 있도록 토탈 리더십 훈련 방법에 대하여 <그림 4-2>와 같이 제시하고 있다(Stewart D. Friedman, 2013: 23).

5. 리더십의 유형

리더십은 권위의 소재, 전문적 행동, 그리고 연속선상의 수준에 따라 그 유형이 다르게 나타나고 있다.

1) 권위의 소재에 따른 리더십

리더십의 유형은 일반적으로 독재형 · 민주형 · 자유방임형으로 나눌 수 있다.

Carlisle은 리더십의 이러한 구분이 너무 정치적인 의미를 가지고 있기 때문에 그러한 가치상의 함축을 피하기 위하여 이를 지시형(directive) · 참여형(participative) · 자유형(free-rein)으로 제시하고 있다. 이 중 자유형의 사용은 극히 제한되어 있으며 지시형과 참여형이 일반적으로 사용되고 있다(신복기 외, 2010: 263~265; 사회복지교육연구센터, 2016: 172).

2) 지시형 리더십

지시형 리더십은 명령과 복종을 강조하고 있다. 따라서 지도자는 의사결정에 있어서 독선적이며 조직구성원을 보상(reward)과 처벌(punishment)의 연속선상에서 통제하고 관리하려고 한다. 특히 지시형 리더십은 정책에 일관성이 있고 신속한 결정이 가능하기 때문에 위기 상황에서 선호하는 리더십 형태이다. 반면에 조직구성원의 적대감, 사기 저하, 경직성이 있다는 것이 단점이다.

3) 참여형 리더십

참여형 리더십은 민주적 리더십으로 리더가 여러 가지 의사결정을 함에 있어서 조직구성원에게 의견을 묻고 경청하며 이들을 결정 과정에 참여시키는 것을 중요하게 여긴다. 여기에서는 구성원의 일에 대한 동기부여와 책임감이 증진될 수 있고 의사전달의 경로가 개방됨으로써 새로운 정보의 교환이 활발하게 이루어질 수 있다.

동기유발이 되고 개인의 지식과 기술을 활용할 수 있는 장점이 있다. 그러나 긴급한 결정을 내리는데 어렵고, 참여하는 데 시간이 많이 소요되고, 책임이 분산되어 활동성이 떨어지며 참여 기술을 학습하기 어려운 것이 단점이라고 할 수 있다.

4) 자유형 리더십

자유형 리더십은 방임형 리더십으로 리더가 의사결정 권한을 대부분 구성원에게 위임하는 형태이므로 구성원은 스스로 프로그램의 목표를 세우고 그에 따르는 계획을 수립하여야 한다. 리더의 통제나 영향력이 매우 적은 형태이기 때문에 구성원은 조직의 규칙이나 정책을 위반하지 않는 범위 내에서 자유 재량권을 행사할 수 있다.

〈표 4-3〉 권위 소재에 따른 리더십 유형의 장 · 단점

유형	장점	단점
지시형	- 중앙집중적 통제와 조정을 가져온다. - 정책의 해설과 집행에 일관성이 있다. - 신속한 결정이 이루어진다. - 변화를 일으키고 위기 상황에 잘 대처한다.	- 사람들은 과도하게 통제받는 것을 싫어하기 때문에 사기 저하가 올 수 있다. - 잠재력 개발의 기회가 적다. - 일방적 의사전달은 다른 사람을 이해시키지 못한다. - 과도하면 적대감 · 소외 및 비융통성이 초래된다.
참여형	- 개인의 자유와 심리적 요구에 대한 호소로 인해 매우 동기적이다. - 집단의 지식과 기술을 잘 활용한다. - 구성원이 조직과 그 활동에 대하여 보다 헌신적이다. - 개인의 중요성을 강조하며 인간의 가치, 신뢰 및 개방성을 도모한다. - 구성원은 많은 정보를 얻으며 참여를 통하여 개인의 기술을 발전시킨다. - 개방적인 의사전달을 촉진한다.	- 타인을 참여시키는 데 시간이 많이 소요된다. - 긴급한 결정을 내리는 리더에게는 어려운 일이다. - 타협과 맥 빠진 결정을 초래한다. - 참여와 관련된 책임의 확산으로 무관심이 초래될 수 있다. - 참여는 혁신적이며 넓은 안목을 지닌 리더를 억제한다. - 참여 기술은 학습하기 어렵다. 그것은 리더의 자아 충동적 특성과 배치된다. - 참여는 특정한 상황하에서만 이루어진다. - 구성원이 비슷한 지식과 지위를 가질 경우이다.
자유형	- 구성원 스스로 목적과 계획을 세워 집행하기 때문에 전문적인 집단에 적용하는 유형으로, 구성원의 전문적 지식과 의사결정의 자율성을 고취시킬 수 있다.	- 구성원의 권한이 커지는 반면에 프로그램이나 서비스 수행의 책임소재가 불분명해질 소지가 있다. - 의사결정에 소요되는 시간과 경비가 많아진다. - 계획 · 지휘 · 조정 및 통제하지 못함으로 인해 혼란을 초래할 수 있다.

따라서 특정 과업을 수행하는 전문가 중심인 조직에 적합하다고 할 수 있다. 그러나 조직구성원에게 지시 감독 등 절차적인 일의 처리에 필요한 정보제공 및 명확한 설명을 해주지 못하고 본래의 계획을 성취하는 데 있어 지휘·조정 및 통제하지 못하므로 혼란을 초래할 수 있다.

대부분의 조직 상황에서는 완전한 지시적, 참여적, 자유적 리더십을 발휘하는 것이 아니라 이들이 혼합되어 나타날 것이다.

이러한 각 리더십 유형의 장·단점은 <표 4-3>과 같다.

6. 리더십의 수준

사회복지 조직에서 리더십은 그 계층 수준에 따라 일반적으로 세 가지로 나누어 볼 수 있다. ① 최고관리층의 리더십, ② 중간관리층의 리더십, ③ 하위관리층의 리더십이 이에 속한다(신복기 외, 2010: 266~267; 사회복지교육연구센터, 2016: 173).

1) 최고관리층의 리더십

최고관리층이란, 사회복지 조직을 이끌어 나갈 전반적인 책임을 지고 있는 사람들로서 최고관리층의 리더십은 두 가지 주요한 과업의 달성을 추구한다. 첫 번째 과업은 내부 운영을 지시하고 조정하는 것이며, 두 번째 과업은 환경 관계를 수립하는 것이다.

이러한 과업 수행 시 최고관리층은 조직의 기본적 임무 설정[2]과 조직의 정통성 확립,[3] 수행을 위한 서비스 기술의 선정,[4] 내부구조를 발전시키고 유지[5]해야 한다. 그리고 변화를 주도하고 수행[6]하는 등의 주요한 의사결정을 하여야 한다.

이러한 의사결정의 형태는 조직의 발전단계에 따라 그 중요성 정도와 관련되

2) 의사결정에는 조직이 감당할 수 있는 임무의 종류를 결정해 줄 과업환경에 대한 이해가 요청된다.
3) 의사결정에는 조직의 생존을 확보해줄 필요한 자원의 획득이 포함되며 사회적 지지와 정통성을 확보하기 위해 지역사회에 조직을 설명하고 대표하는 것이 포함된다.
4) 의사결정에는 조직의 특수한 목표를 달성하기 위해 어떤 종류의 서비스 기술이 필요한가를 결정한다.
5) 의사결정에는 기본과업을 쉽게 하기 위한 방법으로 조직을 설계하는 것이 포함된다.
6) 의사결정에는 변화할 환경적 요구와 새로운 혁신의 기회에 부응해서 지속적으로 프로그램을 평가하고 변화를 도입하는 것이 포함된다.

는 측면이 달라지는데 상황이 바뀌면 이에 필요한 리더십의 기술과 행동도 달라짐을 알 수 있다.

2) 중간관리층의 리더십

중간관리층은 조직의 주요한 프로그램 부서를 책임지고 있는 관리자이다. 중간관리층의 리더십은 두 가지 종류의 기술을 요구한다.

첫 번째 기술은 수평적·수직적 연결고리로서의 기술이며, 즉 하위관리층을 포함한 일선 구성원과 최고관리층 사이의 두 수준을 중재하는 기술과 같은 수준에 다른 부서의 리더와 타협하고 조정하는 기술이다. 두 번째의 기술은 개별 조직구성원의 욕구와 기대를 조직의 목표에 통합시키는 인간관계 기술을 말한다.

3) 하위관리층의 리더십

하위관리층이란 일선 사회복지사들을 관리하고 일관성 있게 프로그램을 감독하고 일선 사회복지사들에게 업무를 위임 또는 분담시키고 서비스가 정상적으로 제공되고 있는지를 검토하면서 접촉하는 관리자들이다. 하위관리층은 단위 감독자, 조정자, 팀 리더의 역할을 수행한다. 이들 또한 두 가지 종류의 기술이 필요하다. 첫 번째는 구성원과 자원을 효율적이고 효과적으로 활용할 수 있는 기술적 지식이 필요하다. 두 번째는 보상과 제재의 분배가 공평해야 하는 형평성에 관한 기술이다.

7. 리더의 자질

사회복지 조직에서 리더가 가져야 할 자질에 대하여 살펴보면 다음과 같다.

Trecker(1971: 89)는 리더는 충분한 실증적 지식(a fund of factual knowledge), 기술 습득(mastery of technique), 분석 능력(analytical ability)을 갖추어야 한다고 제시하였다. Glover와 Hower는 리더는 책임감 있게 생각하며 행동할 수 있어야 하고 다른 사람과 협력하여 일하며 다른 사람들이 집단 내에서 유익하고 만족스럽게 일할 기회를 부여할 수 있는 능력을 가진 사람이라고 말하고 있다.

Hall은 "리더(executive chairman)의 책임은 지시를 내리는 것뿐만 아니라 환기적인 상황을 지속되게 하는 일이다. 비록 그가 눈에 띄지 않을지라도 그의 역할에 사람들이 참여하기 쉽고, 따뜻한 분위기를 조성하고, 의견의 일치를 인식하고, 사람들이 협동적인 일을 하는 데 있어 각자가 할 일을 찾아내도록 도와주는 목적을 통찰하는 데에 큰 비중을 차지" 한다고 말한다.

또한 "우리가 필요로 하는 리더는 분명하게 사고할 수 있고, 편향 없이 사실을 받아들일 수 있으며, 새로운 아이디어를 잘 수용하여 문제를 잘 인지하고, 이를 토대로 해결할 수 있어야 한다. 그리고 대인관계가 원만하게 이루어져야 하며 정당성 있는 지원을 아끼지 않을 줄 알며 자신이 세력을 얻는 것보다 다른 사람들이 책임 완수를 할 수 있도록 기꺼이 도움을 주는 것을 기뻐하는 사람이다."라고 하였다.

또한 Ross와 Hendry는 리더상(profile of leader)은 "자기 효능감이 있고 잘 통합되고 정서적으로 안정된 사람이며, 특수한 상황에서 지도하기를 원하고 의지와 능력이 있는 사람, 리더로 있는 집단의 규범 · 가치 · 목적에 동일시할 수 있는 사람, 따뜻하고 민감하고 동정심이 있으며 실제적 방법으로 성원들을 도울 수 있는 사람, 다른 집단의 성원들과 비교해 볼 때보다 이지적인 사람, 그리고 그의 리더십 기능을 수행하는데 끈기를 가진 사람이 오늘날 우리 사회에 있어 훌륭한 리더"라고 말하고 있다. 이처럼 조직의 목표를 효과적으로 달성하기 위해서는 조직구성원과 기술, 노력, 상호 간의 협조가 있어야 한다.

리더는 이런 관계에 영향을 미침으로써 리더십을 행사하며 여기에는 몇 가지 전제조건이 따른다.

① 리더는 구성원 간 각자의 리더십을 행사하는 데 있어 적절한 시기와 상황을 선택할 수 있어야 한다.

② 리더는 조직 구성원으로 하여금 작업수행에 대한 동기를 유발할 수 있도록 조직의 분위기를 조성할 필요가 있다.

③ 리더는 조직의 리더로서 자신의 능력을 살려 특징과 집단의 분위기를 고려하여 고유의 리더십 유형을 개발하여야 한다.

제2절 조정과 갈등

1. 조정

1) 조정의 정의

조정은 기관 활동의 다양한 부분들이 전체로서 그 기능을 잘 수행하도록 상호 연계시키는 것으로 매우 중요한 업무라고 할 수 있다.

Simon에 따르면 "어떠한 사회적 상황 앞에서 목적을 달성하는 데 대한 개인의 능률은 그 자신의 활동에 달려 있을 뿐만 아니라 그의 활동이 얼마나 다른 사람의 활동과 관계를 맺고 있는가에 따라서 영향을 미친다. 조직 내의 개인의 위치에서 보면 조정이란 여러 가지 요인을 내포하고 있다. 조직의 다른 부서에 있는 사람들에 대한 개인의 목적과 중간목적의 관계, 개인과 집단의 다른 성원들이 취할 수 있는 대체적 행동에 대한 개인의 평가, 다른 사람들에 의해 행하여질 수 있는 활동 과정에 대한 기대"라고 하였다.

그리고 John Walton은 "조정은 기관의 목적달성의 극대화에 기여할 수 있도록 다양한 사람들의 기능과 전문적 자질 및 공간을 상호 관련시키기 위하여 그것들을 할당하고 지정하는 활동을 말한다."라고 하였다(장인협 · 이정호, 2009: 98~100).

앞의 정의에서 조정이란, 모든 기관 내의 근본적이고 필수적인 과정임을 알 수 있다. 그러나 조정은 목적 그 자체는 아니다. 기관의 목적 달성은 조정을 포함한 기관의 모든 기능의 목표이다. 기관의 활동이 아무리 고도로 조정되더라도 목적이 달성되지 않는다면 조정과정에 기울여진 노력은 무의미하다.

2) 조정의 유형

(1) 수직적 조정

수직적 조정은 책임과 그에 상응하는 권위를 효과적으로 위임하는 가운데 이루어진다.

Mooney(1999: 167)에 따르면 위임원칙의 건전한 적용은 질서정연하고 효율적인 조직을 위하여 필요하다. 과업이나 책임을 위임받은 하급자도 직무에 대하여 책무를 지게 되지만 그러한 임무를 위임한 상급자도 그 직무가 잘 수행되도록 할 책임을 진다. 책임과 권위의 계통은 전체 조직의 상부로부터 하부로 나아가는 것이지만 항상 전체 기관에 대하여 책무를 지는 것은 최고 의사결정권자로부터 나온다고 할 수 있다.

(2) 수평적 조정

수평적 조정은 수직적 조정과 마찬가지로 항상 상부에서 시작하지만, 정보의 쌍방적 흐름을 반영한다.

직원 서비스의 일상적인 채널을 통하여 상급자가 하급자에게 정보를 알려야 하며 하급자들도 마찬가지로 행정지도자에게 중요한 사항을 알려야 한다. 또한 상대방에게 중요한 일을 알릴 수 있어야 하며, 이러한 정보교류의 상호성은 조직구조의 상부에서 하부에 이르기까지 위에서 아래로 그리고 옆으로 나아간다.

이러한 정보의 흐름에 관한 조정은 직무를 수행하기 위하여 기관의 사람들이 사실, 아이디어 및 의견을 알아야 하기 때문에 필요하다. 또한 의사결정을 필요로 하는 지위에 있는 사람들은 적절한 결정을 하는 데 필요한 조언과 자문을 받아야 한다.

3) 조정의 단계

효과적인 조정에 관한 행정가의 책임을 수행하기 위해서는 최소한 조정의 필수적인 단계들을 고려할 필요가 있다. 다음은 조정의 제5단계를 제시하고 있다.

① 관련된 사실에 근거한 의견의 수집 및 사실의 제시

② 모든 구체적인 운영 책임과 사람에 관한 정당성 확보 및 성의

③ 할당된 과업의 책임과 그것을 수행하는 데 적합한 능력 함양

④ 결과의 검토와 지속적인 평가

⑤ 참여자 간의 집단적인 책임 의식과 개발을 통하여 프로그램의 통일성을 창조하는 의식적인 노력

4) 조정의 방법

행정책임자가 기관의 단위부서와 구성원들 간의 조정을 위하여 사용하는 두 가지 주요 방법이 있는데 이는 위원회와 회의의 활용이다.

행정책임자는 이 두 가지 주요 방법을 통하여 전체 직원들과 효과적인 의사전달의 경로를 유지해야 한다. 직위와 부서 간 조정은 주로 효과적인 의사전달의 경로를 통하여 성취할 수 있다.

5) 조정에 관한 행정책임자의 책임

행정책임자의 책임은 구성원들이 그들이 하는 일이 전체 조직에 잘 부합되고 있는가, 또는 조직 내에서의 그들의 기능이 관계 부서나 전체로서의 조직에 어떠한 영향을 미치고 있는가를 알도록 도와주는 것이다. 행정가의 주요한 문제 중의 하나는 직원 각자가 전체 조직의 구성 분자로 전체적인 조직의 목적에 공감하는 사람으로서 자기의 업무를 깨달을 수 있도록 돕는 것이다(장인협 역, 1982: 124).

기관의 조정과 관련된 행정책임자의 주요 책임을 Ehlers(1976: 170)는 다음과 같이 요약하고 있다.

① 기관 직원들 간의 직접적인 접촉이 가능하도록 한다.

② 활동 계획에 관한 상호 간의 합의가 이루어지며 계획이 가능한 한 조기에 수행되도록 한다.

③ 각 구성원의 새로운 아이디어와 제안에 대하여 상호 간에 자유롭게 반응할 수 있는 분위기를 창조하며 또한 자신의 아이디어와 제안을 동료들과 부하에게 알린다.

④ 업무 관계의 지속성을 마련하며 부서 간에 끊임없는 직원의 이동을 피한다.

2. 갈등

조직이나 인간관계에서 피할 수 없는 요소 중 하나가 갈등이다. 갈등은 다양하게 발생하면서 예측이 불가한 경우가 많기 때문에 조직이나 인간관계에서 갈등을 최소화하는 노력이 무엇보다도 중요하다고 할 수 있다. 갈등의 발생 원인과 특성,

형태 등 갈등과 관련된 내용을 다음과 같이 설명하고 있다(장인협 외, 2009: 98~100).

1) 갈등의 정의와 특성

(1) 갈등의 정의

Weber는 관료제에서 발견되는 비겁함이나 어리석음, 탐욕 등과 같은 인간적 결함의 결과로써 갈등을 설명하고 March와 Simon은 갈등을 인간관계의 문제로 보았다.

갈등이 발생하는 관계나 상황이 매우 복잡하고 다양하기 때문에 갈등에 대한 정의 또한 여러 가지로 규정되고 있다. Thomas(1992: 651~717)는 갈등이란 어떤 개인이 관심을 가지고 있는 것에 대하여 다른 사람이 부정적으로 영향을 주거나 영향을 줄 것으로 짐작할 때 일어나는 과정이라고 정의하였고, Miles는 갈등이란 어떤 개인이나 집단의 목표 지향적 행동이나 기대가 다른 집단구성원에 의해서 좌절되거나 방해받게 될 때 나타나는 상태라고 정의하고 있다.

그리고 Stooner는 조직관리 측면에서 갈등이란 최소자원이나 작업 활동을 배분하게 될 때와 목표, 가치, 인지 등의 차이가 존재할 때 둘 이상의 개인이나 집단 내에서 일어나는 대립적 작용으로 정의 내렸다. 따라서 조직 내에 있어서 갈등이란 희소자원이나 업무의 불균형적 배분 또는 처지, 목표, 가치, 인지 등에 있어서 차이와 같은 원인과 조건으로 인해서 개인, 집단, 조직의 심리, 행동 또는 그 주변에서 일어나는 대립적 교환 작용이라고 정의하고 있다.

또한 조직은 완전한 갈등상태나 완전한 평화 상태로 존재하는 것이 아니라 이 두 가지 상태를 연결하는 연속선상의 어느 점에 있다고 볼 수 있다.

조직 내의 논쟁, 긴장, 갈등은 복잡한 조직을 관리해 나가는 과정에서 발생한다. 갈등은 항상 부정적인 것은 아니지만 만일 조직이 일정한 한도 내에서 그것을 통제하지 못하면 조직의 쇠퇴를 초래할 수 있다. <그림 4-3>은 갈등의 연속체에 대해 설명한다.

〈그림 4-3〉 갈등의 연속체(Ackoff)

<그림 4-3>에서 나타난 협동이란 갈등과 대조적 양상으로서 개개 구성원이 조직화되고 협조적이고 질서 있게 문제를 해결해 나아가는 상태이다. 협동은 조직이 목표를 달성해 나가는 노력에 기능적으로 작용한다.

선용이란 일부 부서나 기관의 특정 과업 수행에서 협동을 취하지만 다른 부서와 기관보다는 한쪽에 더 많은 이익이나 가치를 주는 상태이다.

경쟁이란 규칙을 갖는 갈등이다. 이 경우 규칙의 목적은 갈등을 기능적 틀 속에서 유지하는 데 있다. 관리자는 조직의 이익을 위해 경쟁하는 상황에서 갈등을 잘 관리하여야 한다.

조직의 갈등은 해결 기재가 작용하는 한 기능적인 것이 될 것이고, 만약 해결 기재가 와해 되면 그 이후의 갈등은 역기능이 될 것이다.

악용은 구성원들에게 언제나 불공평한 결과를 주어서 결과적으로 조직의 쇠퇴를 초래하기 때문에 역기능적이다.

(2) 갈등의 특성

조직에서 나타나는 갈등의 형태를 분석하면 보편적으로 다음과 같이 갈등의 특성을 네 가지로 나누어 볼 수 있다.

① 갈등은 갈등의 주체인 개인 · 집단 · 조직 사이에서 발생하는 현상이다.

즉, 갈등은 개인과 개인 · 개인과 집단 · 개인과 조직 · 집단과 집단, 집단과 조직 · 조직과 조직 사이에서 일어난다.

② 갈등은 개인 · 집단 · 조직의 심리나 행동 또는 그 주변에서 일어난다. 갈등은 대립적 행동이 노출되지 않더라도 주체가 불안 · 긴장 · 적개심 등을 느끼게 되면 그것이 적극적 행위이냐 소극적 행위의 차이가 있을 뿐 갈등은 이미 존재하고 있는 것이다.

③ 갈등은 '갈등 원인의 형성 → 갈등 원인의 지각 → 심리적 대립 감정의 형성 → 대립적 행동의 표면화'로 연결되는 일련의 진행단계로 이루어지는 동태적 과정이다. 이러한 진행 과정은 끝까지 진행되지 않고 어느 한 단계에서 중단될 수도 있다.

④ 갈등 발생에는 반드시 그 원인과 조건이 수반된다.

그리고 조직의 목표 구성요소는 갈등 발생의 잠재성을 지니고 있다고 할 수 있다. 이와 같은 갈등은 그 관리에 대한 인식의 변화를 하고 있음을 알 수 있다.

과거의 전통적 관점에서 갈등은 조직관리의 잘못이나 불화 조장자들에 의하여 조직을 저해하거나 목표 달성을 방해하는 것이라고 보았다. 즉, 갈등은 불필요한 것이며 해로운 것으로 보고 행정책임자들은 갈등 상황을 제거해야 한다고 보았다. 그러나 현대적 관점에서는 조직 내에서 갈등은 피할 수 없는 것이며 때로는 조직관리에 필요한 것으로 보는 것이다.

갈등은 관리하기에 따라 순기능과 역기능으로 구분이 가능한데 갈등은 조직의 목표 달성에 방해가 되고 다른 하나는 조직의 혁신과 변화의 수단이 된다고 본다. 따라서 행정책임자는 무조건 갈등을 억제하거나 제거하여서는 안 되며 그 해로운 점은 최소한 줄이고 이로운 점은 최대한 활용하여 조직의 목표 달성에 적절히 이용하는 지혜가 필요하다.

2) 갈등의 발생원인

집단 간의 갈등은 그 갈등의 정도에 따라 조직에 긍정적 요인이 되기도 하고 부정적 요인이 되기도 한다. 지나친 갈등은 조직에 부정적인 저해 요인이 되지만 적절한 갈등은 조직구성원에게 최선의 행동을 유발하게 한다.

조직을 구성하고 운영하는 모든 요소는 갈등 요인이 될 수 있으며 이들 요인은 갈등이 일어날 수 있는 조건이 갖추어졌을 때 발생한다. 기관구성 및 운영에 있어서 중요한 요소는 기관 목표, 기관 직원의 특성, 기관의 규모, 의사결정에의 참여 정도, 의사전달, 직무 분담, 사회의 상호작용, 보상제도 등을 들 수 있으며 이들 요소가 갈등의 요인이 된다.

이와 같은 요소들이 다음과 같은 경우에는 갈등을 초래할 수 있다.

(1) 목표 차이

조직 내의 개인 또는 부서는 각자가 추구하고자 하는 목표나 이해관계가 서로 다를 때 갈등을 발생시킨다. 특히 어떤 특수사업을 하기 위해 예산, 인원을 확보하려고 부서 간의 경쟁을 하다가 상호이해가 상반될 때 갈등이 발생한다.

(2) 조직의 분화

사회가 세분화되고 복잡하게 됨에 따라 조직도 구조적 분화가 심화되고 전문화 현상이 일어나 단위마다 전문성을 주장함으로써 조직 내의 긴장과 갈등이 일어난다.

(3) 기대의 차이

조직 내의 개인 또는 부서 간에는 상호 어떠한 역할을 기대하는데 그 역할 기대가 충족되지 못하는 경우 갈등이 발생한다. 예를 들면, A라는 사회복지사가 클라이언트의 상담을 잘 처리할 것으로 기대하였는데 그 역할을 수행하는 것이 미흡하여 B라는 사회복지사가 담당해야 할 경우 B는 업무가 과중되어 갈등을 나타내게 되는 것이다.

(4) 인지의 차이

의사결정과정에서 의사결정자 간의 어떤 사실에 대한 인지의 차이가 있으면 갈등이 발생하기 쉽다. 인지의 차이가 일어나는 원인을 의사결정자의 가치관, 사물을 보는 관점이 제각기 다른 데서 비롯된다고 할 수 있다.

(5) 의사전달의 왜곡

의사전달 과정에서 매체의 사용상에 문제가 있거나 피전달자의 가치판단의 차이로 전달하고자 하는 내용의 해석 및 수용이 어려운 경우가 있다. 즉, 의사전달에 있어서 장애요인이 발생하여 전달자와 피전달자 간에 오해가 유발하게 되고 이로 인하여 갈등이 발생하게 된다.

(6) 가치의 차이

조직 내의 직원들이 세대 간의 의식구조와 행동 및 사회적, 문화적 가치 규범에 심한 차이가 있을 때 갈등이 발생하기도 한다.

(7) 정보의 부재

관리층에서 최선의 대안을 선택하는 의사결정을 하고자 할 때, 그 대안이 만족할 만한 정보가 되지 못하거나 어느 대안이 우수한 것인지를 비교할 수 없는 경우 또는 각 대안이 초래할 결과를 알지 못할 경우 곤란을 겪게 되고 자연 갈등이 발생하게 된다.

(8) 지위 신분상의 불일치

지위 신분상의 계층에 변화가 일어났을 때 갈등이 촉진되며 지위 신분의 차원에는 근속연수, 나이, 교육 수준, 급여 수준 등이 포함된다.

3) 갈등의 형태

사회복지조직 내에서는 갈등의 양상이 관념적 갈등, 구조적 갈등, 기능적 갈등 그리고 서비스 영역 갈등으로 나타난다.

(1) 관념적 갈등

조직이 수행하겠다고 내세운 목표와 현재 수행하는 목표 사이에 갈등이 있는 경우 즉 조직에서 이상, 가치, 신념 등이 흔히 긴장을 유발한다.

예를 들면, 성인에게 의료서비스를 제공하는 경우 몇 세까지 할 것인가, 성인들 모두를 대상으로 할 것인가, 혹은 빈민층의 성인들만을 대상으로 할 것인가 등의 선택을 놓고 갈등이 생긴다.

(2) 구조적 갈등

조직은 구성원들과 이들의 작업을 통제하기 위한 구조적 기제를 갖추어 조화, 일치, 질서를 요구하는 반면, 개개 구성원은 자유, 선택권 등을 요구하는 가운데 갈등이 유발된다.

(3) 기능적 갈등

조직 내 다양한 하위단위들 사이의 기능적 분화가 갈등을 일으키는데 조직은 어떤 공통적 목적을 달성하기 위하여 상호 관계하는 여러 부서들을 만들고 이들이 서로 조화를 이루고 협동하기도 하지만 권력관계 등으로 서로 갈등을 가지기도 한다.

(4) 서비스 영역 갈등

사회복지 조직에서 일반적으로 볼 수 있는 갈등 영역은 서비스, 클라이언트, 자원 등의 관할권과 관계된 것들이 포함되는데 보통 권리-의무관계로 인한 다툼이라고 볼 수 있다.

4) 갈등관리의 방법

조직의 갈등과 긴장은 언제나 부정적이거나 파괴적인 것이 아니다 오히려 조직의 갈등은 복잡한 서비스 전달체계에서 에너지와 잠재력을 관리하고 조화를 이루는 순기능적 요소도 있다.

Boulding은 갈등관리의 방법으로 ① 서로 화해하는 것, ② 다른 가치관과 의견을 가지면서도 조금 더 이익을 확보하기 위해 타협하는 것, ③ 관련된 집단 이외의 제3의 집단에 의해 판정을 받는 것의 세 가지를 제시하고 있지만, 보통 일반적으로 다음과 같은 방법으로 조직 내에서 발생한 갈등을 관리하고 있다.

(1) 갈등 예방 방법

갈등이 아직 발생하지 않았지만 앞으로 가능성이 있는 역기능적 갈등을 예방 차원에서 방지하는 것이 바람직하다.

그 구체적 방법은 갈등의 원인을 기본적으로 진단하는 것이 선결되어야 하는데, 그 방법으로는 ① 조직의 구성원 해야 할 현실적이고 특정한 작업 목표와 그 방법을 규정한 종합적인 직무 담당일지를 작성하여 활용한다. ② 조직의 모든 수준에서 의사결정이 이루어지고 이해되도록 한다. ③ 운영방침, 절차, 규정 등을 정형화한다. ④ 운영방침과 집행과정이 충분한 동의하에 이루어지도록 하여 갈등 발생의 가능성을 감소시킨다.

(2) 갈등 적응 방법

이는 이미 발생한 역기능적 갈등을 완화 내지 제거하여 또는 여기에 구성원을 적응시키면서 갈등을 해소하는 것이다. 그 방법으로는 ① 갈등 있는 구성원이 공동의 노력으로 갈등의 원인이 되는 문제를 해결하는 것, ② 상위목표의 설정, ③ 자원의 증대, ④ 상사의 명령, ⑤ 협상, ⑥ 표결, ⑦ 인사교류, ⑧ 업무 배분, ⑨ 건설적으로 갈등을 관리할 수 있는 기구의 신설 및 통합 등 구조적 요인의 변경, ⑩ 갈등 중재 및 해결 방법을 교육시켜 갈등 당사자의 태도 개선 등을 들 수 있다.

(3) 갈등 조장 방법

이는 갈등의 순기능적 작용을 인정하여 조직의 무기력을 해소하고 창의와 쇄신 및 집단 결합을 증진시키기 위해서 순기능적인 갈등을 적절히 조성하여 조직에 이익이 되도록 하는 것이다.

갈등 조장 방법으로는 ① 의사전달의 통로를 변경하여 갈등을 촉진 및 조장, ② 구성원들의 의견을 피력할 수 있는 토론의 장을 마련, ③ 경쟁적인 환경을 조성, ④ 구성원들 간의 경쟁을 조장하는 분위기 활성화, ⑤ 조직구조의 변경이나 기능적 부서의 확대, ⑥ 외부 집단의 도전이나 위협을 느끼도록 유도하는 충격 요법 진행, ⑦ 이질적인 구성원들을 조직에 유입시키는 인사의 재배치 등이 있다.

제 3 절 슈퍼비전

1. 슈퍼비전의 개념

슈퍼비전(supervision)이라는 말의 어원은 "위에서 내려다 보다." "감독하다." "통제하다."인데, 사회복지에서 사용되는 슈퍼비전은 '어떤 상급자와 하급자와의 관계에서 상급자가 감독하고 지도한다.'는 것을 뜻한다. 즉, 본래 어원의 의미보다는 약한 의미를 가진다고 할 수 있다.

슈퍼비전을 주는 사람인 슈퍼바이저(supervisor)의 역할은 주로 슈퍼비전을 받는 상대방(supervisee)을 지지하고 용기를 주고 정보를 제공하고 상대방의 말을 듣는 것이다(Skidmore, 1990: 206).

사회복지의 핵심적 활동인 사회복지 전문직(profession of social work)에 있어서 슈퍼비전은 사회복지조직에서의 구성원이 서비스를 효과적이고 효율적으로 전달하기 위하여 지식과 기술을 잘 사용할 수 있도록 도움을 주는 활동이라고 할 수 있다.

이와 같은 슈퍼비전은 잘 훈련되고 경험이 많으며 능력과 전문지식, 기술을 갖추고 있으면서 전문직업적 태도를 가진 사람이 경험과 지식과 기술이 부족한 사람들에게 도움을 줄 수 있다는 전제하에서 이루어진다.

2. 슈퍼비전의 목적

슈퍼비전의 목적은 교육 기능, 행정기능 그리고 업무 촉진적 기능을 수행하여 슈퍼바이저와 하급 사회복지사의 상호작용을 통하여 하급 사회복지사의 능력을 개발하는 데 목적이 있다.

즉, 교육 기능으로 사회복지사의 지식과 기술의 향상을 도모하고 행정기능으로 기관의 규정과 절차에 맞는 서비스를 제공하도록 하는 것이며, 그리고 업무 촉진 기능으로 사회복지사의 개별적 욕구에 관심을 두며 사회복지사의 동기와 사기를 진작시키며 불만족과 좌절을 해결하여 업무 만족을 높이는 것이다.

3. 슈퍼비전의 기능

슈퍼비전에는 여러 가지의 기능이 있지만 주로 다음과 같은 세 가지의 기능을 필요로 한다(Skidmore, 1990: 206~207).

1) 교수적 기능

슈퍼비전은 다른 사람에게 가르쳐 주는 것, 즉 교수를 주요 기능의 하나로 하고 있다. 교수 기능의 목적은 상대방에게 전문직업적 태도를 확립하고 지식과 기술을 이해시키고 증진시키는 것을 목표로 하고 있다. 일반적으로 사람은 실행함으로써 배우게 되는데 슈퍼비전을 받는 사람이 실제로 행한 일에 있어서 잘된 것과 어려웠던 것을 슈퍼바이저와 같이 토론하면서 배우게 된다.

교수 내용에서 포함되어야 할 사항은 ① 사회복지 철학과 역사 및 기관의 정책, ② 사회복지 지식과 기술, ③ 자기 인식, ④ 기관 내외의 가용자원, ⑤ 서비스의 우선순위와 시간 관리를 포함하는 것이 바람직하다(Watson, 1973: 81).

2) 행정적 기능

슈퍼바이저는 행정적으로 하급자에게 지시하고 그들을 지도하며 업무의 질과 양에 있어서 통일성과 효율성을 기하기 위하여 봉급, 승진, 사례, 할당, 위원회의 약속 등을 포함하는 행정적인 일을 돕는 역할을 한다. 행정기능에는 ① 의사 전달체계 연결, ② 직무수행의 책임성, ③ 사업프로그램 평가, ④ 사례의 배당 및 업무 분담, ⑤ 정서적인 지시, ⑥ 각 구성원의 경험과 이용에 관한 것이 포함된다.

3) 업무 촉진적 기능

슈퍼바이저는 하급자들이 사회복지서비스 전달 업무에 있어서 맡겨진 일을 스스로 노력하여 잘 감당할 수 있도록 장애 요소나 방해 요소를 제거해 주고 용기를 주고 지지해주는 역할, 즉 업무 촉진자의 역할을 한다. 슈퍼바이저는 하급자를 앞에서 이끌어가는 것이 아니라 하급자가 스스로 할 수 있도록 옆에서 도와주는 역할을 해야 한다.

4. 슈퍼바이저의 역할

슈퍼바이저의 역할은 행정적 기능 · 교육적 기능 · 지지적 기능으로 나타낼 수 있다(김형식 외, 2013: 222~223; 김성옥 외, 2012: 185).

1) 행정적 기능

슈퍼바이저의 행정적 기능은 하급자가 기관의 정책이나 과정, 규정을 잘 지키는지를 감독하며 이에 대한 이해를 돕는 역할이다. 그 내용은 ① 직원의 채용과 선발, ② 사회복지사의 임명과 배치, ③ 업무 계획, ④ 업무 지시, ⑤ 업무에 따른 모니터링, ⑥ 업무위임, ⑦ 의사소통 기술, ⑧ 업무 협조, ⑨ 변화대행자로서 슈퍼바이저, ⑩ 행정상급자로서 슈퍼바이저 등이 있다.

2) 교육적 기능

슈퍼바이저의 교육적 기능은 직접 서비스를 제공하는 일선 사회복지사에게 전문적인 지식과 기술을 증진 시키는 역할로 전통적인 교육 기능을 강조한다. 그 내용은 ① 교수, ② 훈련, ③ 학습 촉진, ④ 정보기능, ⑤ 경험과 지식의 공유, ⑥ 안내, ⑦ 명확화, ⑧ 조언, ⑨ 제안, ⑩ 전문성 성장을 제고, ⑪ 문제해결 방법을 찾도록 사회복지사를 원조하는 것 등이다.

3) 지지적 기능

슈퍼바이저의 지지적 기능은 상담자로서 역할이다. 이 기능은 사회복지사에게 스스로 업무를 할 수 있도록 용기를 주고 지지해주는 역할을 한다.

클라이언트의 문제로 인해 감정적으로 소진(Burnout)된 사회복지사에게 사회적 지지를 제공하는 역할을 하여 사기를 진작시키고 좌절과 불만에 대해 도움을 제공하며 전문가로서의 가치를 느끼고 기관에 대한 소속감과 직무수행에 있어 안정감을 갖도록 한다.

그 내용은 ① 스트레스 유발 상황의 방지, ② 사회복지사의 스트레스 해소, ③ 사회복지사의 스트레스 대처 원조, ④ 결정에 대한 책임 공유, ⑤ 사회복지사의 신뢰 형성, ⑥ 업무 관련 긴장 완화, ⑦ 동료를 위한 지지 제공 등이다.

슈퍼바이저로서 이러한 역할 간의 긴장이나 갈등이 일어날 수 있으며, 특정한 역할 즉 행정적인 역할에만 치중하다 보면 경직성이 생긴다는 문제가 발생할 수도 있다.

5. 슈퍼비전의 모형

슈퍼비전은 관여자 형태, 상황관찰 여부, 형식구비 여부, 기술 수준, 목표설정 여부, 장소 여건 등의 기준에 따라 여러 가지 모델로 구분될 수 있지만 실제로 슈퍼비전의 모형을 구분한 것을 보면 뚜렷한 기준이 없다.

여기에서는 다양한 모형 중 개인 · 집단 · 직접 · 간접 · 공식적 · 비공식적 그리고 자원봉사자에 대한 슈퍼비전 모형을 살펴보고자 한다.

1) 개인 슈퍼비전 모형

전통적인 모형으로 슈퍼바이저 1인과 하급 사회복지사 1인의 관계로 이루어지는 것과 특별히 슈퍼바이저 없이 비슷한 수준의 사람들이 1대1로 상호 도와주는 경우(tandem supervision)이다. 그러나 슈퍼바이저와 하급 사회복지사가 1대1로 하는 경우의 모형이 가장 보편적이다.

또한 슈퍼바이저와 하급 사회복지사의 1대1의 모형에는 각 사무실 내에 적절한 슈퍼바이저가 없을 때 한 명의 슈퍼바이저가 여러 지역을 방문하여 슈퍼비전을 주는 형태도 있다. 이 경우는 서비스 장소가 지역적으로 분산되어 있고 사회복지조직에서 사회복지 전공 학생에 대한 실습 지도를 하는 상황이다.

이는 사회복지사 자격증이 있는 사람이 실습 지도를 하는 경우는 실습기관에 실습을 지도하는 과업 슈퍼바이저(task supervisor)를 정하고 학교의 교수가 공동 슈퍼바이저로 되어 과업 슈퍼바이저와 실습생과의 관계를 조정하고 실습에서 학습경험을 하도록 지도할 수 있다(Skidmore, 1983: 219~230). 특히 슈퍼바이저와 하급 사회복지사의 1대1 모형에서는 계속 같은 슈퍼바이저와 하급 사회복지사가 개별화된 상황에서 보다 많은 토의시간을 가질 수 있어 초보자에게 크게 도움이 될 수 있는 모형이다.

2) 집단 슈퍼비전 모형

집단 슈퍼비전 모형은 1대 다수의 관계로 한 명의 슈퍼바이저가 여러 명의 하급 사회복지사를 지도하는 경우와 슈퍼바이저 없이 지식과 기술 수준이 비슷한 사람들끼리 서로 경험을 나누고 도와주는 경우의 동료 집단형이 있다.

1대 다수형에 있어서는 하급 사회복지사들이 상급자로부터 슈퍼비전을 받는 것 외에 다른 사람들의 경험에서 많은 것을 배울 수 있고 1대1의 관계에서 발생할 수 있는 슈퍼바이저의 성격적 영향을 줄일 수 있다.

또한 슈퍼바이저의 생각을 일방적으로 받아들이도록 강요되는 경우도 피할 수 있는 장점이 있다. 그리고 동료집단형이 이루어지려면 하급 사회복지사들의 전문적 지식과 기술 수준이 비슷해야 한다. 이러한 동료집단형은 각자 자신의 사례에 대한 기본적인 책임을 지고 다른 사람들이 의견을 제시하고 자기의 경험을 이야기하는 식으로 이루어져야 한다.

여기에는 장·단점이 따르는데, 참여자들이 서로의 문제에 더욱 많은 관심을 가지고 민감하게 반응을 보인다는 장점이 있으나, 이들의 경험이 부족하고 지식과 기술 수준이 낮아 각자의 문제에 대한 해답을 잘 찾을 수 없다는 것이 단점이다(Skidmore, 1983: 217).

3) 직접 슈퍼비전 모형

직접 슈퍼비전 모형은 슈퍼바이저가 하급 사회복지사가 행하는 것을 직접 관찰하면서 필요하면 즉시 슈퍼비전을 주는 방법이다. 이 방법에서는 슈퍼바이저는 1명 또는 2명 이상일 수 있으며 주로 슈퍼바이저는 폐쇄회로 모니터나 일면경을 통하여 슈퍼비전을 한다.

4) 간접 슈퍼비전 모형

간접 슈퍼비전 모형은 슈퍼바이저가 하급 사회복지사가 실제로 무엇을 어떻게 하는지를 관찰할 수 없는 경우에 하급 사회복지사가 행한 것을 설명 듣거나 기술한 기록을 읽거나, 또는 역할 의견기록이나 모의실험을 통하여 슈퍼비전을 주는 방법이다.

5) 공식적 슈퍼비전 모형

공식적 슈퍼비전 모형은 하급 사회복지사가 슈퍼바이저에게 공식적으로 책임을 느끼면서 다음의 세 가지 조건에서 이루어지는 것이다. ① 행정적인 의미에서 적절한 준비, 정기적 성격, 시간제한, 기록, 요점의 토의, 구체적 행동의 수행 등과 같은 구조를 갖추고 ② 분명한 목적과 목표가 있고 ③ 슈퍼비전이 주어질 수 있는 조직적 여건하에서 특정 장소에서 이루어지면 공식적 슈퍼비전이라 할 수 있다.

6) 비공식적 슈퍼비전 모형

비공식적 슈퍼비전 모형은 사전에 시간 제약과 토의할 사항에 대한 준비 없이 이루어지는 모형이다. 여기서는 요점이나 문제 되는 것이 깊이 있게 충분히 토의될 수 없고 토의내용이 기록되지 않는다. 이와 같은 슈퍼비전 모형은 가장 바람직하지 못한 형태의 슈퍼비전이다. 이러한 모형은 하급 사회복지사가 위기 상황에서 즉각적인 지지를 원할 경우 도움이 될 수 있지만, 전반적으로 준비가 안 된 상태에서 슈퍼바이저도 슈퍼비전을 받는 사람도 만족할 수 없는 경우가 대부분이다.

7) 자원봉사자에 대한 슈퍼비전 모형

자원봉사자들은 대부분의 경우 단지 누구를 돕겠다는 봉사 정신을 가지고 상식적인 수준에서 사회복지서비스 전달에 참여하고 있다. 그런데 이들에 대한 전반적인 교육도 필요하지만, 무엇보다도 중요한 것은 그들에게 남을 돕는 일은 단순한 봉사 정신과 상식만으로는 만족을 볼 수 없고 효과성을 달성할 수 없다는 것과 전문가로부터 훈련과 지도를 받을 필요가 있다는 것을 깨달을 수 있도록 지도하여야 한다.

자원봉사자들에게도 사회복지 전문가와 같은 정도의 지식과 기술을 훈련시키고 그러한 수준에 도달하기를 바라기는 어렵지만, 사회복지 조직의 사회복지 전문가와 자원봉사자와의 관계도 사회복지조직 내에서의 슈퍼바이저와 하급 사회복지사와 같은 전문적 관계를 가질 수 있도록 해야 한다.

따라서 사회복지전문가는 자원봉사자들의 지식과 기술을 향상시키기 위해서 노력해야 하고 자원봉사자도 전문직업적인 태도와 윤리를 지킬 수 있도록 노력해야 한다.

어떤 형태의 슈퍼비전 모형을 택하느냐는 사회복지조직의 사정과 업무의 성격에 따라 차이가 있기 때문에 일률적으로 말하기는 어렵다. 그러나 자원봉사자에 대한 슈퍼비전은 위에서 말한 경우와 같은 1대 1의 관계에 의한 개별 슈퍼비전보다는 1대 다수의 집단 슈퍼비전이나 정기적 사례발표회, 특별교육, 워크숍 등의 기회를 통하여 슈퍼비전을 주는 것이 적합할 것이다(Coulshed, 1990: 140).

CHAPTER

제 5 장 사회복지조직과 환경관리

제 5 장 사회복지조직과 환경관리

사회복지조직의 환경은 매우 중요하다. 사회복지 조직과 지역사회, 즉 외부 환경으로부터 문화적 · 지역사회 규범 등 지속적으로 영향을 받고 상호작용하게 된다. 또한 이 환경은 조직이 존립하기 위한 자원 동원의 원동력이 되므로 사회복지 조직과 환경관리는 매우 중요하다. 따라서 이 환경과 관련하여 과업환경과 일반환경의 내용을 다음과 같이 설명하고 있다(김성옥 외, 2012: 115~118).

제 1 절 과업환경

1. 과업환경(작업환경 · 업무환경)의 개념

과업환경은 조직의 목적 달성과 직접적으로 관련된 요소이다.

2. 과업환경의 종류

1) 재정자원 제공자

재정자원 제공자(resource suppliers)는 복지조직에 재정(기금)을 제공하는 국가(중앙 및 지방정부) · 기업체 · 공동모금 · 개인후원 · 유료 클라이언트를 말한다. 우리나라의 민간 사회복지조직은 대부분 국가 보조에 의존하고 있으며, 재정자원 제공자는 조직에 가장 큰 영향을 미치는 요소이다.

2) 합법성과 권위 제공자

복지조직의 합법성과 권위는 법률(사회보장 관련법)에 의해 부여되고 있으며, 정당성이나 사회적 승인은 그 지역사회나 클라이언트 집단, 전문가집단에 의해서 인정된다. 따라서 이같이 합법성과 정당성의 제공자는 복지조직을 감독·평가하는 기능을 수행하며 예를 들면 정부기관인 보건복지부, 시. 도, 시·군·구청, 지방의회나 전문가협회(한국사회복지협의회와 한국사회복지사협회 등) 시민단체 등이 있다.

3) 클라이언트 제공자

클라이언트 제공자란 클라이언트를 복지조직에 의뢰하는 개인·조직·집단뿐만 아니라 복지조직으로부터 직접 서비스를 받고자 하는 개인·가족을 말한다. 여기에는 정부 기관(경찰, 주민자치센터), 학교 등이 포함된다.

4) 보충적 서비스 제공자

복지조직은 자체 능력의 한계가 있기 때문에, 전문기관(professional associations)인 다른 단체에 보충적 서비스를 의뢰해야 한다. 예를 들어, 알코올 치료나 자폐아 치료 등은 병원에 연계하여 치료받게 해야 한다.

5) 조직산출물을 소비, 인수하는 자

복지조직에서 산출한 것을 소비·인수하는 자로서, 주로 클라이언트, 클라이언트의 가족, 지역사회, 단체, 국가 등이 포함된다.

6) 경쟁 관계에 있는 조직들(competitors)

지역사회의 자원과 클라이언트의 확보를 위해 복지조직과 경쟁하는 다른 조직을 말한다. 재정(기증) 측면에서 본다면 정부나 지역 공동모금 후원회로부터 더 많은 지원을 받기 위해서 사회복지조직은 다른 복지조직과 경쟁 관계에 있다.

제 2 절 일반환경

1. 일반환경의 개념

일반환경은 환경 내의 경제적 · 인구통계학적 · 문화적 · 정치적 · 법적 · 기술적 조건들을 의미한다. 이러한 일반환경은 모든 조직에 영향을 미치고 조직이 가질 수 있는 기회와 선택의 범위를 결정하는 데 영향을 미친다.

2. 일반환경의 종류

1) 경제적 조건

경제적 조건(economic conditions)이란 국가(중앙정부, 지방정부)나 지역사회의 경제 상태를 의미하며, 이는 복지조직에 자원공급량이나 서비스 수요량에 영향을 미친다. 예를 들어, 경제가 성장하거나 호황인 경우에 복지자원(자금) 등의 공급이 증가하고, 불황일 경우나 경기침체가 되면 감소될 위험이 많다(예: 1인당 GDP 등).

2) 사회 · 인구통계학적 조건

사회 · 인구통계학적 조건(demographic conditions)은 연령과 성별분포, 가족구성 형태, 인종, 거주 지역 분포, 사회적 계급 등을 말하는 것으로 이들 조건에 의해 사회의 다양한 문제와 욕구의 차이 등이 나타난다(예. 실업률).

3) 문화적 조건

문화적 조건(cultural conditions)이란 그 사회의 전반적 가치(지배적으로 우세한 가치)를 의미한다. 노동윤리를 중시하는 문화라면 사회복지의 개념은 노동능력이 있는 사람에게는 일을 시키고 그 대가를 지급하는 방식을 택할 것이고, 복지가 국민의 권리로 인정되는(복지권) 문화에서는 노동과 관계없이 대가(금품)를 지급하는 형태를 취할 수 있다.

4) 정치적 · 법적 조건

정치적 조건(political conditions)이란 정부의 정책관심의 소재에 따라 복지조직의 환경이 달라지는 정부의 정책 기조를 의미한다. 성장 우선 정책은 복지가 등한시되고, 복지사회의 건설이 국정 이념이면 복지에 우선적으로 지원하게 됨을 알 수 있다.

법적 조건(legal conditions)이란 국가기관(중앙, 지방정부)에서 만들어 낸 법률, 명령, 규칙 등이 복지조직으로 하여금 활동을 제한한다는 것이다. 예를 들어, 고객 선정 문제는 국민기초생활보장의 경우에서 보면 자활 조성이나 부양의무자 등과 같은 급여 자격에 제한을 두고 있으며, 서비스 인력은 사회복지법인의 법정 종사자 규정과 사회복지사자격 규정 등에 두고 장소는 사회복지관이나 사회복지시설의 평가 규정에 제한을 두고 있다.

5) 기술적 조건

사회복지조직은 자신이 할 수 없는 분야에 대해서는 다른 조직이나 지역사회, 국가 등의 도움을 받아야 한다. 정신건강 분야에서 신경안정제는 정신질환자를 도와 복지시설에서 떠나도록 도움을 주고, 컴퓨터와 IT산업의 기술 발달은 복지조직에서의 정보관리체계의 중요성을 일깨우게 하였으며 자폐아에 대한 행동수정 이론은 복지조직에서 보호 수용하는 대신 치료와 회복을 가능케 하였다.

〈표 5-1〉 복지조직의 환경요소

환경요소	세부조건	환경요소의 특징
과업환경 (업무환경)	① 재정자원의 제공자 ② 합법성과 권한 제공자(인허가기관) ③ 클라이언트 및 클라이언트 제공자 ④ 보충적 서비스 제공자 ⑤ 조직의 산출물을 소비 인수하는 자 ⑥ 복지조직과 경쟁하는 조직들	. 과업환경은 일반환경에 의해 영향을 받음 . 과업환경은 복지조직에 영향을 미치기도 하지만 복지조직에 의해 영향을 받기도 함(복지조직이 변경시킬 수 있는 환경임).
일반환경	① 경제적 조건 ② 사회인구 · 통계학적 조건 ③ 문화적 조건 ④ 정치적 · 법적 조건 ⑤ 기술적 조건	. 일반환경의 조건들은 모든 조직에 영향을 미치며 조직이 변경시킬 수 없는 주어진 조건임

출처 : 김성옥 외(2012: 114)

이를 정리하자면 사회복지조직의 환경은 일반환경과 과업환경이 함께 상호작용하면서 서로 영향을 주고 있다.

〈그림 5-1〉 사회복지조직의 환경

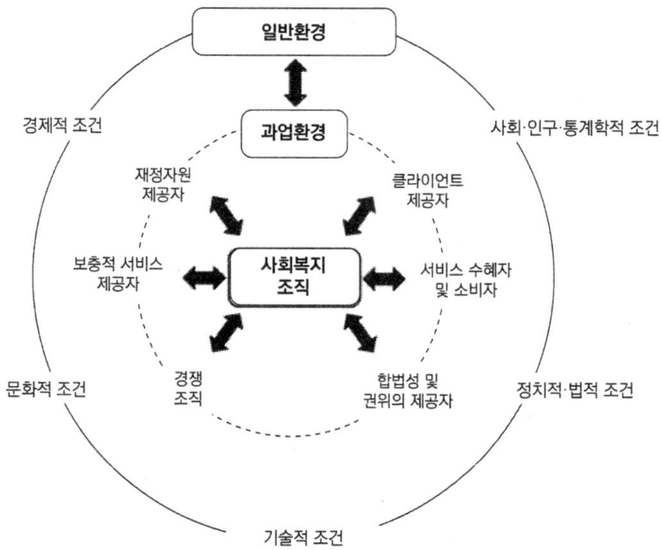

출처: 신복기 · 박경일 · 이명현(2010: 160)

제 3 절 사회복지조직의 환경관리 전략

1. 환경관리의 필요성

사회복지조직은 외부 환경에 많은 영향을 받는데, 수동적으로 종속될 것이 아니라 적극적으로 외부 환경을 변화시켜 나가고 관리되어야 한다. 이러한 측면에서 환경관리는 매우 중요하며 환경을 관리하기 위한 방법, 즉 전략들에 대해 살펴볼 필요가 있다.

사회복지조직의 가치 실현과 목표 달성을 위해 종속영향을 최대한 줄여나가기 위한 환경관리 전략이 필요하다.

조직의 환경 관계에서 종속을 강화시키는 조건과 상쇄시키는 조건이 있는데, 조직은 종속강화조건을 약화시키는 방향으로, 종속상쇄조건은 강화하도록 전략적 노력을 해야 한다. 종속강화조건과 상쇄조건은 <표 5-2>와 같다(김성옥 외, 2012: 118~119).

〈표 5-2〉 종속강화조건과 상쇄조건

구분	종속강화조건	종속상쇄조건
자율성 측면	- 외부 환경에서의 정책적 강요가 있는 경우	- 외부 환경에 의해 허용된 자유나 정보가 있는 경우
	- 복지조직의 서비스 사용에 대하여 외부 환경에서 재량권 행사를 하는 경우	- 복지조직이 주요 자원을 소유한 경우
능력 측면	- 복지조직의 서비스 사용에 대하여 외부 환경의 서비스가 크게 필요한 경우	- 대체 가능한 서비스를 이용할 수 있는 경우
목표 측면	- 복지조직의 목표를 외부 환경에서 인가하는 경우	- 자체승인(정당성)을 받을 수 있는 이념을 개발하는 경우
대안에 대한 정보 측면	- 복지조직의 대안에 대해서 정보가 정확하지 않은 경우	- 대안에 대해서 정확하고 효과적 정보를 보유한 경우

출처 : 김성옥 외(2012: 119)

2. 환경관리의 전략

사회복지조직이 환경에 대한 종속관계를 극복할 수 있는 전략은 다음과 같다(사회복지교육연수센터, 2016: 352~353).

1) 권위주의 전략

조직이 자금과 권위를 충분히 획득할 경우 다른 조직 간의 교환 관례와 조건들에서 유리한 위치에서 권력을 사용하여 다른 조직의 행동을 이끌고 명령을 내리는 전략이 권위주의 전략이다.

이러한 전략을 위해서는 다른 조직을 감시하고 명령할 수 있는 능력이 필요한데, 자금과 권위를 관리하는 정부 기관들이 이러한 전략을 자주 사용할 수 있다.

권위를 사용하는 것은 조직의 자율성에 영향을 미치지 않고도 외부 조직이 교환조건에 충족하도록 할 수 있으므로 매우 효과적이지만, 이러한 전략을 사용할 수 있는 조직은 이미 우세한 권력관계를 유지할 수 있고 명령 순응에 대한 감시 비용이 들고 형식적 순응에 그칠 수도 있다.

2) 경쟁적 전략

다른 조직들과 경쟁하여 세력을 증가시켜 서비스의 질과 절차, 행정절차 등을 매력적으로 만드는 것으로 이와 같은 전략은 조직이 필요로 하는 자원이 환경에 분산되어 있고 세력 균형을 이룰 수 있을 만큼 충분한 내적 자원이 있을 경우 가능하다.

질 높은 서비스와 클라이언트 관리, 친절한 서비스 등으로 경쟁우위를 확보할 수 있으나 잘못할 경우 성공률이 높은 클라이언트만 받아들이는 크리밍 현상과, 성공 가능성이 낮거나 인적자본이 취약한 클라이언트에 대한 거부 경쟁으로 인한 서비스 중복과 자원 낭비 등이 나타날 수도 있다.

3) 협동적 전략

다른 조직들에게 필요한 서비스를 제공하여 상호 불안감을 해소시키고 이에 대한 보답으로 권력을 증가시키는 전략으로 계약·연합·흡수 등 3가지 형태가 있다.

① 계약: 두 조직 간의 지원 혹은 서비스 교환을 통해 협상된 공식적, 비공식적 합의

② 연합: 여러 조직이 사업을 위해 합동하여 자원을 합하는 전략

③ 흡수: 과업환경 내 주요 조직의 대표자들을 조직의 정책 수립기구에 참여시키는 전략

4) 방해 전략

경쟁적 위치에 있는 다른 조직의 활동을 방해하거나 세력을 약화시키는 전략으로 방해 전략을 활용할 수 있는 조건은 과업환경이 정당한 요구를 묵살하거나 방해하려는 경우이며 실패하더라도 손해 볼 것이 없는 경우와 이념적 갈등이 존재하는 경우 등이다.

3. 사회복지조직의 변화

사회복지조직은 미시적으로는 지역사회 내에서 프로그램이나 기술지원 등에 영향을 받지만, 거시적으로는 제도적·정치적으로 영향을 받는다. 이러한 영향에 대해 어떻게 변화되어야 하는지 환경에 대해 이론적 민감성을 가질 필요가 있다. 이러한 변화를 민간부문과 공공부문으로 나누어 보면 다음과 같다(사회복지교육연구센터, 2016: 353~354).

1) 민간부문

① 지역사회 복지 중심으로 탈시설화로 변화되어 지역사회 내의 다양한 자원을 활용하도록 정책적으로 변화되고 있다.

② 보조금 중심은 주로 공급자 위주로 집행되는 경향이 있으나, 복지 다원화로 인해 민영화 또는 경쟁성 강화로 변화되어 클라이언트 중심으로 전환하고 소비자 주권(consumer sovereignty)에 대한 인식이 높아지고 있다.

③ 기관 운영의 투명성 재고에 대한 사회적 요구가 높아지고 있으며 이에 대한 시설 개방화와 윤리경영이 강조되고 있다.

④ 자립 중심의 프로그램 강화와 마케팅, 기업 경영적 관리기법 등이 요구되고 있어 경쟁적 복지조직 운영이 모색되고 있다.

2) 공공부문

① 복지 거버넌스(governance), 즉 정부의 공식적인 업무수행 방식의 변화로 민·관 협력 모델로 변화되고 있다.

② 복지 전달체계 개편을 통해 사회복지 관련 서비스를 통합 관리하고 서비스 누락 및 중복을 방지하는 방안이 시행되고 있다.

③ 사회복지사업법의 개정으로 지역사회복지협의체가 지역사회보장협의체로 변화되면서 지방 분권화의 범위를 복지 전 분야로 확대 시행하고 있다.

4. 변화에 대한 수용과 저항

사회복지조직은 내·외부 환경으로부터 대응하므로, 변화하는 환경적 요구사항들을 수용하는 것은 사회복지 책임성과 밀접한 관계가 있다. 그러나 모든 것을 전부 수용하는 것은 어려울 뿐만 아니라, 저항에 직면하기도 하고, 조직이 외부 환경과 탄력적으로 잘 수용될 경우 더 나은 서비스 질을 도모할 수도 있다(사회복지교육연구센터, 2016: 355).

특히 과거에 어떻게 운영했는지, 변화에 어떻게 대응했는지, 행정 관리자들의 성향에 따라 저항이 있거나 달라질 수도 있다. 또한 투자비용이 많이 매몰되어 있을 경우, 변화에 대한 저항이 높을 수도 있고, 사회적 관계에서 비공식적 인간관계 규범과 일치하지 않을 경우에는 저항이 커질 수도 있다. 그리고 인력, 예산 배분, 권위와 자율성 등에 대한 구조가 바뀔 때 저항이 발생하기도 하며 인간관계의 의사소통 내용에 장애가 발생할 때 저항이 생길 가능성이 높다.

CHAPTER

제 6 장 사회복지서비스 전달체계

제 6 장
사회복지서비스 전달체계

제 1 절 사회복지서비스 전달체계

1. 전달체계의 개념

사회복지서비스의 효과성, 즉 정해진 목표를 달성하는 정도 및 효율성과 경제적으로 목표를 달성하는 정도에 대한 관심이 커짐에 따라서 서비스 전달체계에 대한 논의가 전개되어 있다(서상목 · 최일섭 · 김상균, 1987; 한국사회사업복지대학협의회편, 1989; 손준규, 1992: 32~40).

서비스가 어떠한 근거를 바탕으로 설계 되었으며, 어떤 절차와 방법에 의해서 전달되고 있고, 서비스의 양과 질이 어느 정도이며, 소요 예산이 얼마인지, 또한 전달 과정에서 어떤 점을 개선할 것인지 등 기본적인 문제에 대한 관심이 커진 것이다.

이러한 사회복지 전달체계는 사회복지서비스의 공급자와 소비자를 같이 연결시키는 조직적인 장치라고 할 수 있다.

협의의 개념으로는 서비스를 전달받는 클라이언트와 서비스의 전달자인 사회복지사와의 상호관계를 통해 서비스를 실천 및 전달하는 집행체계를 말한다.

광의의 개념으로는 사회복지 전달 집행체계가 움직이는 데 있어 상부의 행정체계로부터 각종 규제와 재정 지원 및 지도 감독을 받으며 서비스를 전달하는 것을 의미한다.

이를 종합적으로 정리하자면 서비스를 전달하는 사회복지사와 제공받는 클라이언트가 상호관계를 이루며 서비스를 전달하는 집행부와 서비스를 기획, 지시, 지원하는 관리행정체계 전체를 포함하고 있다고 볼 수 있다.

2. 서비스 전달체계의 구분

1) 구조기능적 구분

사회복지 전달체계는 구조기능적으로 행정체계와 집행체계로 구분할 수 있다(성규탁, 1997: 75). 행정체계는 서비스를 기획, 지시, 지원, 관리하는 지원기능을 하며, 집행체계는 서비스 수혜자들과 직접적 대면 관계를 통해 서비스를 전달하는 과정을 말한다.

예를 들어, 공공부조인 기초생활 수급자의 경우 보건복지부, 특별시 · 광역시 · 도, 시 · 군 · 구까지가 행정체계이며, 최종 집행은 읍 · 면 · 동 · 주민센터를 통해 이뤄지므로 읍 · 면 · 동이 집행체계가 된다. 그러나 사회복지서비스의 경우 민간 위탁이 많아, 이 경우는 시 · 군 · 구가 행정체계가 되고 위탁받은 민간복지기관이 집행체계가 된다(사회복지교육연구센터, 2012: 316~317).

〈그림 6-1〉 우리나라 공공 사회복지 전달체계

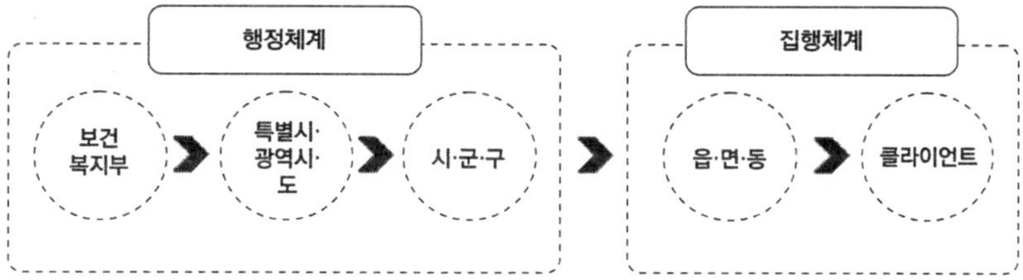

2) 운영 주체별 구분

사회복지서비스 전달체계는 운영 주체에 따라 공공과 민간 전달체계로 나뉘는데, 공공은 주로 공적 전달체계라 하고, 민간은 주로 사적 전달체계로 구분된다.

공공(공적) 전달체계는 중앙정부 및 지방정부 등 공공기관이 직접적으로 운영하며 지도 관리하는 것이고, 민간(사적) 전달체계는 주로 민간기관(복지기관)이 직접 운영하며 관리하는 것이다.

실제 공공에서 민간 위탁으로 하는 복지서비스인 경우, 공공에서는 재원을 지원하고 지도 감독을 하며 서비스는 민간에서 제공되는 형태가 많은데 이러한 운영 주체의 엄격한 구분은 사실상 어렵다고 볼 수 있다(사회복지교육연구센터, 2012: 317).

〈표 6-1〉 공공 전달체계와 민간 전달체계

분류	담당	적용	내용
공공 (공적) 전달체계	정부 또는 공공기관	보건복지부 → 특별시 · 광역시 · 도 → 시 · 군 · 구 → 읍 · 면 · 동 → 클라이언트	재정적인 측면에서는 안정적인 장점이 있으나 관료적이며 지역적 욕구 반영은 다소 부족한 단점이 있다.
민간 (사적) 전달체계	민간 또는 민간단체	사회복지시설 · 개인 · 단체 · 사회복지기관 등	재정적인 측면에서는 취약하나 지역적 욕구 및 사회변화 욕구에 탄력적으로 반응하며, 융통성이 있고 창의적 서비스 개발의 장점이 있다.

출처 : 사회복지교육연구센터(2012: 317)

3) 전달체계의 논리모델 적용

사회복지 전달체계를 투입-전환-산출의 과정에 대입하면 다음과 같다(사회복지교육연구센터, 2010: 361).

첫째, 투입이다.

투입은 서비스를 제공하기 위해 자원을 확보하여 체계 내로 투입하는 과정으로 클라이언트, 자원, 사회복지사(인력) 등의 요소가 필요하다.

둘째, 전환이다.

전환은 서비스를 직접 전달하는 '개입과정'이다.

셋째, 산출이다.

산출은 한마디로 정의하면 '개입의 결과'이다. 이는 곧 프로그램이 전달체계의 산출을 이끌어낸다고 할 수 있다.

〈표 6-2〉 투입-전환-산출의 과정

투입		전환		산출
서비스 제공을 위해 외부로부터 인적·물적 자원을 확보해 서비스 제공기관 내로 도입하는 기능	➔	서비스 개입과정 서비스가 직접 제공되는 과정	➔	계획 대비 효과 개입의 결과 서비스 전달의 목표 달성 결과
① 클라이언트 ② 인적·물적 자원 ③ 전문가		서비스는 클라이언트와 제공자 간의 상호관계속에 전달되므로 라포형성이 중요하다.		산출은 곧 서비스 제공 결과이다. 이를 토대로 평가·분석하게 된다.

제 2 절 전달체계 구축의 원칙

1. 통합성의 원칙

클라이언트의 문제는 매우 복합적이고 상호 연관되어 있기 때문에 이러한 문제의 해결을 위한 서비스들도 서로 연관되어야 한다. 한 클라이언트의 각각 다른 문제들을 해결하기 위한 서비스들이 서로 연결성 없이 제공된다면 클라이언트를 조각으로 분리하는 것과 같다.

서비스가 통합적으로 제공되기 위해서는, 한 행정책임자 아래 서비스들이 제공되고 서비스 제공 장소들이 지리적으로 상호 근접되며 서비스 프로그램 또는 서비스 조직 간에 상호 유기적인 연계와 협조체제가 갖추어져 있어야 한다.

즉, 사회복지서비스 전달체계가 효과적으로 기능하기 위해서는 이용 가능한 모든 인적·물적 자원을 동원하여 조정·통합하는 것이 필요하다.

결과적으로 정리하자면 클라이언트의 문제해결을 위해 필요한 서비스 프로그램들은 서로 연계되어 서비스가 중복되거나 누락되지 않아야 한다.

2. 지속성의 원칙

클라이언트가 필요로 하는 서비스가 1회성이 아닌, 욕구와 문제가 해결될 때까지 서비스는 지속적으로 제공되어야 하며 서비스들은 지역사회 내에서 상호 연계되어야 한다.

클라이언트에게 서비스가 끊이지 않고 지속성의 원칙이 잘 적용되기 위해서는 같은 조직 내의 서비스 프로그램 간의 상호협력이 잘 이루어져야 할 뿐만 아니라 지역사회 내 연계를 통해서도 지속적으로 제공되어야 한다.

3. 접근 용이성의 원칙

사회복지서비스는 문제와 욕구를 해결하기 위해서 누구나 쉽게 서비스를 이용할 수 있어야 한다. 접근 용이성이란 서비스와 그것을 필요로 하는 욕구의 연결 상태가 편리한 곳에 필요한 서비스를 받을 수 있도록 하는 것이다. 클라이언트가 서비스에 접근하는 데는 여러 가지 장애요인이 있을 수 있는데 정보 부족, 사회적 장애, 원거리 또는 교통의 불편 등 지리적 장애, 자신의 문제 노출에 대한 두려움이나 수치심 등 심리적 장애, 자산조사의 엄격한 적용이나 시간이 많이 소요되는 등의 선정 절차상의 장애 등이 있다. 따라서 이러한 장애요인들을 제거하여 서비스 제공에 있어 쉽게 접근할 수 있도록 해야 한다.

4. 전문성의 원칙

사회복지서비스는 전문적인 서비스이므로 사회복지전문가가 담당하여야 한다는 원칙이다. 여기서 전문가는 객관적으로 전문적 자격이 인정된 사람으로 자신의 전문적 업무에 대한 권위와 자율적 결정권 및 책임성을 지닌 사람을 말한다. 즉, 객관적이란, 국가 또는 전문 직업집단에서 시험 또는 기타 자격심사에 통과하여 자격증을 부여받는 것을 의미한다.

사회복지 분야에서 사회복지사, 의사, 간호사, 물리치료사, 작업치료사, 영양사 등의 전문가가 참여하고 있지만, 그 가운데에서 사회복지사가 가장 보편적인 전문가이다. 따라서 사회복지서비스의 효과성과 효율성을 위해서도 전문성의 원칙은 반드시 지켜져야 한다.

5. 책임성의 원칙

사회복지조직은 복지국가가 시민의 권리로 인정한 사회복지서비스를 전달하도록 위임받은 조직이므로 사회복지서비스 전달에 대하여 책임을 져야 한다. 이는 사회복지서비스의 제공과 관련된 모든 절차를 규정에 따라 수행하여야 할 책임이 서비스 제공자에게 주어져 있다는 것이다.

책임을 져야 할 주요 내용은 서비스가 수혜자의 욕구에 적절히 대응하는 것인가, 서비스 전달 절차가 적합한가, 서비스가 효과적이고 효율적인가, 서비스 전달 과정에서의 불평과 불만의 수렴 장치는 적합한가에 대한 것이 논의되어야 한다. 또한 사회복지 조직이 구체적으로 책임을 지는 대상자는 사회나 국가를 대표하는 실체인 중앙정부 및 지방자치단체와 서비스 수혜자, 즉 클라이언트가 되어야 한다.

6. 적절성의 원칙

사회복지서비스는 그 양, 종류 및 질 그리고 제공하는 기간이 클라이언트나 소비자의 욕구 충족과 서비스의 목표 달성에 충분해야 한다. 이러한 적절성의 원칙은 재정 형편상 제대로 지키기 어려운 경우가 많고 그 적절성의 수준에 대해서도 논란이 있을 수 있다.

우리나라에서는 현재까지 대부분의 공공사회복지서비스는 적절성에 크게 미달하였고 그중 상당수는 서비스를 단순히 제공한다는 명목주의적이었다고 할 수 있기 때문에 전달체계의 구축에 있어서 이 점에 유의하여야 한다.

7. 평등성의 원칙

현대 사회는 사회적 변화에 의하여 개인의 경제적 형편에 관계없이 많은 문제가 개인들에게 발생한다. 다양한 사회 문제들에 있어 국가는 사회복지서비스를 이런 모든 사람에게 평등하게 제공하여야 한다. 평등성의 원칙은 기본적으로 클라이언트의 성별, 연령, 소득, 지역, 종교, 지위에 관계없이 모든 국민에게 사회복지서비스를 평등하게 제공하여야 한다는 원칙이다.

8. 포괄성의 원칙

클라이언트에게는 하나의 문제와 하나의 욕구만 있는 것이 아니라 가족 및 지역 사회, 그리고 환경적으로 상호 복합적으로 나타나고 있다. 이러한 복합적이고 다양한 문제를 가진 클라이언트에게 하나의 서비스 제공이 아닌 다각적 접근의 서비스 제공이 필요한 원칙이 포괄성의 원칙이다.

이를 달성하기 위한 방법으로, 일반적 접근방법 · 전문적 접근방법 · 집단적 접근방법 · 사례관리 방법 등 총 네 가지 접근방법이 있다.

① 일반적 접근방법은 한 명의 전문가가 여러 가지 문제를 취급하여 전문성이 떨어지는 단점이 있다.

② 전문적 접근방법은 영역별 전문가가 한 가지 문제별로 접근하는 방법이며 통합조정의 어려움이 있다.

③ 집단적 접근방법은 다수의 전문가가 팀을 구성하여 접근하며 전문가들 사이에 의견이 일치하지 않고 갈등이 있을 수 있다.

④ 사례관리 방법은 한 사람의 전문가가 관리하고 필요한 서비스 제공기관과 연결시켜 주거나 전문가를 연결시켜 주며 지속적으로 관리하는 방법이다.

제 3 절 민간과 공공의 전달체계

민간 전달체계와 공공 전달체계의 현황은 다음과 같다(박종필 외, 2013: 106~112; 김인혁 외, 2012: 125~134).

1. 민간(사적) 전달체계의 현황

민간(사적) 전달체계는 대부분 사회복지정책의 사회복지서비스 분야에 해당한다. 공급 주체에 따라 전달체계가 다소 차이는 있으나 대부분 정부의 재정 지원과 함께 지도 감독을 받고 있다. 민간(사적)복지 전달체계의 현황은 다음과 같다.

민간(사적) 전달체계는 주로 사회복지협의회와 사회복지사협회, 사회복지공동모금회, 사회복지관 협회로 나뉘고 산하 사단법인 또는 재단법인 및 개인 등 개별 법인의 유형으로 분류된다.

① 사회복지협의회는 주로 사회복지 욕구 조사 및 연구 등의 대표적인 복지사업을 실천하고 있으며 각종 사회사업과 복지 활동을 협의 조정하며 사회복지에 대한 국민의 참여를 독려하고 촉진하고 사회복지 증진 및 발전을 도모하고 있다.

② 사회복지사협회는 사회복지에 관한 지식과 기술을 보급하고 사회복지사의 직무능력 향상을 위한 교육 및 훈련을 도모하며 특히 사회복지사들의 권익옹호 및 발전을 위해 활동하는 기관 단체이다.

③ 사회복지공동모금회는 전문 모금 및 배분 기관으로 아동에서 노인에 이르기까지 다양한 분야의 복지사업 모금 및 배분 사업을 통해 민간 복지사업 활성화에 기여하고 있다.

④ 사회복지관 협회는 2015년 6월 현재 전국 446개 기관으로 주민 조직화 및 지역사회와 주민복지를 우선으로 실천하고 있다. 특히, 사회복지관은 지역사회 내에 일정한 시설과 장비를 갖추고 '지역사회복지'를 중심으로 종합적인 복지사업을 수행하는 기관이다. 또한 지역사회 문제해결과 전문적 사회복지서비스를 전달하고 지역사회의 조직화에 기여하여 지역주민의 응집력과 연대감을 높이는 역할을 하고 있다.

이러한 사항들을 다음 <그림 6-2> 사적 사회복지 전달체계의 현황을 참고하면 이해하는 데 도움이 될 수 있다.

⑤ 아동, 청소년, 노인, 장애인, 한부모가정, 다문화가정 그리고 북한 이탈주민에 이르기까지 복지 25법 내의 급속한 사회변화에 따른 복지수요층의 개별법인(종교단체 및 사회복지 법인)과 개인 등이 서비스를 실천하고 있다.

〈그림 6-2〉 사적 사회복지 전달체계의 현황

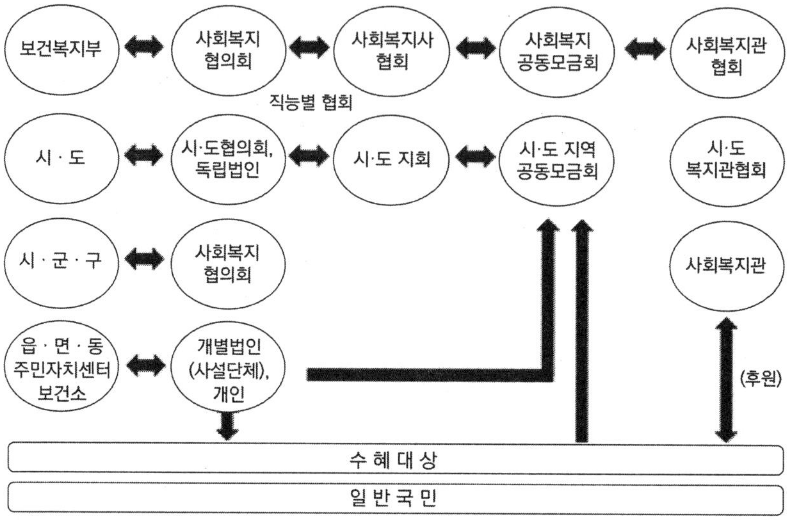

출처: 박종팔 외(2013: 111), 사회복지행정론

2. 공공(공적) 전달체계의 현황

공공(공적) 전달체계는 중앙정부와 지방정부, 그리고 복지 관련 공공기관이 사회복지 전달의 공적 주체이다.

공공 전달체계의 공급 흐름을 살펴보면 <그림 6-3>과 같다.

중앙정부 차원의 공적 전달체계는 사회복지 관련 법령에 근거하여 사회복지정책을 수립 · 결정하고 집행한다. 현재 우리나라는 사회복지 관련 법령에 근거한 사회복지서비스 관련 프로그램은 많이 있으나, 이들은 크게 사회보장정책으로 이루어지며 사회복지정책은 사회보험, 공공부조, 사회복지서비스(social service)로 구분할 수 있다.

이들 서비스의 전달체계는 보건복지부, 문화체육관광부, 행정자치부, 교육부, 국방부, 고용노동부 등 다양하게 분산되어 있으며 그 가운데서 사회복지서비스와 밀접한 관계가 있는 부처는 보건복지부와 지방자치단체이다.

〈그림 6-3〉 공적 전달체계의 사회복지제도별 흐름도

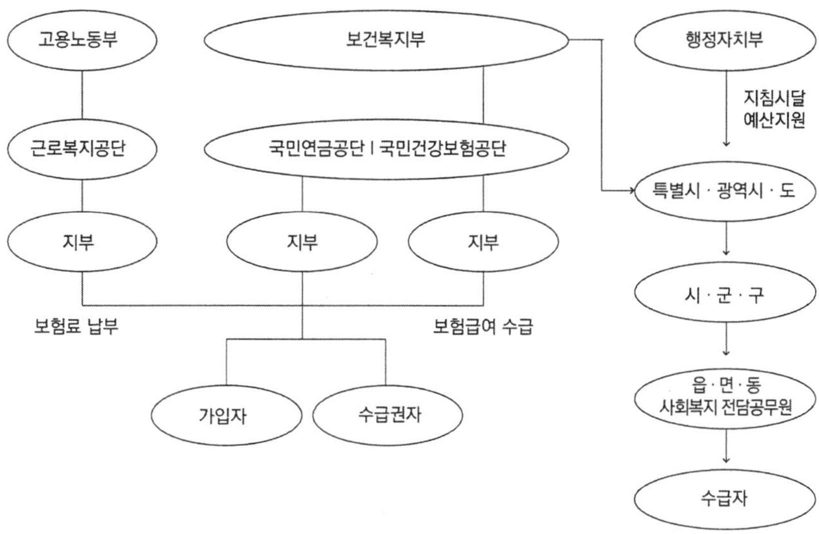

출처: 박종팔 외(2013: 106), 사회복지행정론

보건복지부는 국가의 복지정책을 수립하고 조정하는 기능을 수행하는 부서로서, 행정 조직도는 장관과 차관 산하에 기획조정실, 보건의료정책실, 사회복지정책실, 인구정책실 등을 두고 있다. 그 가운데서 복지정책과 밀접한 관련이 있는 곳은 보건의료 정책실과 사회복지정책실, 인구정책실 등이다.

우리나라 지방정부는 크게 광역지방자치단체인 특별시 · 광역시 · 도와 기초 자치단체인 시 · 군 · 구로 나누어져 지방자치를 실시하고 있다. 지방자치단체는 지방선거를 통하여 선출된 대표가 지역적 특성을 고려하고 지역주민의 의사를 대변하여 지방정부의 정책을 수립하고 이를 집행하는 구조를 가지고 있다. 지방정부는 국가로부터 위임받은 국가 사무와 지방정부 고유의 지방사무를 수행하게 되는데 사회복지정책과 그 집행 역시 이러한 입장에서 지역주민인 수혜자에게 복지서비스가 전달되도록 하고 있다(김인혁 외 6인, 2012).

제4절 민간과 공공의 역할 분담

각각의 역할 분담에 대해 민간, 공공의 중앙정부와 지방정부로 나누고 왜 영역별로 필요한지에 대한 내용을 다음과 같이 설명하고 있다(사회복지교육연구센터, 2012: 323~328; 2016: 359~364).

1. 민간의 역할

민간(사적)부문에는 사회복지기관, 종교단체, 학계, 시민단체, 지역 시민, 전문가 단체 등 다양하게 있으며 이러한 주체들이 자발적으로 참여하여 사회적 약자들에 대한 자원조사 활동과 인적·물적 자원 제공의 역할이 이루어져야 한다.

2. 공공의 역할

공공영역에서는 민간영역에서 부족한 부분과 시장에서 적절한 공급이 어려운 경우 공공에서 개입되어야 한다.

공공영역은 공공과 민간 간의 지역별 욕구와 문제들을 조사·연구한 것을 바탕으로 민간영역의 활성화 방안이 마련되어야 한다. 이를 위해서는 정부 담당과 민간 담당 업무를 적절하게 이양해야 하며, 민간기관에 대해 권한과 의무를 위탁할 경우는 명확한 업무 분담과 계약에 의한 관계를 정립할 필요가 있다.

1) 중앙정부의 역할

중앙정부는 거시적으로 정책 방향과 기준을 설정하고 이를 제시하여야 하며 민간 참여 확대를 통한 복지시스템 구축 체계를 마련하여야 한다. 또한 각종 법이나 제도의 마련과 복지사업을 실행하기 전 시범사업이나 대상의 선정, 평가와 지역사회 확대 등 역할을 담당해야 한다.

중앙정부는 보건복지에 관한 전반적인 제도와 정책 제시, 기준과 표준화 마련, 재정 운영 계획과 재정확보 방안, 지방자치단체 조정 및 평가 업무 등을 담당한다. 각종 인허가 담당이나 단순 업무는 지방자치단체나 공공단체에 위임 또는 이양하는 것이 바람직하다.

2) 지방정부(지방자치단체)의 역할

지역사회마다 지역별 욕구와 문제에 대해 이론적 민감성이 있어야 하며, 이를 반영하는 정책과 방향성이 제시되어야 한다. 지역사회 내 문제를 진단하기 위한 조사 및 기획, 정책의 우선순위 선정, 다양한 민간 자원과 구축 등의 역할을 담당한다.

3) 지방재정 분권화의 부정적 결과

지방재정 분권화로 각 지방자치 단체별 재정자립도의 편차가 발생하고 이에 따른 사회복지서비스의 수준별 격차가 발생하고 있다. 또한 다른 지역 거주자의 시설 입소를 제한하기도 하며 복지시설 종사자 처우개선이 지방자치단체별로 다르게 나타나는 문제점도 발생하고 있다.

재정자립도가 낮은 지방정부는 중앙정부의 지원을 받을 수밖에 없지만, 그에 따른 지나친 간섭과 통제로 인해 자율성도 낮아진다. 이를 위해 장기적으로 지방정부 자체 재정자립도를 높이는 방안들이 모색되어야 할 것이다.

3. 사회복지 역할 분담의 필요성과 원칙

1) 민간부문의 필요성

(1) 정부가 제공하는 서비스가 미치지 못하는 클라이언트에 대한 서비스 제공

정부에서 제공하는 서비스는 주로 자산조사나 자격 기준을 통해 심사하여 선별하므로 서비스가 필요함에도 이용하지 못하는 경우 이들을 위한 서비스 제공을 위해 민간부문의 서비스도 필요하다.

(2) 정부가 제공할 수 없는 서비스의 제공

클라이언트의 욕구는 점점 다양해지고 있는데, 일차적인 욕구와 서비스에 목표를 두고 있어 주로 잔여적이지만 민간복지 전달체계는 다양하고 질 높은 서비스를 제공할 수 있다.

(3) 동일 종류의 서비스에 대한 선택의 기회 제공

정부에서나 민간에서 제공되는 서비스가 동일하게 이루어질 경우 선택을 통해 서비스의 질 향상을 위해 제고하여야 한다.

(4) 사회복지서비스의 선도적 개발과 보급

클라이언트의 새로운 욕구와 다양한 문제를 환경변화와 더불어 신속하게 파악하여 새로운 프로그램을 개발하거나 보급하는 데 유리한 민간부문의 서비스가 필요하다.

(5) 민간의 사회복지 참여 욕구 수렴

지역사회 내 인적·물적 자원을 탄력적으로 활용할 수 있고 복지서비스 수행 시 참여할 수 있어 지역사회복지가 활성화될 수 있다.

(6) 정부의 사회복지 활동에 대한 압력단체 역할

민간기관 간에 협력단체를 형성하여, 새로운 모형이나 새로운 복지사업을 추진하거나 영향력을 행사할 수 있고 정부의 서비스도 견제할 수 있는 기능도 필요하다.

(7) 국가의 사회복지 비용 절약

복지 욕구의 다양화와 욕구 수준은 점점 높아지고 있는 반면, 서비스 공급은 한정적이어서 이를 대체해 줄 수 있는 민간 사회복지 전달체계가 비용 절약 면에서는 긍정적이다.

2) 국가 부문의 필요성

사회복지서비스를 시장에 맡겼을 경우 자본이 많은 자들이 시장을 잠식해버리는 "시장의 실패"와 같은 문제점이 초래되어 비효율적 자원배분과 불평등으로 자원배분에 대한 문제점이 강조되고 있다. 경제활동과 관련하여 다른 사람에게 의도하지 않은 혜택이나 손해를 끼치면서도 이에 대한 대가를 지불하지 않거나 받지 않는 "외부효과"의 문제도 발생하여 국가를 통한 자원배분, 즉 공공복지의 필요성의 이론적 기반이 되어왔다.

결론적으로 공공재나 특정 재화와 서비스가 외부효과를 갖게 될 경우, 시장은 그 재화나 서비스를 효율적으로 배분하기 어렵게 되므로 이는 국가를 통해서 효율적으로 배분하는 것이 바람직하다고 할 수 있다.

(1) 중개자의 역할

정부는 다양한 서비스 제공 주체들과 복지 욕구를 가진 클라이언트와의 연계를 중개하는 중개자로서 역할이 수행되어야 한다.

(2) 중재자의 역할

자원을 가진 자와의 불평등 문제, 조정 및 자원을 가지지 못한 비소유자 사이의 불평등 문제해결 조정을 정부가 해야 한다. 소득의 불평등한 분배에 대한 재분배 장치를 국가가 마련하듯이 이 또한 중재자로서 정부는 제공 주체들이 가진 갈등 구조의 문제를 중재해야 한다.

(3) 제공자의 역할

복지국가의 제공자로서 기능을 해야 한다. 복지 욕구에 대한 사회적 취약 계층은 존재할 것이며 이는 국가 주도의 사회복지를 통해 충족되어야 한다.

제 5 절 민간 및 공공의 사회복지 전달체계의 문제점

1. 민간(사적) 사회복지 전달체계의 현황과 문제점

대표적으로 민간 사회복지 전달체계인 사회복지관이나 장애인복지관 등을 살펴보면 정부의 재정 지원을 받는 과정에서 자율적이고 독자성을 확보하기가 어렵다고 볼 수 있다. 그에 따른 사회복지 전달체계가 가지고 있는 위치와 성격이 관의 대변인 역할로 치부될 수 있는 위험성이 다분히 나타난다.

지역주민들의 응집력 강화나 조직화 사업보다 직접 서비스 제공의 기관으로 기능이 더 강조되고 있다는 것도 역할 분담이나 조정 · 연계 등의 효율화가 자유롭지 못하고 있는 것도 문제가 많다.

1) 조직구조의 문제점

대부분 사회복지 법인들은 아직도 정부 보조금을 지원받고 있어 정부의 지도 · 감독을 받고 있으며 이는 민간기관이나 시설이 자율적으로 복지사업을 하기보다 정부의 정치적 흐름에 영향을 받게 되는 문제점이 발생한다.

또한, 생활시설인 경우는 아직도 사회복지관에 비해 인건비 · 운영비 지원 수준이 낮고, 시설의 지역별 편차도 불균형적이며, 재정 상태 및 전문인력 확보에 어려움이 많다. 시설인 경우는 아직도 지역주민과의 괴리감은 높고 님비현상에 따른 인식 개선의 문제점으로 사회화가 충분하지 못하다.

2) 관리 운영상의 문제점

사회복지협의회, 사회복지관 협회, 사회복지사협회 등 본연의 기능과 역할을 충분히 수행하지 못하고 있으며, 이는 인력 및 재정의 어려움으로 나타나고 있다.

3) 전달 인력상의 문제점

사회복지조직 전문 종사자들의 처우가 열악하여 직원들의 이직률을 높아지게 되고, 이는 대상자들에 대한 서비스의 질을 감소시키는 요인이 된다.

이러한 사회복지 종사자들의 낮은 처우와 열악한 근무환경은 사회복지 전문성과 책무성을 요구하는 데 한계가 따른다.

2. 공공(공적) 사회복지 전달체계의 현황과 문제점

1) 현행 공공 전달체계의 문제점

일선 행정체계가 아직도 중앙정부에서 획일적으로 사회복지 전담 공무원의 전문성을 발휘하게 하여, 자율적이고 창의적 업무를 수행하기가 어렵다. 또한 상의하달식 수직적 체계로서 지역 특성과 욕구를 반영한 복지서비스 제공의 여건이 부족한 편이다.

상담이나 전문적 대인 서비스를 제공하기에는 사회복지 전담 공무원의 업무가 너무 과중하며 늘어나는 복지수요층 욕구에 대비하기에는 인력이 너무 부족하다. 2015년도 국민기초생활보장법이 맞춤형 복지로 개정되었으나,

기초연금 등 사회복지 전달체계의 잦은 변화로 역할 과부하가 심하며 전문인력의 부족은 결국 효과성이나 서비스 질을 감소시키므로 인력 문제는 조속히 해결 방안을 마련해야 할 것이다. 그리고 일반 행정 공무원의 상급자인 경우는 사회복지 분야에 대한 이해 부족으로 의견이 상반될 수 있고, 복지 수요에 따른 정책 방향성보다 낮은 슈퍼비전으로 업무의 혼란을 초래할 수 있다.

복지 전달체계에서는 복지위원, 심의위원, 사외이사제도, 자문위원 등이 존재하나, 실제로는 형식적으로만 운영되고 있어 서비스의 질적 향상에는 크게 도움이 되지 않고 있다.

CHAPTER

제 7 장 사회복지와 홍보 · 사회복지마케팅 · 사회복지서비스의 질

제 7 장

사회복지와 홍보 · 사회복지마케팅 · 사회복지서비스의 질

제 1 절 사회복지와 홍보

보편적으로 홍보는 광고전략이나 기업의 신제품을 출시하는 것을 중점으로 널리 알린다는 개념을 가지고 있지만 사회복지에서 홍보는 다양한 사람들과 계층에서 호응하는 것을 중점적으로 알리고 후원을 얻는데 있다고 할 수 있다.

이러한 맥락에서 볼 때 사회복지행정에서 홍보는 매우 중요하다. 후원자 발굴을 위한 홍보활동에서부터 각종 캠페인 및 프로그램 등 기획을 통해 예산이 책정되고 프로그램 실행 전 전략적인 홍보가 이루어져 가장 효과적인 성과를 달성할 것인가에 대한 부분은 결국 '홍보 효과'라고도 볼 수 있다.

비영리기관인 사회복지기관의 홍보활동은 아무리 좋은 프로그램이라도 필요로 하는 클라이언트에게 전달하기 어려우면 결과적으로 프로그램이 효과적으로 제공되기도 어렵다. 또한 홍보 방법에 기술이 부족하고 이용하는 클라이언트가 없다면 그 또한 프로그램은 실패할 수 있다.

홍보에 대한 방법은 다양하게 활용할 수 있으며 방법으로는 신문, 인터넷, 팸플릿, 캠페인 등 시각적 효과를 주는 방법과, 라디오나 강연을 통한 청각적 매체와 TV나 연극, 핸드폰, 영화, 대중 토론 등 시청각적 매체를 이용하는 방법들이 있다.

최근에는 인터넷을 통해 사회복지시설의 홈페이지나 블로그, 동영상 등이 많이 활용되고 있다.

따라서 사회복지기관의 홍보전략으로는 우선 지역사회를 이해하는 기반에서부터 시작하여 홍보전략 내용을 이해하는 것이 중요하다(장인협 외, 2006: 79~84).

1. 지역사회 홍보활동

1) 지역사회 이해 및 홍보의 중요성

(1) 지역사회 이해

사회복지기관의 존재 근거는 지역사회 주민들의 욕구를 충족시켜주는 데 있다. 따라서 사회복지행정가는 배경이 되는 지역사회의 자원과 그 활용에 대한 지식을 갖고 있어야 하며 지역사회의 연결망, 즉 자원의 이용가능성과 한계도 알고 있어야 한다. 또한 사회문제, 지역문제에 대한 지식과 이를 개선, 예방하고자 하는 욕구가 있어야 한다. 사회복지기관도 지역사회의 일부이므로 사회복지행정가는 지역사회의 각종 활동과 서비스에 노력을 기울여야 한다.

사회복지기관에서 지역사회를 이해해야 하는 중요한 이유는 다음과 같다(장인협 역, 1982: 56~59).

① 지역사회를 이해해야만 사람들의 욕구가 무엇인지를 알 수 있다.

② 지역사회는 지역 자원제공의 주요 원천이 된다.

③ 지역사회에 의한 기관 인식, 이해와 평가가 기관의 주요 활동 결정에 매우 중요하다.

④ 각 사회복지기관은 독자적으로만 활동할 수 없고, 지역사회 차원의 계획이나 연합재정의 일부로서 활동해야 한다.

⑤ 지역사회 내의 여러 기관과의 연합활동이 많이 이루어져야 한다.

⑥ 급격히 변화하는 지역사회에 맞추어 적응하고 새로운 목적과 프로그램을 앞서 계획할 필요가 있다.

또한 사회복지기관의 정책 결정 과정에 지역사회 주민의 참여가 더욱 요구되고 있으며, 다른 이익단체들이 사회복지기관에 대해 영향력을 행사하고 있는 등 이러한 모든 필요와 이유에 의해 행정가는 지역사회에 대하여 전문가가 되어야만 한다.

Hardwick과 Landuyt(1961: 324)는 "역동적 사회의 실체로서 행정은 그것이 위치한 환경의 신념과 철학의 영향을 받지 않을 수 없다."고 하였으며, Hungate는 행정가가 지역사회 문화의 특성을 이해해야 하는 중요성을 강조하면서 "지역사회의 사회문화적 요소와 문화적 차이에 대한 이해의 결여는 지역사회의 목표에 문화적으로 수용될 수 없는 프로그램을 개발하는 잘못을 범하게 될 우려가 있다."고 하였다(장인협 역, 1982: 86).

사회복지행정가는 지역사회에 대한 최신 정보나 지식을 정책 결정이나 프로그램개발에 사용해야 하며 지역사회의 변화에 발생하는 새로운 사회적 욕구를 연구할 방법과 기술을 개발해야 할 책임이 있다.

(2) 지역사회 홍보의 중요성

모든 사회복지기관은 그것이 위치한 지역사회 내의 주민들에게 서비스를 제공한다는 사실에 있어서 지역사회에 근거를 둔 기관이라고 볼 수 있다(Tourigny & Miller, 1981: 83). 사회복지기관이 아무리 좋은 서비스 프로그램을 개발하려는 욕구가 있어도 지역사회 주민들의 욕구와 제반 조건을 제대로 알지 못한다면 효과적인 서비스의 개발이 불가능하다. 또한 사회복지기관에서 제공하는 서비스의 내용과 기관 이용 방법 및 절차를 주민들이 충분히 알지 못한다면 아무리 훌륭한 서비스 프로그램일지라도 필요로 하는 사람에게 전달되지 못할 것이다.

이는 어떤 사회복지기관이나 시설을 특정 지역에 설치하려고 할 때, 그 지역주민들에게 설치의 의의, 유익한 점 등을 상세히 인식시켜야 동의를 얻어 낼 수 있다. 또한 이후의 시설이용도 촉진되며 사회복지기관에 대한 지역사회의 지지와 협력도 얻을 수 있다. 이와 같은 지역사회 홍보를 위해서는 사회복지기관과 지역사회에 건전한 의사소통이 존재하도록 행정가는 노력해야 한다. 지역사회와 사회복지기관과의 관계는 조직의 기능수행과 서비스의 질에 영향을 미친다(Terreberry, 1967: 590~613).

2. 지역사회 홍보활동의 과업

1) 홍보의 주요 내용

보편적으로 사회복지기관은 홍보활동을 위한 조직적인 프로그램을 운영하고 있지 않다. 그러나 최근에 와서 보다 적극적인 홍보활동의 필요성에 대한 인식이 점점 커지고 있다. 이런 인식은 조직이 운영하는 일에 대해 지역사회주민들이 알고 싶어 하는 욕구를 파악하는 것이다.

이때 중요한 것은 사회복지기관의 실제와는 무관하게 무조건 좋게 보이려고 선전을 하는 것은 오히려 지역사회 내에서 조직의 기능수행에 해가 될 수 있다는 사실이다(Miringoff, 1980: 160). 홍보의 목적은 조직의 서비스 효과를 개선하여 기관의 최적화를 이루는 것이다. 이런 관점에서 홍보의 네 가지 주요 업무는 PR · 교육 · 대외추적(outreach)과 옹호(advocacy) 등이 이에 속한다.

(1) 홍보(Public Relations)

유능한 행정가는 자기 기관 내부에서와 동시에 지역사회 전체와의 PR의 중요성을 인식해야 한다. 오늘날 유능한 사회복지행정가들은 효과적인 PR의 필요성을 분명히 인식하고 있으며 외부로부터 PR 활동에 발전을 추구하고 있다.

Elizabeth Haglund는 다음을 PR의 중요한 원칙으로 들고 있다(Skidmore, 1983: 195~196).

① 목표가 무엇이며 어디에 위치하는가를 알아야 한다.

② 접근하고자 하는 대중이 누구인지 알아야 한다.

③ 획득 가능한 재원, 인력, 기술 등 자원을 평가한다.

④ 접근하고자 하는 대상에게 먼저 이익을 주어야 한다.

⑤ 선전이나 홍보, 팸플릿 등에 관련된 전문적이고 상세한 기술을 알고 있어야 한다.

⑥ 절대적으로 정직해야 한다.

⑦ 감사를 표시해야 한다.

즉 PR에는 비밀이란 있을 수 없고 집단이나 조직의 사실을 공공연하게 알리는 것을 뜻한다. 따라서 사회복지기관의 프로그램이 건전하고 지역사회에 이익이 되는 필요한 기능을 수행하고 있다면 PR은 조직의 목표를 달성하고 지역사회의 넓은 지지를 얻는 데 크게 도움을 준다.

(2) 교육

모든 사회복지기관은 여러 가지의 사회문제를 다루고 있지만 대다수 지역주민은 이러한 문제들의 내용, 심각성 및 발생빈도에 대해서 잘 모르고 있는 것이 현실이다(Miringoff, 1980: 16). 이런 문제들은 분명히 존재하고 있고 또 다수의 지역사회 주민에게 영향을 미치므로 사회복지기관이 관여하고 있는 사회문제와 제공하는 서비스에 대해서 일반대중을 교육시키는 일이 사회복지 관련 기관이 해야 할 중요한 과업이다.

이러한 사회문제 측면들에 대한 지역사회의 관심을 높여 문제의 중요성을 파악할 수 있다. 즉, 사회복지기관은 대중교육을 통해서 자체의 이익을 얻을 수 있는 것이다. 따라서 교육은 사회복지기관의 중요한 과업의 하나이다.

교육의 방법은 소책자나 회보, 여러 가지 문헌, 강연이나 회합, 방송매체 등 여러 기법이 있고 그 밖에 여러 종류의 기관 프로그램이 활용될 수 있다. 효과적으로만 행해진다면 이런 교육 프로그램은 사회 문제들을 치료하고 나아가서 사전 예방하는 기능도 할 수 있다.

신중하게 계획되고 조직적인 교육이 그 효과에 대한 피드백(feedback)을 얻는다면 시간이 경과함에 따라 지역사회에서 특정 사회문제의 발생빈도를 감소시킬 수도 있다(Miringoff, 1980: 160).

교육을 위한 홍보활동에서는 기술적인 통계치와 세부적인 사항보다는 사회문제와 치료의 인간적인 측면을 강조하는 것이 일반적으로 더 효과가 좋다. 물론 정확한 통계치와 문제설명도 중요하며 전문가들이 소홀히 하기 쉬운 인간적인 면의 강조 역시 필요하다.

3) 대외 추적

대부분 사회복지기관으로부터 현재 서비스를 받고 있는 사람보다, 서비스를 필요로 하지만 받고 있지 않는 사람이 더 많은 것이 일반적인 사실이다. 이런 잠재적인 클라이언트들을 줄일 수 있는 방법이 대외 추적(outreach)프로그램이다. 교육적 과업에 적용되는 많은 기법이 대외 추적에도 적용된다.

대외 추적은 독특한 교육적 과업으로서 그 대상을 일반 지역사회주민이 아니라 잠재적인 클라이언트를 위해 실시하는 교육이다. 많은 잠재적 클라이언트들이 자신들의 문제를 해결하거나 도와줄 수 있는 사회복지기관의 서비스에 대해서 잘 알지 못한다. 또는 자신의 문제가 특이한 것이어서 혼자서 문제를 해결해야 한다고 생각하는 경우가 많다.

대외 추적에서는 서비스가 필요한 잠재적 클라이언트들의 불안을 현실적으로 다루어야 한다. 이 과업을 수행하는 데 있어서 일반적 사회문제는 덜 강조하고 클라이언트 개인에게 나타나는 문제를 사회복지기관이 해결할 수 있는가를 더 강조해야 한다. 대외 추적에서의 성공적인 결과는 지역사회 내에서 사회복지기관의 위치를 향상하는데 다른 어떤 요인들보다도 큰 기여가 이루어질 것이다.

4) 옹호

홍보활동에 있어서 사회복지기관의 주요 과업의 하나는 옹호자로서 역할이다. 이것은 교육 과업과도 연관되어 있지만, 차이점은 옹호는 단지 알리기 위한 것이 아니라 설득하기 위한 목적으로 행해진다는 것이다. 예를 들어, 노인 문제에 관한 교육적 과업은 한 지역사회 내에 노인 문제가 얼마나 어느 형태로 존재하고 있는가를 설명해 주는 일이다.

그러나 옹호 활동은 지역사회가 노인 문제를 위해서 무슨 일을 할 필요가 있다고 설득하는 것이다. 이 경우 청중은 일반대중이 될 수도 있고 특정 집단도 될 수 있다. 옹호는 사회복지기관이 기능을 하는 데 필요한 재원이나 자원을 관장하는 사람들을 설득하기 위해서 행해질 수도 있다. 즉, 어떤 특정 프로그램이 자금을 투자할 만한 가치가 있다고 지방의회를 납득시키거나 직접적인 로비활동을 펼치는 것이다.

옹호자로서 역할은 사회복지기관의 행정가에게 필수적인 역할의 일부이다. 기관 유지에 필요한 자원 및 서비스 자원의 획득이 모두 효과적인 옹호 활동에 의해 가능해진다. 그러나 주의할 점은 그 방식에 있어서 지나치게 선전할 위험성이 크다는 것이다. 옹호의 방법은 일련의 조직의 결정을 통해서 정해져야 하며 이 결정들은 서로 일관성이 있어야 한다. 사회복지기관의 실제 능력을 다른 이유로 해서 과장해서는 안 된다. 이것은 전국 사회복지기관에 대한 지역사회의 신뢰를 약화시키는 요인이 된다.

이상의 모든 홍보활동의 과업은 조직의 궁극적인 목표인 서비스의 향상이란 목적과 일치되게 행해져야 한다.

현재 사회복지기관 일선에서 시행되는 다양한 프로그램의 유형을 범주화하여 유연하면서도 활용하는 적극 행정이 매우 필요한 시기이고 이런 일련의 활동이 서비스의 질을 획기적으로 높일 것 이다.

제 2 절 사회복지마케팅

사회복지 현장에서, 프로그램을 활성화하거나 클라이언트의 욕구 충족, 사회문제 해결을 위한 재원은 결국 인적 · 물적 자원이다. 이러한 인적 · 물적 자원을 확보하기 위해서는 전문적인 기획과 분석이 필요하다.

기관환경과 기부 시장, 프로그램의 목적, 마케팅의 도구는 무엇을 할 것인가에 대한 마케팅 활동에 있어, 결국 한정된 복지자원을 효율적이며 효과적으로 활용하는 데 필요한 과정이다.

이 장에서는 마케팅의 필요성과 마케팅의 과정 및 기법, 기부자의 관리는 어떻게 이루어지는지 그 내용에 대하여 알아본다(김형식 외, 2013: 256~266).

1. 마케팅의 개념 및 필요성

1) 마케팅의 개념 및 필요성

보편적으로 마케팅은 소비자에게 상품과 서비스를 제공하며 구매할 수 있도록 격려하는 행위를 의미한다. 기업조직 마케팅은 "표적 구매자들과의 상호 유익한 교환을 창조하고 촉진하며 또 유지하기 위해 고안된 프로그램에 관련된 활동을 계획 · 조직 · 통제하는 과정"으로 정의된다(이봉수 외, 1998: 427),

사회복지 현장을 포함한 비영리조직 또는 공공기관의 마케팅은 사회마케팅으로 불린다.

다음 <표 7-1>을 살펴보면 기업마케팅과 사회마케팅의 차이점에 대하여 알 수 있다.

〈표 7-1〉 기업마케팅과 사회마케팅의 차이점

구분	기업마케팅	사회마케팅
특성	기관 내부 욕구 강조	기관 외부 욕구 강조
목적	기관이 소유하고 있는 것을 사람들이 구매하도록 설득하는 과정	사람들이 원하는 활동을 기관에 위임하도록 유도하는 과정

사회복지기관이 각종 지원금과 후원금을 많이 확보하기 위해서는 기관의 욕구를 부각하는 구걸(begging)이 아닌 기관의 장점을 인지시켜야 하는 의식의 변화가 이루어졌다. 예를 들어, 사회복지기관에 대한 잠재적 후원자들은 후원 활동을 통해 그들이 관심을 보이는 사회문제가 완화되거나 해결되기를 바라는 이상과 목표를 가지고 있다.

〈그림 7-1〉 사회복지마케팅의 교환 과정

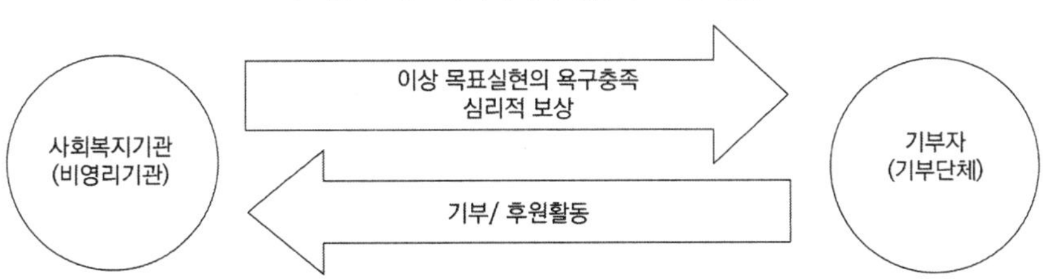

출처: 김형식 외(2013: 259)

이상과 목표가 잠재적 후원자들의 욕구이며, 이 욕구를 실현할 수 있는 능력을 기관이 갖고 있음을 확신할 때 그들은 이 기관에 대해 실질적 후원을 아끼지 않게 된다.이 점에서 사회복지기관은 후원자, 후원기관 및 단체들에 의한 일방적인 수행 집단에 머무는 것이 아니며 기관 역시 이들에게 이상과 목표의 실현이라는 욕구를 충족해 줄 수 있도록 역할을 한다. 즉 사회복지 분야의 마케팅 역시 '교환의 과정(process of exchange)'임을 인식해야 한다(Kotler & Andreasen, 1991: 123~124). 이전 <그림 7-1>의 사회복지마케팅의 교환 과정을 참고하면 이해하는 데 도움이 될 수 있다.

사회복지기관 마케팅 활동의 주체(marketer)인 사회복지기관의 특성과 활동이 마케팅 성과에 미치는 영향을 분석한 연구(신준섭 외, 2004)에서는 마케팅과 후원사업 전담 직원의 확보와 마케팅 활동에 대한 기관장의 관심과 노력이 마케팅 성과를 결정하는 요인임을 밝히고 있다.

특히, 기존 후원자에 대한 관리 활동이 마케팅 성과에 가장 큰 영향력을 갖는 것으로 밝혔다. <그림 7-2>는 사회복지 문헌의 선행연구(강철희, 1998; 김미숙 외, 2005;

〈그림 7-2〉 사회복지기관 마케팅 활성화와 관련된 주요 요인

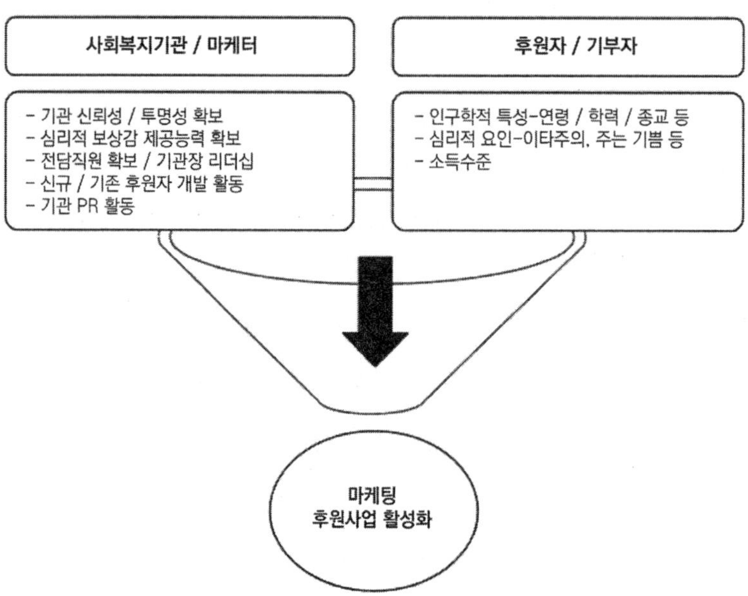

출처: 김형식 외(2013: 261)

남기민 외, 2001; 신준섭 외, 2004)를 기초로 마케팅 활동의 활성화에 필요한 주요 요인을 요약한 것이다(김형식 외, 2013: 260~261 재인용).

2) 사회복지기관 마케팅의 구성요소

기업조직에서의 마케팅은 단순히 판매와 광고의 관리행위만을 강조하는 경향이 강했다. 그러나 현대에는 소비자의 욕구, 성격, 규모 등을 세밀히 파악한 후 표적시장을 선정하고 이를 기반으로 제품 · 가격 · 유통 · 촉진의 '4p'의 마케팅 함수를 활용한 마케팅을 강조하고 있다(Lauffer, 1978: 81~83).

마케팅 함수란 마케팅 관리 활동으로서 마케팅의 주체, 즉 마케터가 표적시장에서 원하는 반응을 얻어내기 위해 사용하는 통제 가능한 마케팅 변수의 집합을 뜻한다(이봉수 외, 1998: 430). 마케팅 함수는 현대 마케팅의 전략적 성향과 소비자 지향성(consumer orientation)의 특성을 잘 반영한다.

마케팅 함수인 '4p'를 사회복지기관에 적용하면, 제품은 사회복지기관이 표적시장에서 반응을 유도할 수 있는 산출물을 의미한다. 연말연시 카드, 각종 서적물 등을 예로 들 수 있다. 가격은 사회복지기관에서 제공하는 것을 얻기 위해 지불 하고자 하는 대가를 의미하며 유통은 구매를 위한 적합한 때와 장소의 제공을 의미한다. 촉진은 마케팅 홍보활동을 의미하는데 대중매체를 이용한 광고가 일반적이다(정무성, 1998: 98~97). 다음 <그림 7-3> 마케팅 함수를 참고하면 그 맥락을 이해하기가 쉽다.

〈그림 7-3〉 마케팅 함수

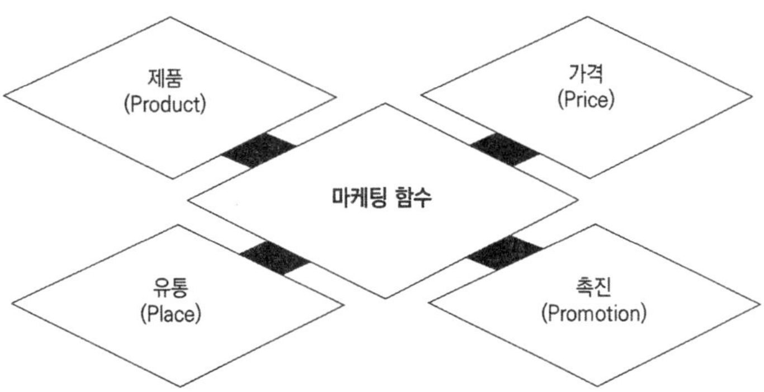

출처: 김형수 외(2013: 262)

2. 마케팅 과정

1) 기관환경 분석

마케팅의 출발점은 기관과 기관이 속한 환경에 대한 분석으로부터 시작된다. 이 과정은 기관이 마케팅을 위한 준비상태를 확인하는 과정이기 때문에 다음과 같은 사항들에 대한 분석이 필요하다.

기관의 존재 이유: 기관 활동의 초점이 되는 주요 사회문제 및 욕구는 무엇인가?

기관 프로그램: 사회문제와 욕구에 대처하기 위한 기관의 주요 서비스와 프로그램은 무엇인가?

기관지원: 누가 기관을 지원하는가?

기관지원의 당위성: 개인, 재단, 기업과 정부는 왜 기관을 지원하는가?

지원자에 대한 혜택: 기관을 지원하는 사람들에게 어떠한 혜택이 교환의 과정으로 제공되는가?

<그림 7-4>를 통해 사회복지마케팅 과정을 살펴보면 다음과 같다.

〈그림 7-4〉 사회복지마케팅 과정

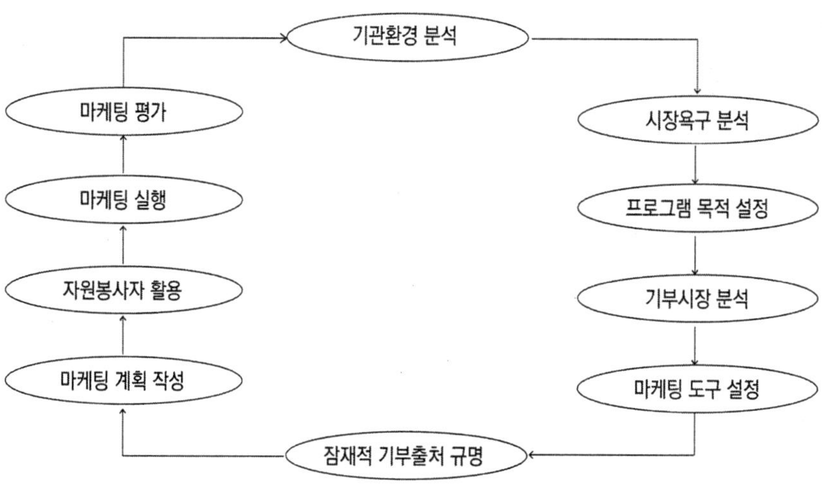

출처: Rosso(1991a: 10), 김형식 외(2013: 263) 재인용

2) 시장 욕구 분석

이 과정에서는 기관이 관심을 보이는 특정한 사회문제에 대한 분석과 함께 이 문제에 대한 지역사회의 인식과 태도를 분석한다. 사회문제에 대한 적절하고 정기적인 욕구 분석의 수행은 기관의 존재 이유를 정당화하는 기능을 수행하는데, 이는 곧 성공적인 마케팅의 토대가 된다.

또 기관의 이해 관계자들이 기관이 관심을 갖는 사회문제에 대해 좀 더 중요하게 여길수록 마케팅의 성공 가능성은 높아짐을 알 수 있다. 이 과정에서는 시장 욕구분석에 대한 결과를 토대로 욕구 문서를 작성하여 이사, 재원 공급자 및 자원봉사자 등과 같이 기관과 직 · 간접적으로 이해관계를 갖고 이해관계자들에게 제공해야 한다. 이 과정이 완결되면 시장의 욕구는 프로그램 계획 활동으로 전환된다.

3) 프로그램 목적설정

프로그램 목적의 설정은 프로그램 계획에서 매우 중요한 과정이다. 목적 달성을 위한 구체적 수단이 목표인데 목표는 양적으로 측정이 가능한 형태로 설정되어야 한다. 예를 들어 '기아 문제의 해결'이란 목표는 너무나 추상적이다. 이와 같은 목표는 잠재적 기부자가 기부하면서도 얻을 수 있는 보상에 대해 확신을 갖지 못하게 한다.

4) 기부 시장 분석

욕구 문서가 완성되고 프로그램의 목표가 설정되면 잠재적인 기부 시장에 대한 분석을 실시한다. 이 과정에서는 잠재적 기부 출처를 개인, 복지재단, 기업 또는 정부 기관으로 세분화하는 시장 분할의 작업이 필요하다.

또 각 분할된 시장에서 어느 정도 기부를 기대할 수 있는가에 대한 예상 수치를 분석해야 한다. 이 과정에서 육하원칙을 적용할 수 있다. 즉 누가(who), 어떠한 분야에(what), 어떤 방식으로(how), 언제(when), 어디에서(where), 또 어떤 이유(why)로 기부를 원하는가에 대한 분석을 수행한다(정무성, 1998: 11).

5) 마케팅 도구 설정

마케팅을 수행하기 위한 적절한 방법의 설정은 마케팅 대상을 선정하는 기부 시장의 분석단계와 마찬가지의 중요성을 요한다. 마케팅을 위해서는 연중모금, 전화, 직접 우편, 특별행사 등 다양한 방법이 있다.

6) 잠재적 기부 출처 규명

전술한 기부 시장에 대한 분석 결과를 기초로 구체적인 기부 출처에 대한 분석을 실행한다. 즉, 세분화한 각각의 기부 시장에서 잠재적 기부자를 선정하고, 이들의 기부 기능을 분석하는 과정이다. 잠재적 기부자는 다음 요인을 중점적으로 참고하여 선정한다.

- 기관에 대한 관심사
- 기부 능력
- 기관 직원과 자원봉사자에 의한 접근 가능성

7) 마케팅 계획 작성

마케팅 계획 작성은 마케팅을 어떻게 실행하고 또 마케팅의 결과를 어떻게 평가할 것인가에 대한 청사진을 구축하는 과정이다. 이 과정에서 중요한 요인은 잠재적 기부자들과 의사소통을 어떻게 진행할 것인가에 대한 사항이다. 여기서 의사소통은 기관의 존재 이유와 목적을 잠재적 기부자들에게 어떻게 전달하는가에 초점을 둔다. 아울러 잠재적 기부자들이 기부하는 데 있어서 얻을 수 있는 보상에 대한 정보를 보다 명확히 전달할 수 있는 방법을 개발해야 한다.

8) 마케팅 실행

마케팅 실행은 실제 기부를 요청하는 과정으로 마케팅의 전체 과정에 있어 가장 핵심적인 단계이다. 마케팅 실행에서 가장 효과적인 방법은 잠재적 기부자와의 직접적이며 동시에 개별적인 접촉이다. 이 과정에서 주지해야 할 것은 잠재적 기부자의 실제

기부행위가 수행되는 시점이 마케팅의 종료 시점이 아니라는 점이다. 기관은 실제 기부행위가 이루어진 후에도 기부자와 지속적인 의사소통을 유지해야 한다. 특히 기부금이 어떻게 사용되었는가에 대한 정기적 피드백을 기부자에게 반드시 제공해야 한다.

9) 마케팅 평가

마케팅 평가는 기부행위의 발생에 대한 종합적 평가와 함께 기관의 외부 환경에 대한 새로운 분석으로 연계되는 과정이다. 기관 존재 이유가 되는 사명(mission)을 기초로 기관이 봉사하는 지역사회 및 클라이언트이 욕구를 새롭게 분석할 수 있어야 한다. 따라서 마케팅 평가과정은 마케팅의 종료가 아닌 새로운 출발과정이 된다.

3. 마케팅 기법

마케팅 기법에는 연중 지속해서 모금 활동을 하는 것이 있으며, 일회성으로 이벤트 형태의 모금 활동 방법도 있다. 다양한 모금 방법을 통해 기관의 프로그램을 지속해서 운영하기도 하며, 클라이언트의 욕구와 사회 문제해결에도 많은 기여를 한다. 이러한 마케팅 기법은 다음과 같다(사회복지교육연구센터, 2016: 335~340).

1) 마케팅 기법

(1) 다이렉트 마케팅(DM: Direct Marketing)

비영리조직에서 DM은 우편에 의해 클라이언트 서비스 이용자 기존기부자 및 잠재적 후원자 등에게 현재 기관의 운영현황이나 이용할 수 있는 서비스와 프로그램에 대한 다양한 정보를 전달하는 가장 전통적인 방법이다.

(2) 고객관계관리 마케팅(CRM: Customer Relationship Management Marketing)

고객과 관련된 조직의 내외부 자료를 분석 통합하여 고객 특성에 기초한 마케팅 활동을 계획하고 지원하며 평가하는 과정이다. 고객 데이터의 세분화를 실시하여 신규고객 획득, 우수고객 유지, 고객가치 증진, 잠재고객 활성화, 평생 고객이 될 수 있도록 사이클을 통하여 고객을 적극적으로 관리하고 유도하며, 고객의 가치를 극대화할 수 있는 전략을 통하여 마케팅을 운영 · 실시한다.

기존 마케팅이 단발적인 마케팅 전술이라면, 고객관계관리 마케팅은 고객과의 지속적인 관계를 유지해야 한다. 예를 들면 '한번 고객은 평생 고객'이라는 신념이 담겨있어야 한다.

(3) 공익연계 마케팅(CRM: Cause-Related Marketing) = 기업 연계 마케팅

기업과 사회복지조직 상호 간의 이익을 위해서 기업이나 브랜드를 사회적 명분이나 이슈에 전략적으로 연계시키는 방법이다. 기업은 이러한 활동을 통해서 기업이나 상품 이미지를 최대한 끌어 올려 직접적인 매출 증대의 효과를 꾀할 수 있고 사회복지조직은 재정확보 및 홍보 효과를 누릴 수 있도록 한다.

근대적 의미의 공익연계 마케팅 첫 사례는 아메리칸익스프레스 카드의 자유의 여신상 보호 캠페인이었으며, 아멕스카드 매출액의 일부를 정의의 여신상 보호 기금에 기부하는 것이 핵심 프로그램이었다.

CRM을 실현하기 위한 활동

신용카드 구매나 소비를 특정 NPO의 공익 프로그램에 링크

한시적 또는 꾸준하게 이벤트를 후원

쿠폰 발행 등을 통해 특정한 상품을 선택해 홍보 및 판매

현물 및 자원봉사활동과 NPO 프로그램 간의 연계 등

(4) 데이터베이스 마케팅(DB 마케팅)

비영리조직에서 데이터베이스 마케팅은 기관을 찾는 이용자, 즉 클라이언트와의 개별 접촉을 통해 명단과 주소 그리고 프로그램 이용현황 등을 통해 이루어진다. 즉 프로그램명, 이용 횟수, 이용 시기, 정보를 입력하고 기관이나 프로그램에 연관된 태도, 기호와 생활 스타일 등의 세심한 정보까지 다양할수록 활용도가 커진다.

(5) 인터넷 마케팅

인터넷 마케팅이란 인터넷을 통해 고객에게 정보를 전달하고 전자우편이나 홈페이지 등을 통하여 이익을 극대화하는 마케팅 기법이다. 비영리조직에서 인터넷 마케

팅은 인터넷이라는 매체를 활용하여 기관의 사업과 프로그램을 알릴 수 있는 홍보, 기부금 모집 등이 가능하다. 또한 메일링 서비스를 통해 개별적인 고객관리를 할 수 있으며, 배너 교환이나 이메일링 서비스 등의 방법도 있다. 인터넷 마케팅은 무엇보다 시간, 공간, 비용, 정보의 양적인 측면에서 매우 경제적이라는 장점이 있다.

(6) 사회마케팅(Social Marketing)

공공의 건강, 안전, 환경 또는 사회복지 등에 관한 개선을 목표로 기업이 특정 행동의 변화를 기획, 시도할 때 적용하는 방식이다. 금연운동, 투표 참여 운동 또한 이에 해당한다.

2) 다양한 모금 활동

(1) 인터넷 모금

인터넷을 통한 모금 방법으로는 이용자 중심의 기관 홈페이지를 개설해 이용자가 많은 포털사이트와의 협력으로 배너 광고나 공익연계 캠페인 등을 통해 후원자 개발, 단체 이메일을 발송할 수 있다, 인터넷의 활용은 후원자 개발뿐만 아니라 기관의 프로그램 홍보 및 유관 기관 간의 연계 등에도 활용된다.

(2) ARS (Audio Response System, 자동응답시스템) 모금

최근 가장 활성화되고 있는 모금 방법 중 한 분야로 방송 시청자들이 ARS 시스템을 통해 전화를 걸면 통화당 일정 금액의 후원금이 자동으로 전화요금에 부과되어 전화요금과 함께 기부금이 납부되는 방식이다.

(3) 캠페인 모금

사회정치적 목적 등을 위해 조직적이고 꾸준하게 이루어지는 활동이다. 캠페인마다 구체적인 목적은 다르지만, 사회복지기관의 자본화 증진과 재정자원의 확보를 전제로 한다.

(4) 이벤트 모금

이벤트 모금은 기관이 대규모 이벤트를 열어 잠재적 후원자를 개발하고 마케팅 성과를 올리는 것이다. 기획 의도와 모금 상품, 후원자와의 연계, 이벤트 프로그

램 진행 등을 통해 자원을 조달한다. 대표적 이벤트로는 월드비전의 기아 체험과 기아 대책 기구의 자선 달리기 등이 있다.

제3절 사회복지서비스의 질

1. 사회복지서비스 질의 정의와 특성

일반적으로 질(Quality)이란 대상에 따라서 각각 다른 의미를 내포하고 있다. 즉, 사업주에게는 비용 가치가 될 것이며 관리자에게는 달성해야 할 정책이나 목표에 대한 우선순위가 될 것이다. 또한 이용자에게는 그의 문제를 그가 만족할 수 있게끔 해결해 주기를 바라는 것이 될 수 있다. 본 장에서 추구하는 질에 대한 설명은 '고객의 심리적인 사전 기대 욕구를 충족시키기 위해 서비스 제공자가 제공하는 유형의 제품과 무형의 서비스 총합'이라고 정의한다(박경일, 2000).

한국복지행정학회(2011)에서 정의한 사회복지서비스 질의 특성에 대해 살펴보면 다음과 같다.

1) 무형성(intangibility)

보통 재화는 유형적이기 때문에 만질 수 있으며 감촉을 느끼거나 냄새를 맡아 볼 수도 있다. 그러나 서비스는 다르다. 서비스의 기본 특성은 형태가 없다는 것이다. '서비스는 사전 구매단계에서 고객들이 지각할 수 있는 완벽한 물리적인 형태가 결여되어 있다.'는 것을 의미한다. PC, 휴대폰, 가구 등은 제품이다. 제품은 형태가 있기에 만질 수 있으나 서비스는 그렇지 않다.

이를 정리하자면 무형성이란 '서비스는 사전 구매 단계에서 대상자가 인식할 수 있는 물리적 형태가 결여되어 있다.'는 것을 의미한다.

2) 비분리성(inseparability)

서비스는 생산과 소비가 동시에 일어난다. 제품은 공장에서 생산이 일어나고 상점에서 구매가 일어나며 소비자의 집이나 직장에서 구매 후의 소비가 발생한다. 그러나 서비스는 그렇지 않다. 예를 들면 브로드웨이에서 뮤지컬 캣츠 공연을 보러 갈 경우, 관람할 때 무대 위에서 공연 서비스의 생산이 일어나고 관객석에서 소비가 일어난다. 이는 생산과 소비가 동시에 일어나는 것이다. 이를 정리하면 비분리성이란 '서비스는 거의 동시에 창출되고 동시에 소비된다.'는 것을 의미한다.

3) 소멸성(perishability)

이는 '서비스는 저장할 수 없다.'는 것을 의미한다. 서비스는 재고로 보관할 수 없기 때문에 재고 조절이 어렵게 된다. 제품은 선반에 전시할 수도 있고, 창고에 재고를 쌓아 둘 수도 있다. 그러나 서비스는 이러한 요인들을 수용할 수 없다. 그리고 서비스는 구매 후 단 한 번의 소비로 서비스의 편익이 사라진다. 예를 들어, 가수의 콘서트는 1회 관람으로 서비스 내용이 사라지지만 음악 CD는 반영구적으로 언제든 다시 청취할 수 있다.

서비스의 소멸성으로 이런 문제해결을 위해서는 수요와 공급 간의 조화를 이루는 전략이 필요하다.

즉, 소멸성이란 '서비스는 저장해두고 다음에 사용할 수 없다.'는 것을 의미한다.

4) 이질성(heterogeneity)

'서비스는 표준화하기 어렵다.'는 것을 의미한다. 서비스에는 여러 가지 가변적 요소가 많기 때문에 품질이 고르지 못할 가능성이 있다. 예를 들면, 동일한 병원 내과 의사에게 진료를 받았는데 지난번에는 퉁명스럽고 짜증스럽게 환자를 대했던 의사가 오늘은 미소를 지으며 진찰하고 친절하게 진단 결과를 설명해 줄 수 있다. 이렇듯 동일한 제공자라도 때에 따라 서비스 품질은 천지 차이로 달라질 수 있다.

서비스의 이질성은 고객의 이질성 때문에 발생할 수도 있다. 우선 아무리 똑같은 서비스를 받아도 이를 받는 고객들은 이질성으로 인해 각각 다르게 느낀다는 점이며 같은 서비스라도 매번 100% 똑같은 서비스를 수행할 수 없다는 사실이다.

즉, 이질성이란 '서비스는 휴먼서비스 특성상 표준화하기 어렵다.'는 것을 내

〈그림 7-5〉 서비스의 4대 특성

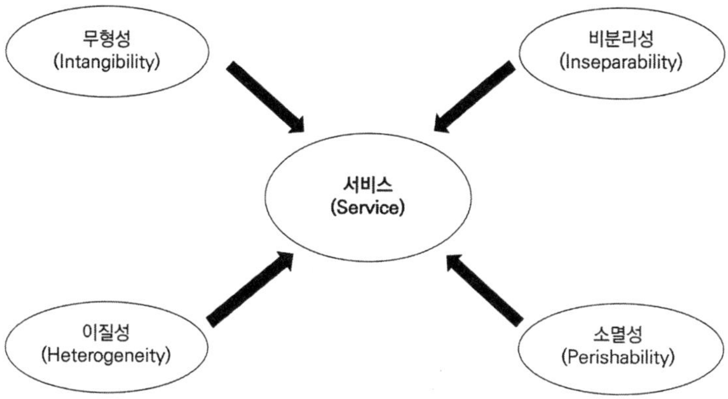

출처: 한국사회복지행정학회(2011: 233)

포하고 있다. <그림 7-5>를 참고하면 위와 같다.

이러한 서비스의 특성으로 인해 여러 가지 문제점이 발생할 수 있다. 즉, 무형성으로 인한 저장이 가능하지 않거나, 이질성으로 인하여 표준화와 품질통제가 곤란하며, 소멸성으로 인하여 재고로써 보관하지 못하고, 비분리성으로 인하여 집중화된 대규모 생산이 어렵다.

따라서 서비스 패러독스의 탈피방안으로서 다음과 같은 일곱 가지 서비스 구성요소를 사회복지사는 늘 염두에 두어야 한다. 그 이유는 사회복지의 급여 가운데 많은 부분이 서비스로 제공되기 때문이다(사회복지행정학회, 2011).

<표 7-2>를 통해 서비스의 7가지 구성요소에 대하여 살펴보면 다음과 같다.

〈표 7-2〉 서비스의 7가지 구성요소

S	sincerity, speed, smile(성의, 스피드, 스마일)
E	energy(활기)
R	revolutionary(신선하고 혁신적)
V	valuable(가치 있는 것)
I	impressive(감명 깊은 것)
C	communication(의사소통)
E	entertainment(환대)

출처: 사회복지행정학회(2011: 235)

2. 서비스의 질 측정

서비스의 질을 측정하고 관리하는 차원에서는 서비스의 품질을 다양하게 재조명하는 노력이 필요하다. 서비스 품질을 관리하고 측정해서 향상해야 한다는 의미는 일정한 기준이 있어야 한다는 뜻이다.

이를 다르게 표현하면 평가 기준이 있고, 단계적으로 세부적 방법들이 제시되어야 한다. 사회복지행정학회(2011)에서는 이러한 평가 기준을 과정, 구조, 성과 측면으로 세분화하고 있다. 이를 뒷받침하는 <표 7-3>의 자료를 통해 서비스 품질 평가 기준의 세분화를 구체적으로 숙지할 수 있다.

〈표 7-3〉 서비스 품질 평가 기준의 세분화

구분	세부내역	세부내역에서 도출되는 지수
과정(process) 측면	. 서비스 이용자 문제 . 제공된 서비스 종류 . 욕구와 서비스 연결의 적절성 . 의뢰 서비스의 성공 여부	. 업무의 활동 숫자 . 클라이언트 방문 횟수 . 의뢰 건수 . 클라이언트와 대면 시간 등
구조(structure) 측면	. 서비스 형태의 다양성 . 시설의 적합성과 접근성 . 업무자들의 자질(교육과 자격) . 서비스 지원구조의 적합성 (정보, 회계, 보고 절차 등)	. 서비스 프로그램 수 . 시설의 위치와 도달시간 . 복지사의 교육 정도와 자격증 . 정보화 정도 등
성과(outcome) 측면	. 클라이언트로부터 나타나는 행동 및 의식변화 . 만족도 여론 등	. 행동 변화 수치 . 의식변화의 정도 . 만족도의 수준 등

출처: 한국복지행정학회(2011: 236)

다음 <표 7-4> 서비스 품질의 기능적 차원의 내역을 통해 서비스 질을 살펴본 바와 같이, 15개 차원으로 품질 범주들을 평가 기준으로 정의하고 있으며, <그림 7-6>과 같이 학자에 따라 서비스 품질 차원은 다양하게 구분하고 있다. 가장 많이 알려진 것은 SERVQUAL 모형으로 5가지 차원으로 정의하고 있다.

〈표 7-4〉 서비스 품질의 기능적 차원의 내역

차원	품질 차원의 정의
접근성	제품 또는 서비스에 접근하거나 얻기가 쉽다.
확신성	직원의 친절, 공손, 신중하고 관련 지식을 많이 가지고 있다.
의사소통	프로그램에 대한 정보가 간단하고 이해할 수 있는 언어로 제공된다.
능력성	직원이 제품이나 서비스를 제공하는 데 필수지식 및 기술 요건을 갖추고 있다.
준수성	제품이나 서비스가 규칙을 준수한다.
존중성	프로그램개발 등을 통해 직원들이 클라이언트를 존중한다.
결핍성	프로그램이 어떤 특징이나 요소를 빠트리고 있다.
지속성	성과, 산물, 결과가 즉시 소멸되지 않는다.
감정이입	직원들이 클라이언트에 대한 개별화된 이해와 관심을 보여준다.
인격성	클라이언트의 존엄성과 자존심을 보호하는 방식으로 프로그램이 제공된다.
수행성	제품이나 서비스가 계획대로 수행된다.
신뢰성	시간적으로 또는 클라이언트 사이에서 변이가 최소한으로 되기 때문에 신뢰할 수 있고 일관되게 프로그램이 운영된다.
즉응성	프로그램 전달이 시기적절하다.
안정성	프로그램이 안전한 환경에서 제공되며 위험이 존재하지 않는다.
가시성	프로그램 전달과 관련된 시설, 장비, 인력, 출간된 자료 등의 외형이 적절하다.

출처: 정무성 「사회복지프로그램평가 매뉴얼」 한국복지행정학회(2011: 236) 재인용. Martin(1993)

〈그림 7-6〉 SERVQUAL

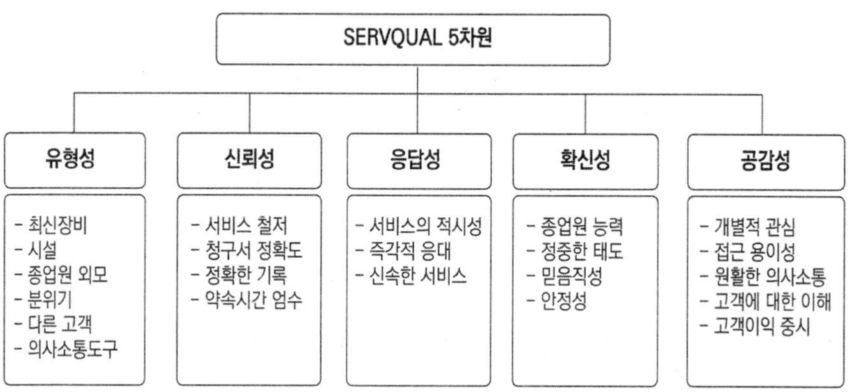

출처: 한국사회복지행정학회(2011: 238)

신뢰성은 일관된 방식으로 제공되는 서비스를 말한다. 서비스 방법으로는 항상 친근하고 정중하게 대하기, 사려 깊고(확신), 항상 클라이언트의 욕구에 대해 이해하기를 시도하기(감정이입), 그리고 이해할 수 있는 언어로 클라이언트들과 이야기(전달)하기 등이다.

또한 즉응성과 시의적절성은 적재적소에 필요한 시기에 가장 짧은 시간 내에 서비스를 제공하는 것을 의미한다. 클라이언트의 기다림은 클라이언트들이 서비스를 필요로 하거나 원할 때와 실제 서비스가 제공되었을 때 그 사이에서의 경과된 시간을 말한다.

〈표 7-5〉 SERVQUAL 차원의 정의

차원	SERVQUAL 차원의 정의
신뢰성	익숙한 서비스를 믿을 수 있고 정확하게 수행할 수 있는 능력
대응성(즉응성)	고객을 돕고 신속한 서비스를 제공하려는 태세
확신성	직원의 지식과 예절, 신뢰와 자신감을 전달하는 능력
공감성(감정이입)	회사가 고객에게 제공하는 개별적 배려와 관심
유형성(가시성)	물리적 시설, 장비, 직원, 커뮤니케이션 자료와 외양

출처: 한국복지행정학회(2011: 239)

3. 사회복지조직의 품질관리

1) 사회복지서비스의 질 향상 방법: TQM(Total Quality Management)

사회복지서비스의 질적 향상을 위해서는 다양한 방법과 노력이 전개될 수 있지만 여기서는 다음의 시스템적 측면에서 간략하게 접근해 볼 수 있을 것이다. ① 사회복지조직의 투입으로서 인력의 전문화와 재원의 증대가 필요하며, ② 중간과정으로서 클라이언트의 요구에 부합하는 이용자 중심의 서비스 제공과 과학적인 기법 및 기술의 개발과 활용 그리고 효율적인 전달체계의 마련, ③ 산출 및 성과로서 객관적이고도 표준화된 평가의 실시와 환류 그리고 노력에 상응하는 보상체계의 마련 등 세 가지 측면에서 보다 구체적인 방법과 전략이 전개될 수 있을 것이다.

〈그림 7-7〉 복지 환경의 변화와 사회복지서비스의 질적 향상을 위한 시스템적 접근

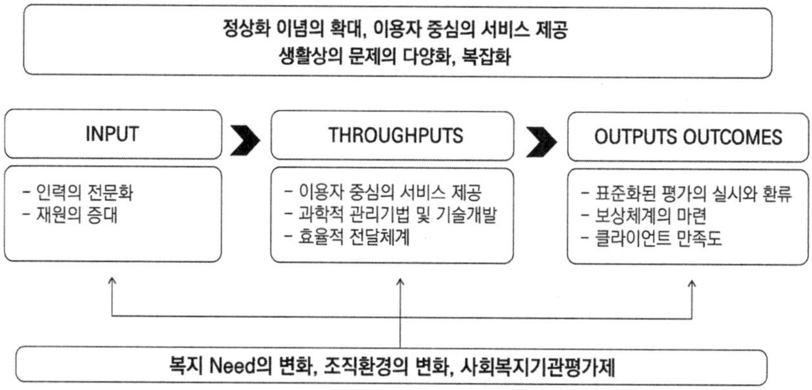

이상의 내용을 기초로 복지환경의 변화와 사회복지서비스의 질적 향상을 위한 시스템적 접근을 도식화하면 다음과 같다(박경일, 2010: 358).

우리나라 사회복지계의 변화 양상은 사회복지서비스의 질적 향상을 위해 평가시스템 개발과 실시로 보고 있으며 본 장에서는 박경일(2010)의 총체적 품질관리 TQM을 살펴보고자 한다.

2) TQM(Total Quality Management)

TQM이란, 소비자 욕구에 적절하고 확실하게 대응하는 기관서비스를 효율적이고 효과적으로 제공하기 위한 품질관리를 법인 전체 조직에 걸쳐 전 직원의 참여와 협력으로 실시하는 업무개선 운동을 말한다. 즉, TQM은 품질검사(inspection)에서 품질관리(Quality Control)로 그리고 품질보증(Quality Assurance)에서 총체적 품질관리(TQM)로 발전되어 왔다. 사회복지기관에서의 TQM은 복지서비스에 대한 관심을 단순한 개선(improvement)이나 통제(control)의 차원을 넘어 사회복지조직문화로서 또는 조직 운영의 철학으로서 사회복지서비스에 대한 중요성을 강조하면서 기관운영 전반에 TQM의 원칙과 기법들이 반영되는 것을 의미한다.

전통적인 미국의 관리 원칙과 TQM 원칙을 비교하면 다음과 같다.

〈표 7-6〉 전통적인 미국의 관리 원칙과 TQM 원칙의 비교

전통적인 관리 원칙	TQM원칙
- 조직은 경쟁하는 다양한 목적들을 가짐	- 질은 조직의 일차적인 목적
- 재정에 대한 관심이 조직을 주도	- 고객 만족이 조직을 주도
- 품질을 결정하는 것은 조직관리와 전문가	- 품질의 결정은 고객
- 현상유지에 초점	- 지속적인 개선이 초점
- 변화는 뜻밖의 일이며 관료적 체계에 도전하는 우승자에 의해 수행됨	- 변화는 지속적이며 팀워크에 의해 수행됨
- 구성원들과 각 부서는 서로 경쟁	- 조직구성원들과 부서는 서로 협동
- 의사결정은 감각에 기반함(하지 않는 것보다 무언가 하는 것이 낫다)	- 의사결정은 자료 분석에 기반함(어떤 것이 잘못되기보다는 하지 않는 것이 낫다)
- 구성원의 훈련은 사치스러운 것이며 비용이 든다는 인식	- 구성원의 훈련은 필수적이고 투자라는 인식
- 조직 내 의사소통은 기본적으로 상의하달식	- 조직 내 의사소동은 상향, 하향 그리고 양방향으로 진행
- 계약자들은 가격에 기초하여 서로 간에 경쟁하도록 장려됨	- 질 높은 상품과 서비스를 제공하는 계약자들과 장기적인 관계를 발전시킴

출처: Martin. L. L(1993)Totol Quality Management in Human Service Organizations. Thousend Oaks. CA: Sage. 신복기 · 박경일 · 이명현(2010: 361) 재인용

다시 말하면 사회복지기관 종사자 모두의 결집된 노력을 바탕으로 서비스의 길을 혁신하여 클라이언트의 만족도를 극대화함으로써 기관의 경쟁적 우위를 확보하는 것으로, 이를 위해서는 다음의 5가지 기본요소에 초점을 맞추어야 한다.

① 클라이언트: 클라이언트는 서비스에 대한 정의를 내리는 사람으로서 클라이언트의 만족도가 TQM의 실행 결과인 동시에 목표이다.

② 기관조직원(사회복지사): 기관조직원의 참여와 사명감 없이는 목표의 효과적인 달성은 어렵다.

③ 복지자원: 클라이언트에게 제공하기 위한 복지자원은 서비스의 수준에 영향을 주는 중요한 도구들이다.

④ 기관장(최고 경영자): 기관장은 사회복지기관 내에 서비스의 질을 고양시키

고 조직구성원의 자원들을 결집하고 관리하며 이끌어 나가는 과정을 통해 TQM의 성과가 좌우된다.

⑤ 과정: 서비스 활동 제공 과정 및 지속적인 서비스 개선 과정은 클라이언트의 서비스 만족에 결정적인 영향을 미친다(박경일 외, 2010: 358~362).

4. 서비스의 질 관리 방안

서비스 질 관리 방안으로 한국사회복지행정학회(2011)에서는 다음과 같이 장·단기적 관점으로 설명하고 있다.

1) 단기적 관점

단기적 관점으로는 고객이 기대하는 서비스의 수준을 이해하고 자료를 수집하는 일, 업무단계별로 서비스 질의 요구사항을 정의하여 관리하는 일, 서비스의 질 기준을 설계하고 그에 따른 실행을 하며 서비스의 질 전달 시스템을 체계적으로 관리하는 일 등을 하여야 한다. 구체적인 내용은 다음과 같다.

① 고객의 서비스에 대한 기대를 이해하고 확인하는 일이다. 즉, 자료수집을 위한 도구를 설계하는 일이 필요하다.

② 각 프로세스 단계별 서비스 품질 요구사항을 정의하는 일이다.

③ 서비스의 질 기준을 설계하고 실행하는 일과이다. 서비스에서 질 기준이란 서비스 표준화가 전제되어야 한다. 서비스 표준화가 가장 어려운 점은 고객이 생각하는 표준이 무엇인지 알아야 한다.

④ 서비스의 질 전달 시스템의 설계에 피드백하기이다.

2) 장기적 관점

사회복지행정기관이 서비스의 질을 향상하기 위해서는 단기적 관점이 아니라 장기적 관점에서 사회복지행정기관의 문화 · 조직 내 인간관계, 그리고 정보통신 기술을 비롯한 기술의 전략적 활용에서 그 길을 찾을 수 있다. 즉, 사회복지행정기관의 문화를 서비스 질의 향상에 적합하게 변화시키고 조직 내 조직원들이 참여하는 분위기가 마련되어야 한다.

사회복지행정기관이 서비스 자체의 질과 성과보다는 고객에 대한 즉각적인 대응이 중요하고 신뢰를 바탕으로 고객 입장에 서서 이루어져야 한다는 것을 의미한다. 이는 서비스를 공급자 위주에서 수요자 위주로 보는 발상의 전환이 이루어지고 있다는 것이다. 이러한 발상의 전환은 행정서비스에 대한 국민의 인식, 공무원과 국민 상호작용 방식 및 서비스가 조직되는 방식을 변화시키고 있을 뿐만 아니라 서비스의 공급유형과 전달 방식도 변경시키고 있다.

CHAPTER

사회복지행정과 동기부여 이론 제 8 장

제 8 장
사회복지행정과 동기부여 이론

사회복지서비스를 관리하는 데 동기부여(motivation)는 중요한 요소이다. 최근 사회복지조직에서는 동기부여에 관하여 많은 관심을 집중시키고 있다. 사람이 내면적으로 자발적인 능력을 발휘하려면 무엇인가에 대한 호기심과 탐구하는 내적 발흥이 전제되어야 한다.

사람이 어떤 경우에 근무 의욕이 생기고 사기가 높아져 열성적으로 일하게 되는지에 관한 몇 가지 욕구 이론(Skidmore, 1990: 151~62)과 과정 이론을 살펴보고자 한다.

욕구 이론은 내용 이론이라고도 하며, 어떤 욕구를 충족시키면 동기가 유발되는가에 관점을 두며, 과정 이론은 특정한 욕구를 어떻게 충족시킬 것인지에 관심을 두고 있다(사회복지교육연구센터, 2012: 212~215; 2016: 224~228).

제 1 절 욕구 이론

1. 고전 이론

Taylor는 경영 및 관리에서 동기부여의 중요성을 인식하고 고전이론의 기초를 이루고 있는 몇 가지 생각들을 제안하였다. 그는 열심히 일하는 사람이 자기가 한 일에 대해 게으른 사람과 똑같이 보수를 받는다면 열심히 일하는 사람은 곧바로 일의 속도를 늦춰 생산성에 협조적이지 않을 것이라고 결론지었다. 결과적으로 그는 열심히 일하고 생산력을 높이는 사람에게 보상을 주어져야 한다고 주장했다.

그는 스톱워치(stopwatch)의 사용과 일한 양에 따라 보수를 받는 상여금제도를 제안하였다. 스톱워치는 주어진 과업을 수행하는 데 얼마나 오래 걸리는가를 정확히 측정하고 기록하기 위해 사용되었고, 상여금제도의 도입을 통하여 열심히 일하는 근로자는 기대 이상으로 일한 양에 대해 화폐적 보상을 받아야 한다는 것을 강조하였다.

고전이론은 금전 및 소득의 증가가 생산에 있어 주요한 동기부여의 요소라는 생각에 기초를 두고 이루어진 것이다. 그러나 이와 같은 고전이론은 사람들의 주목을 받지만, 금전적 보상 그 자체가 생산 및 서비스의 증가를 가져올 수 있는 유일한 요소는 아니다.

2. 인간관계 이론

고전이론이 금전 및 보상과 개인의 기본적 욕구의 중요성을 강조하는 것과는 대조적으로, 인간관계 이론은 인간과 인간관계의 중요성을 강조한다. Likert에 따르면 행정가 또는 관리자는 동기부여자(motivator)가 되는 것이 당연하고 작업의 개발과 생산성을 높이는 데 핵심적인 인물이 되어야 함을 제시하고 있다.

그의 기본적인 생각은 관리자와 같은 동기부여자는 중요한 인물이기 때문에 그가 제대로 적합한 신호를 보내기만 하면 생산성이 높아진다는 것이다. 따라서 행정가와 관리자들은 가능한 한 동기부여 요소들을 많이 활용해 활성화해야 한다는 것이다.

인간관계 이론에서는 생산성이 높은 조직의 부서는 부서의 구성원들 각자가 서로 호의적인 태도를 보인다. 즉, 그들은 모두 사이가 좋고 서로 도우며 동기부여한다는 것이다. 인간관계 이론의 생각은 서로를 좋아하고 도울 수 있는 만족한 사람들끼리는 동기부여하고 바람직한 생산수준을 달성한다는 것이다.

이 이론은 의사결정 및 기획과정에 직원들을 관여시키고 직원들의 광범위한 참여를 강조한다. 직원들이 조직의 일부라고 느끼며 조직을 통제하고 운영하는 데 일조를 한다고 느낄 때 그들은 최선을 다하도록 동기부여가 된다는 것이다.

사회복지서비스에서도 사회복지조직의 직원들이 기획하고 의사결정 하는 데 중요한 역할을 할 수 있다고 느낄 때 그들은 더욱더 적극적으로 참여하고 더 좋은 서비스를 제공하도록 동기부여할 수 있을 것이다.

3. 욕구 이론

Maslow는 인간의 기본적 욕구와 만족에 대하여 설명하고 있는데 그는 기본적인 욕구의 내용을 ① 생리적 욕구, ② 안전의 욕구, ③ 애정의 욕구, ④ 존경의 욕구, ⑤ 자아실현의 욕구 등 다섯 가지로 분류하고 이들을 가장 낮은 수준의 생리적 욕구로부터 가장 높은 수준에 자아실현의 욕구에 이르기까지 계층을 이루고 있는 것으로 보고 있다.

이는 개인들의 욕구 수준이 다르기 때문에 각각 다르게 취급되고 대우를 받아야 한다는 것이다. 따라서 생산성을 증가시키고 동기부여를 할 수 있는 방법은 직원들의 욕구가 무엇인가를 이해하고 작업 기회를 통해서 그들의 욕구를 충족시킬 수 있도록 도움을 제공해야 한다는 것이다.

기본적으로 근로자들이 조직에서 동기부여 될 필요가 있는 경우, 근로자들은 각각 하나의 개인으로서 이해되어야 하고, 그들의 개인적 집단적 욕구가 고려되어야 하며, 그들의 욕구를 충족시킬 수 있도록 작업조건이 제공되어야 한다고 주장하고 있다.

특별히 그들에게는 자아실현의 욕구와 같은 좀 더 복잡한 욕구가 충족될 수 있는 기회가 제공되어야 하는데 자아 만족, 개별성, 독립성 및 성취감과 같은 개인들의 욕구와 사회적 인정 같은 것이 여기에 해당된다. Maslow의 이론은 다양한 연구에 의해 그 기본적 생각에 관한 타당성을 인정받고 있기는 하나 인간의 행동은 아주 개별적이기 때문에 그의 다섯 가지 욕구의 계층 순서에 많은 예외가 있다는 비판을 받고 있다.

4. ERG 이론

Maslow의 욕구 이론을 발전시킨 Alderfer의 ERG 이론은 상위 욕구를 충족시키기 전에 먼저 하위 욕구가 먼저 충족되어야 한다는 Maslow의 가정을 배제하고 있다.

이 이론은 Maslow의 다섯 가지 욕구를 존재의 욕구(existence needs), 관계의 욕구(relatedness needs), 성장의 욕구(growth needs)의 세 가지 범주로 나누어 설명하고 있다.

① 존재의 욕구는 배고픔, 갈증, 수면, 주거와 같은 생리적이고 물질적인 욕구로 Maslow의 생리적 욕구와 안전의 욕구에 해당된다. ② 관계의 욕구는 직무 내외적 상호 인간관계에 관련된 모든 욕구를 포함하는 것으로서 다른 사람과의 감정의 교류와 상호 의존성에서 만족을 얻고자 하는 욕구를 말한다. 이는 Maslow의 애정의 욕구와 존중의 욕구의 일부가 해당된다. ③ 성장의 욕구는 개인과 직무에 대한 계속적인 성장과 발전에 대한 욕구로서 잠재 능력의 개발 및 확장과 이에 따른 개인적 성장과 관련된 욕구를 말한다. 이것은 Maslow의 자아실현의 욕구에 해당된다.

5. 행동수정 이론

직무만족뿐만 아니라 개인적 상담과 관련하여 많은 학습이론이 제시되고 있는데, 이들 중의 하나가 행동수정(behavior modification) 또는 조작적 조건화(operant conditioning)이다. 심리학적 이론에 의하면 개별적인 그리고 집단에서의 인간 행동은 보상과 처벌(rewards and punishment)이 기대에 의하여 영향을 받는다. 행동은 지속적인 처벌 또는 지속적인 보상을 통해서 변화될 수 있다는 것이다.

행동 수정이론은 보상이 일반적으로 처벌보다 더 바람직한 것으로 강조된다. 상담에서 스티커(쿠폰) 및 기타 다른 선물과 같은 물품들이 아동과 청소년들의 행동을 변화시키기 위해 사용될 수 있다. 아동들은 어떤 행동이 보상받는다는 것을 깨달을 때 일정한 기간을 거치면서 그들의 행동에 변화를 일으킨다.

이는 직장의 업무에서도 마찬가지다. 봉급 인상과 승진 등과 같은 보상이 직무 성과와 관련하여, 지속해서 제공될 경우와 그렇지 않은 경우를 비교해 볼 때 많은 차이를 가져올 것이다.

Jablonsky와 Devries는 조작적 조건화를 통하여 조직구성원에게 최대한의 영향을 미치기 위한 조직의 기본적 규칙을 다음과 같이 제시하였다.

① 바람직한 행동을 얻기 위한 주요한 수단으로써 처벌을 사용하는 것을 피하라.

② 바람직한 행동을 적극적으로 강화하면서 가능한 한도에서 바람직하지 않은 행동을 무시하라.

③ 바람직한 반응과 강화 사이의 시차를 최소화하라.

④ 적극적 강화를 상대적으로 자주 적용하라.

⑤ 각 개인의 반응 수준을 확인하고 최후의 복합적인 반응을 얻기 위한 구체적 절차를 사용하라.

⑥ 적극적인 것과 또는 소극적인 것으로서 개인이 경험하는 상황들을 확인하라.

⑦ 아주 명백하고 일관성 있는 용어로 바람직한 행동을 명시하라.

6. X 이론, Y 이론, Z 이론

McGregor는 동기부여의 X 이론과 Y 이론을 제시하였다. McGregor의 X 이론과 Y 이론이라고 하는 용어는 고전이론과 인간관계 이론을 상호 비교하는 데 있어, 용어의 다양성과 혼란을 피하려고 사용한 것으로 X 이론은 고전적 접근법을 Y 이론은 인간 관계적 접근법을 의미한다고 볼 수 있다.

X 이론에 의하면 근로자에게는 민주적 참여를 최소화해야 하며 집권적이고 권위적인 지시와 통제가 필요하다는 것이다. 보통 인간은 본질적으로 일하기를 싫어하고 가능하면 일을 피하려고 한다는 것이다. 따라서 근로자들이 일을 수행하도록 하기 위해서는 강제하고 통제하여야 하며, 일하지 않았을 경우 처벌의 위협을 가할 필요가 있다는 것이다. 보통 사람은 별로 야심도 없고 지시받기를 원하며 무엇보다도 자기중심적이며 조직의 요구에 무관심하다. 그리고 안정감을 중시한다고 본다.

한편 Y 이론은 근로자들을 의사결정에 광범위하게 참여시킴으로써 덜 집권화시킬 것과 최소한의 통제와 지시를 강조한다. Y 이론의 기본적 가정은 일을 위한 육체적, 정신적 노력은 오락이나 휴식처럼 자연스러운 것이며 따라서 외부 통제의 필요성과 처벌의 위협을 최소화해야 한다는 것이다.

보통 사람은 책임을 받아들일 뿐만 아니라 그것을 추구한다는 것이다. 조직의 문제를 해결하는 데 있어서 상상력, 진실성 및 창의성을 발휘할 수 있는 능력을 근로자들은 누구나 다 갖고 있다는 것이다.

한편 Lundstedt에 의해 Z 이론이 제시되었는데 관리자들은 주어진 시점에서 존재하는 특수한 상황에 따라 유연성을 가지고 중간적 접근을 사용할 것을 강조하고 있다.

이 이론에서 고려하는 인간들은 과학자나 학자와 같은 특수 분야에 종사하는 사람들로서 그들이 각자 자유의지에 따라 행동하도록 분위기만을 조성할 뿐 인위적 동기부여는 가능한 한 억제하자는 것이다.

즉, Z 이론은 조직 내에서 무엇보다도 상호 신뢰감, 상호 인간관계의 민감성을 추구한다. 그리고 서로의 친밀감이 요구되며 또한 동질성, 정착성, 집단주의적인 의식에 초점을 맞추고 있다. 이러한 요소들은 조직의 응집력을 매우 강하게 만들며 조직의 생산성이나 능률을 높아지게 하는 요인이 된다.

7. 동기-위생 이론

Herzberg는 동기-위생 이론(motivation-hygiene theory)을 제시하였다. 이 이론에 의하면 일은 두 가지 기본적인 인간의 욕구를 충족시켜야 한다는 것이다. 그 하나는 고통(pain)을 피하려는 욕구로서 위생요인이고, 다른 하나는 심리적 성장과 만족을 성취하려는 욕구로서 동기요인이다.

이 이론은 근로자들을 만족시키는 요소들이 그들이 무엇을 하는지와 관련되어 있다고 제시한다. 즉, 중요한 것은 일의 내용과 심리적인 만족이다.

동기요인은 업무에 대한 만족감을 얻는 것이다. 그리고 동기요인이란 McGregor의 Y 이론과 관련되며, 직무 그 자체, 직무상의 성취, 직무성취에 대한 인정, 승진, 보람 있는 일, 책임, 성장, 발전 등이 이에 포함된다. 인간의 정신적 측면인 자기실현욕구, 존경의 욕구 등이 상위 욕구와 관련되며 장기적인 효과를 지닌다.

동기부여 요소를 살펴보면 직무의 만족감으로 ① 성취(achievement), ② 인정(recognition), ③ 향상(advancement), ④ 일 자체(the work itself), ⑤ 성장 가능성(the possibility), ⑥ 책임(responsibility) 등이 이에 속한다. 한편 불만은 고통으로 인해 생겨나는데 이 고통은 작업환경 속의 위생적인(hygiene) 문제들이 원인이 된다. 이와 같은 위생적인 문제들이란 부적절한 봉급, 노동 착취적 작업환경, 동료 및 윗사람과의 불편한 관계 등을 말한다.

Herzberg는 생산성이 떨어지는 주요한 이유 중의 하나는, 효율성이라는 명분으로 대부분의 일에서부터 일의 의미와 심리적 소득이 박탈되기 때문이라는 것이다. 그는 "어떤 사람이 좋은 일 하기를 원하면 그에게 좋은 일을 주라"고 제시하고 있다.

Herzberg는 직장에는 그 자체가 직무만족이나 적극적인 동기부여를 가져오는 것은 아니나, 특히 그것이 결핍되면 불만의 요인이 되어 근무 의욕에 영향을 미치는 중요한 위생적인 요소들이라고 지적하고 있다. 즉 직장의 정책 및 행정, 기술적인 슈퍼비전, 윗사람과의 대인관계, 동료와의 대인관계, 아랫사람과의 대인관계, 봉급, 일에 대한 안정감, 개인적인 생활, 작업조건, 지위 등을 말한다.

따라서 위생적인 요소들은 어떤 면에서 소극적인 동기부여 요소들이라고 볼 수 있다. 한편, Herzberg의 이론이 제시된 후 많은 경험적 연구들이 나왔으나, 그 결과 중에는 이 이론과 반대되는 것도 있는데, 이 이론은 무엇이 진정한 동기부여의 요인인지는 구성원이 무엇을 원하느냐 하는 문제와 관련되어 있다고 본다.

한편 Herzberg 이론에서 얻을 수 있는 것은 우선 직원들의 불만 요인을 제거하여 근무 의욕을 가질 수 있는 예방적(위생적) 조건을 형성시킨 후, 동기부여를 하는 것이 바람직하다는 점이다.

8. 보상모델

Porter-Lawler의 보상모델은 만족과 성취 사이의 관계를 밝히고자 한 것이다. 일반적으로 사람은 노력하기 전에 먼저 보상 가치와 보상의 가능성을 생각하게 된다. 보상 가치란 노력할 만한 가치가 있는가를 생각해보는 것이고 보상 가능성이란 이미

지각된 노력으로 승진, 임금 등의 가능성을 생각해보고 노력하게 된다는 것이다.

그러한 결과 얻은 성취는 반드시 노력과는 일치하지 않는다. 노력하는 사람의 능력과 자질에 따라 성취의 정도가 달라지기 때문이다. 이 모델에서는 실제 보상이 공정한 보상과 같거나 그 이상이면 만족스럽고 실제 보상이 공정한 보상보다 적으면 만족하지 못한다는 것이다.

전통적인 가설에서는 성취 의욕이 큰 사람은 만족스럽고 성취 의욕이 적은 사람은 불만족스럽다고 분석하였으나 이 모델에서는 성취 의욕이 큰 사람도 변수에 의해서 불만족스러울 수 있다는 것으로 분석함으로써 전통적인 가설에 비판을 제기하고 있다.

9. 성취동기 이론

McClelland는 동기를 부여하는 욕구를 권력욕구, 관계(친교)욕구, 성취(달성)욕구의 세 가지 형태로 파악하고 있다. 먼저 권력욕구는 구성원에게 통제력을 행사하거나 행동에 영향을 미치려는 욕구를 의미하며, 주로 높은 권력욕구를 가지고 있는 사람들이 영향력과 통제하는 데 관심을 보인다는 것이다.

관계욕구는 귀속 욕구라고도 하며, 다른 사람들과 친근하고 밀접한 관계를 맺으려는 욕구이다. 마지막으로 성취욕구는 어려운 일을 달성하려는 욕구, 장애를 극복하여 높은 목표를 이루려는 욕구, 다른 사람들과 경쟁하여 능가하고 싶은 욕구, 그리고 자신의 능력을 유감없이 발휘하여 자신의 가치를 높이려는 욕구 등을 말한다.

제 2 절 과정 이론

과정이론은 Vroom의 기대이론과 Adams의 형평성 · 공평성 이론으로 나눌 수 있다(사회복지교육연구센터, 2012: 227; 2016: 214).

1. Vroom의 기대 이론

어떤 일을 하게 되는 사람들의 동기는 여러 행동의 대안을 선택할 수 있을 때, 자신이 가장 중요시하는 결과를 가져올 수 있다고 믿고 기대하는 대안을 자발적으로 선택하는 과정이다. 자신의 노력이 목표를 성취하는 데 실질적으로 도움을 줄 것이란 확신이 보일 때 더욱더 동기부여가 된다.

기대이론의 구성으로는 유인성(valence)과 수단성(instrumentality) 그리고 기대감(expectancy)으로 이루어져 있고 유인성은 특정 성과에 대한 선호도, 욕망이나 매력, 직무 결과에 대해 개인이 부여하는 가치를 말한다. 수단성은 가능성에 대한 개인적 신념이고, 기대감은 특정 행위 또는 노력이 특정한 성과를 가져올 수 있다는 가능성 또는 주관적 확률과 관련된 믿음이다.

2. Adams의 형평성·공평성 이론

개인의 행위는 타인과의 관계에서 공평성을 유지하는 방향으로 동기부여가 되며, 업무에서는 공평하게 취급받으려고 하는 욕망으로 동기를 갖게 한다. 또한 자신이 직무를 수행하는 데 투입한 노력 등과 조직으로부터 받는 보수, 승진, 인정 등 산출 편익을 계량화하여 자신과 준거인[1]을 비교하여 두 비율 간에 대등함이 인지되면 공평성을 느끼고 만족하게 된다.

본인의 투입 대비 산출의 비율이, 동일한 작업 상황에 있는 다른 사람의 투입 대비산출의 비율과 비교하여 크거나 작다면 불공평성이 인지되어 본인이 감소시키려고 동기부여를 하게 된다.

1) 동종의 직무의 종사자를 의미한다.

제 3 절 동기부여의 공통적 요소

앞에서 살펴본 동기부여 이론들을 살펴보면 특별히 중요한 것으로 보이는 몇 가지 공통적 요소들이 있다. 정도의 차이가 있기는 하나 이와 같은 요소들은 여러 동기부여 이론에서 발견된다. 다음은 사회복지조직에서 동기부여와 관련된 몇 가지 실용적 원리와 요소들이다(Skidmore, 1990: 159~161).

1. 개인적 관심

조직 및 과업에 대한 개인적 관심은 동기부여와 양질의 사회적 서비스 제공에 있어서 아주 중요하다. 만약 직원 자신들이 하고 싶은 것을 하게 된다면 양적인 산출물이 증가할 뿐만 아니라 일의 질도 높아질 것이다.

만약 그들이 어떤 일을 억지로 한다면 그 반대의 결과가 나타날 것이다. 물론 일에 관한 관심이 개발되거나 증가하는 것은 가능하다. 유능한 행정가들은 개인적 관심을 높이기 위해 그들이 할 수 있는 모든 것을 다한다.

관심은 조직에서 사례와 경험을 함께 나누어 보거나, 조직의 운영에 중요한 기획 및 의사결정 과정에 직원들을 참여시켜 개발될 수 있다. 민주적이고 참여적인 분위기는 개인적 관심을 불러일으키는 데 도움이 된다.

2. 시간 관리

조직에서 직원들은 일반적으로 시간과 관련하여 두 가지 요인을 필요로 한다. 하나는 행정가들이 조직의 틀 내에서 시간을 사용하는 것을 존중하는 것이다. 다른 하나는 직원들 스스로 창의적으로 되기 위해, 그리고 그들이 제공하는 서비스를 계획하고 개선하기 위해 상당한 시간을 갖는 것이다. 행정가를 포함한 개개 직원의 시간가치를 존중하는 조직에서는 가치와 생산성이 대부분 높은 것으로 나타난다.

이는 행정가들이 자신들의 시간을 효과적으로 사용함으로써 모범을 보여야만 한다는 것을 뜻한다. 행정가들은 최소의 시간을 들여 최대의 결과가 발생하도록 위원회 운영과 의사결정 과정을 조직화한다.

또한 행정가들은 조직의 목표, 조직의 문제, 조직의 결정을 고려하기 위해 시간을 적절히 배분하며 모임에 상정할 의제를 준비하기도 한다. 또한 개개 직원들이 조직의 이익을 위해 심사숙고하고 평가하며 계획하고 창조할 얼마의 시간을 갖는 것도 중요하다.

3. 행정적 지지

행정가들이란 공동의 목표를 달성하기 위해 함께 일하면서 조직의 생산성을 높이고 직원들의 사기를 진작시키기 위해 도움을 주는 사람들을 말한다. 신뢰는 신뢰를 불러일으키고 지지는 또다시 지지를 불러일으킨다.

지지한다는 것은 직원들에게 하려고 하는 일에 뒷받침하는 것뿐만 아니라, 적당할 때 칭찬과 인정해 주는 것을 말한다.

직원 모임에서 칭찬과 인정을 해주는 것은 소속감과 성취 및 가치를 추구할 수 있게 한다. 따라서 그런 감정을 충족시켜 직원들로 하여금 다른 직원들과 더불어 일할 의욕을 불어넣어 주는 계기를 만들어 줄 수 있다.

4. 책임 및 권한의 명확화

직원들이 자신들의 특수한 책임을 이해하고 그 책임을 수행하기 위한 권한을 갖고 있다고 느낄 때 직원들은 긍정적 감정을 갖게 되며, 조직의 이익과 서비스를 높이기 위해 그들이 할 수 있는 것을 하도록 동기부여하게 된다.

책임을 아주 일반적으로 규정하여 그 의미가 거의 없거나 전혀 없는 경우도 종종 있다. 또한 책임이 구체적이고 분명할수록 그 책임은 수행하기가 편리해진다. 어떤 행정가들은 책임 할당은 열심히 하나 그 책임에 수반되는 권한을 부여하는 데는 미흡한 부분이 있다.

5. 인정과 칭찬

직원들은 상관으로부터 항상 환류(feedback)를 필요로 한다. 유능한 행정가는 직원들에 대해 칭찬을 할 줄 아는 사람이다. 인정은 말로 할 수도 있고 글로도 할 수 있다. 직원들은 그들이 한 일이 조직의 목표와 서비스에 비추어 볼 때 만족할 만한 것인지 아닌지를 알 필요가 있다.

유능한 행정가는 종종 환류를 제공하면서 직원들에게 그들의 행위가 제대로 이루어졌다는 것을 알려준다. 유능한 행정가는 개별 면담 및 직원 모임에서 직원들이 직무를 잘 수행했을 경우 칭찬을 아끼지 않는다.

6. 성취 기회

가치 있는 무엇인가를 할 수 있는 기회는 직원의 동기부여와 조직의 사기를 위해 아주 중요하다. 진정한 성취 기회는 개방 공개되어 개인과 집단의 만족을 가져오도록 해야 한다. 반면에 아무 활동도 하지 않거나 어리석은 활동을 하는 것은 불신과 불안함을 양산하며 비효율 및 비효과성을 가져오게 하는 요인이 된다. 사람들은 가치 있는 무엇인가를 성취하는 것으로부터 진정한 만족과 긍정적인 감정을 얻는다. 사회복지조직에서 성취 기회를 제공하는 것은 사기 진작을 위해 아주 중요하다. 바람직한 행정가는 구성원과 개인, 가족, 지역 사회문제를 스스로 처리할 수 있도록 도울 수 있는 기회를 제공할 때 동기가 부여되고 자기 효능감이 높아진다.

CHAPTER

사회복지조직의 책임성과 평가 제 9 장

제 9 장
사회복지조직의 책임성과 평가

제 1 절 사회복지조직의 책임성

1. 책임성의 정의 및 주체와 대상

휴먼서비스조직이라고 할 수 있는 사회복지 조직은 클라이언트의 삶의 질 향상이라는 복지증진을 위해 존재하며, 사회문제를 해결하고 사회적 목표 달성에 이바지하여야 하는 당위성이 있다. 이는 책임성이라고 볼 수 있으며, 사회복지 조직의 책임성과 관련하여 책임성이 무엇인가에 대한 정의, 주체, 대상, 기준과 책임성의 유형 아홉 가지를 다음과 같이 설명하고 있다(사회복지교육연구센터, 2016: 311~313).

1) 책임성의 정의

책임성이란 활동의 결과에 대한 책임감과 함께 과정에 있어서 정당성이 수반되어야 함을 의미한다. 사회복지조직은 효과성뿐만 아니라 효율성도 중요하며 정당성도 고려해야 한다. 따라서 책임성을 확보하기 위해서 사회복지조직은 클라이언트와 기관, 조직 내부 및 외부에서의 책임성과 함께 정당성을 확보하여야 한다.

사회복지조직의 사회적 책임을 책무성으로도 표기한다. 따라서 사회복지조직은 클라이언트와 지역사회 욕구에 적합한 사회복지서비스를 효율적이면서도 효과적으로 제공할 책임성이 있다. 또한 책임성은 국가로부터 위임받은 서비스 전달 책임에 대해 얼마나 충실하게 수행했는지를 판단하는 원칙이며, 자원이 적절하게 사용되어 얻어진 결과가 어느 정도로 좋은가에 대해 평가할 수 있는 기준이 된다.

2) 책임성의 주체

책임성을 갖는 주체로는 국가와 시장(사회복지 조직, 사회복지 전문가 등)이 있으며, 클라이언트인 모든 국민도 이에 포함된다. 이를 영역별로 살펴보면 다음과 같다.

① 국가(공공)는 복지서비스가 필요한 재정정책과 예산 배분, 소득 재분배 등을 통해 복지국가 모델을 향한 노력을 해야 할 책임이 있다.

② 사회복지조직은 시장영역의 책임성을 지니므로, 사회복지 전달체계 중 하나로서 공공이나 민간 자금을 이용해 각종 프로그램과 서비스를 직접 실천하는 현장의 역할을 다하여야 하고, 예산의 효율성 및 윤리적 책임을 다해야 한다. 객관적 평가 기준 마련과 회계의 투명성 재고를 통해 조직을 통제하고, 실천 방법에도 최대한 책임성 있게 실천해야 한다. 특히, 사회복지 전문가가 전문가로서 인정받기 위해서는 자격시험이나 면허시험을 통과하는 것 외에도 경험적 기술이 필요하다. 전문적인 사회복지사는 개입되는 문제에 대해 윤리적이면서도 법률적으로 책임을 다하고 타당성 있는 평가를 통해 인정받고 신뢰받아야 한다.

③ 클라이언트는 '복지의 늪'이라는 부작용에 종속되지 않고, 생산적인 복지, 능동적 복지를 위해 무임승차나 도덕적 해이에 머무르지 말아야 한다. 또한 필요한 서비스가 필요한 대상자에게 집중될 수 있도록 책임을 다해야 한다. 특히, 사회복지사는 항상 클라이언트와 상호작용하며 클라이언트의 목표 달성을 위해 함께 협조하고, 계속적으로 계획 수립과 실천 과정에 도움을 줄 책임성이 있다.

3) 책임성의 대상

① 클라이언트에 대한 책임으로서 사회복지서비스는 클라이언트를 중심에 두고 이루어져야 하며, 자기결정이 강조되어야 한다. 이러한 서비스 원조 과정에서 알게 된 비밀은 반드시 지켜야 한다.

② 사회에 대한 책임으로서 사회복지 조직의 모든 활동은 사회적 공동목표에 부합하여야 하며, 긍정적인 결과가 발휘될 수 있도록 추진하는 측면에서 책임성이 요구된다.

4) 책임성의 기준

책임성의 기준은 사회복지서비스 실천 과정에서 책임성을 다하는 방향으로 이뤄졌는지를 판단하는 기준이다. 가령 도덕적 책임 여부 또는 활동에서의 법적 책임·책무적 책임을 하였는가에 대해 책임성을 평가한다.

① 도덕적 책임이란, 사회복지행정은 사회복지행정 활동의 일반적 원칙을 수행함에 있어, 공익 증진을 위해 노력해야 하며, 클라이언트의 욕구에 기반을 두고 사회복지서비스를 실천해야 한다는 원칙이다.

② 법적 책임이란, 활동에 관한 명문화된 기준이 있다면 반드시 그 기준을 따라야 한다는 것이다.

③ 책무적 책임이란, 활동 기준이 명문화되어 있지 않았을 경우라 하더라도, 책무성 증진을 위해 활동이 이뤄져야 하고 사회복지사로서의 윤리강령과 전문적 기준을 따라야 한다는 원칙이다.

2. 책임성의 유형

1) 적용의 책임성(coverage accountability)

적용 대상 범위에 대한 책임으로서, 서비스 제공 클라이언트와 서비스 내용과 관련된다.

2) 서비스 전달의 책임성(service delivery accountability)

서비스가 자격 있는 전문가, 즉 사회복지사에 의해 책임 있게 전달되는가에 대한 책임성을 말한다.

3) 영향 책임성(impact accountability)

'사회복지서비스가 클라이언트와 지역사회에 어느 정도 파급효과가 있으며 영향을 주었는가'에 관한 책임성을 말한다.

4) 효율성 책임성(efficiency accountability)

예산 투입 대비 산출과 관련하여 서비스의 비용적 측면에서의 책임성을 말한다.

5) 재정적 책임성(fiscal accountability)

재정 집행과 관련하여 어느 정도 투명하게 집행되었는지에 대한 책임성을 말한다.

6) 법률적 책임성(legal accountability)

모든 서비스가 법률적 규정이나 계약에 위반되지 않고 법률 등을 준수하는가에 대한 책임성을 말한다.

7) 윤리적 책임성(ethical accountability)

모든 서비스는 도덕적으로 바람직한가에 대한 책임성을 말한다.

8) 이미지 책임성(image accountability)

클라이언트가 낙인찍히지 않고, 그들에게 부당한 이미지를 주지 않도록 하는 것과 관련된 것으로 클라이언트의 사회적 이미지 중요성에 대한 책임성을 말한다.

9) 욕구 책임성(need accountability)

클라이언트 욕구에 부합하는 클라이언트 중심의 서비스 제공을 위한 책임성을 말한다.

3. 책임성 수행을 위한 행정 관리자의 역할

사회복지 조직의 행정가 역할에는 다음과 같이 여덟 가지 역할로 구분할 수 있다(김성옥 외, 2012: 372~373).

① 외부 환경에 대응하는 미래지향적 목표를 설정하고 관리하는 지휘자(director) 역할

② 과업 지향적인 업무에 초점을 두는 생산자(producer) 역할

③ 기술적으로 유능하고 사전 대비가 잘 되어 있는 점검자(monitor) 역할

④ 조직원을 적재적소에 잘 배치하고 활동을 적극적으로 유도하는 조정자(coordinator) 역할

⑤ 직원에 대해 조언하는 조력자(mentor) 역할

⑥ 직원들 간의 상호작용과 인간관계를 조성시키는 촉진자(facilitator) 역할

⑦ 창조적이고 현명한 리더로서의 혁신자(innovator) 역할

⑧ 지원 지향적이고 정치에도 관심을 갖는 중개자(broker)의 역할이 그것이다.

4. 사회복지조직의 책임성에 영향을 미치는 요인

사회복지조직의 책임성에 영향을 미치는 내·외부적 요인에 대해 사회복지교육연구센터(2016: 315~316)에서는 다음과 같이 제시하고 있다.

1) 내부적 요인

(1) 서비스의 다양성

단일한 서비스만 제공하는 사회복지조직은 드물다. 현실적으로 다양한 서비스를 제공하게 되므로 사회복지조직의 책임성을 추구하는 것이 어려워진다.

(2) 기술의 복잡성

다양성과 함께 제공하는 기술도 복잡해지고 다양해지는데, 이렇게 되면 투입과 성과에 대한 효과성과 효율성을 측정하여 책임을 다했는지를 확인할 방법이 더욱 어려워지게 된다.

(3) 목표의 불확실성

사회복지조직에서 투입과 산출 간의 인과관계는 불확실하게 진행된다. 이는 사회복지조직의 특성상 인간이 조직의 원료이면서 산출물이 되기 때문인데 인간의 능동성으로 인한 이러한 결과는 사회복지조직의 불확실성을 키워 책임의 측정을 어렵게 하는 요인이 된다.

2) 외부적 요인

(1) 공급 주체의 다원화

공급 주체의 다원화로 인하여, 비민주적 운영사례, 후원금 관리의 투명성 의혹, 모금에 대한 행정비 과잉 지출 문제 등이 발생하게 되고, 이는 곧 사회복지 공급 기관의 책임성 문제로 이어진다.

(2) 민영화 경향

시장과 시민사회의 역할이 증대되면서 사회복지조직도 민간이 위탁운영하는 경우가 많아졌다. 이때 위탁운영체가 지역주민의 욕구를 반영하기보다는 정부의 결정에 더 많은 영향을 받는 경향이 있어 비체계적이고 비효율적이라는 지적을 받고 있다.

(3) 법률 정비

우리나라 사회복지사업법에 따라 민간 사회복지기관과 시설은 3년에 1회 이상 평가를 통해 책임성을 입증하도록 제도화되어 있다.

제 2절 사회복지시설 평가

1990년대 이전까지는 평가에 대해 크게 강조되지 않았으나 오늘날 평가는 사회 전반에 걸쳐 주요한 논의 대상이 되고 있으며 관심이 고조되고 있다. 사회복지 영역 확대로 인한 사회적 책임성이 평가의 주요 쟁점으로 자리 잡게 되었고, 사회복지사업법의 개정은 사회복지 행정의 조직관리 수단에서 평가의 가치를 새롭게 인식하는 계기가 되었다(김인혁 외, 2012: 329).

사회복지시설의 평가는 3년에 1회씩 평가가 시행되고 있으며 사회복지시설의 서비스 질 제고와 투명성을 위한 평가의 정의와 목적에 대해 김인혁(2012)은 다음과 같이 정의하고 있다.

1. 사복지시설 평가의 정의

사회복지시설 평가란 사회복지시설 또는 기관에서 진행되는 사회복지 실천에 있어, 목적사업이 적절히 실현되었는지를 확인하는 작업을 말한다. 평가의 결과는 사회복지 프로그램을 중단할 것인지, 계속해서 확대해 나갈 것인지를 확인하는 기준이 되며, 기관이나 사회복지사 측면에서는 피드백(feedback)으로 활용되어 모니터링과 변화의 방향성을 활용하는 데 도움이 된다.

클라이언트 측면에서 평가 결과는 프로그램이나 기관이 클라이언트의 입장에서 그들의 욕구를 적합하게 충족시켰는지 파악하는 수단이 되기도 한다.

2. 사회복지시설 평가의 목적

사회복지시설 평가는 사회복지시설의 운영효율성과 효과성을 제고하고, 서비스 질 향상을 도모하는 데 목적이 있다. 또한 평가는 클라이언트의 욕구 충족과 사회복지 서비스의 질 향상을 도모한다. <그림 9-1>에서 평가의 목적을 살펴보면 다음과 같다.

평가는 합리적 평가지표와 평가체계 개발을 통해 객관적인 평가 매뉴얼이 마련되어야 한다. 또한 사회복지시설 운영 실체에 대한 현황 파악을 통해 시설 운영 선진화 및 클라이언트의 복지 수준 향상에 기여할 수 있어야 한다.

그리고 확대되고 있는 복지 수요에 대한 평가를 통해 사회복지시설 운영실태 정보제공과 클라이언트의 선택권을 보장해 주는 데 의의가 있다.

신복기(2013)는 프로그램 개선과 합리적 의사결정, 책임성 수행, 지원확보, 지식개발을 위해 프로그램 평가가 필요하다고 하였다.

〈그림 9-1〉 평가의 목적

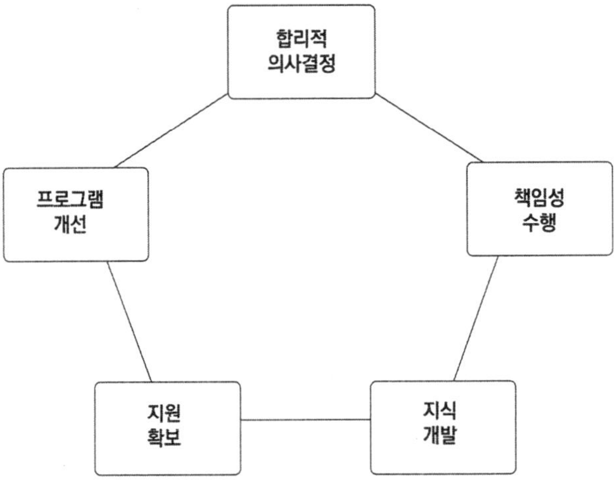

출처: 신복기 · 박경일 · 이명현(2013: 327)

3. 평가의 원칙

사회복지시설의 평가는 다음과 같은 기본원칙에 따라 평가의 기준 및 지표개발, 평가의 시행, 평가 결과에 대한 조치를 하도록 하고 있다(사회복지교육연구센터, 2016: 317~318).

① 운영개선 및 서비스 질 제고를 유도하는 수단으로 작용해야 한다.

② 평가 기준은 모든 사람이 이해하고 수용할 수 있도록 쉽게 구성되어야 한다. 또한 평가 기준과 평가과정을 사전에 공개하여 평가지표에 대한 이해를 명확하게 인지시킴으로써 평가 절차의 투명성을 확보해야 한다.

③ 평가대상 기관이 평가과정에 참여하는 참여자로서 스스로 기관의 문제점을 객관적으로 인식하고 개선할 수 있도록 하여야 한다.

④ 평가의 목적은 사회복지 기관이 전체적으로 최저수준 이상을 견지할 수 있도록 유도하는 것을 기본 목표로 한다.

⑤ 이용자 중심의 평가로서 이용자 만족도와 서비스 질을 고려하도록 한다.

⑥ 사회복지 기관과 지역사회의 원활한 상호관계를 유도하는 방향으로 평가내용을 구성한다.

신복기(2013)의 평가 원칙을 추가하자면 서비스 질 향상의 원칙, 평가 절차의 투명성 원칙, 평가 참여의 원칙, 기본선 확보의 원칙, 이용자 중심의 원칙, 지역사회 관계의 원칙으로 보고 있다. <그림 9-2>의 사회복지시설 평가의 원칙을 살펴보면 다음과 같다.

〈그림 9-2〉 사회복지시설평가의 원칙

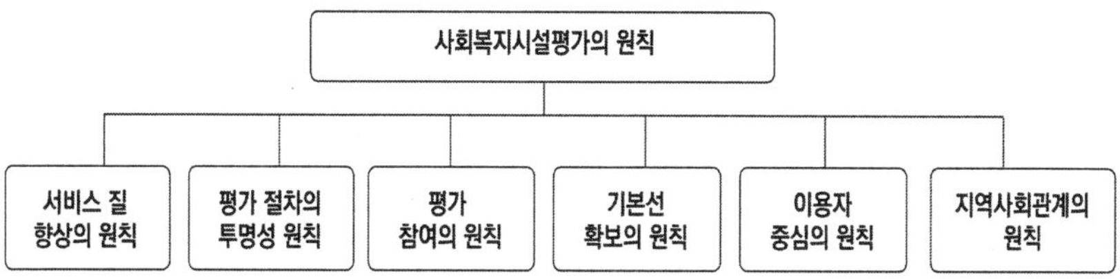

출처: 신복기 · 박경일 · 이명현(2013: 333)

4. 평가의 유형

1) 형성평가(formative evaluation)

형성평가는 프로그램 과정 중에 하는 중간평가로 볼 수 있다. 이는 프로그램 실행 중에 본 프로그램이 목적에 맞게 실천되고 있는지, 서비스 자체 또는 전달 방법에 문제점은 없는지, 프로그램 결과의 향상에 어느 정도 기여할 것인지에 대한 방향성을 제시하는 데 중요한 역할을 한다. 즉, 프로그램을 진행하는 중에 원활하고 성공적 수행을 위해 찾고, 수정하며 보완하고 확대해 나가는 방법이다.

2) 총괄평가(summative evaluation)

총괄평가는 일반적으로 프로그램이 마지막으로 끝난 시점, 종결된 시점에 실시하는 평가로 프로그램이나 클라이언트의 욕구 달성과 프로그램의 목표가 어느 정도 달성했는가를 평가한다. 특히 예산 투입 대비 산출에 대한 효율성 평가와 프로그램의 결과 및 성과 달성에 대한 효과성 평가를 하며 결국 총괄평가는 결과평가로 볼 수 있다.

5. 평가영역

사회복지시설의 평가영역은 다음과 같다(사회복지교육연구센터, 2016: 319).

① 시설 및 환경: 안전관리, 식품위생, 공간 배치 및 청결 상태, 편의시설 설치 상태 등

② 재정 및 조직 운영: 회계 관련 사항, 운영위원회 구성 및 활동 등

③ 인적자원관리: 자격증 소지 직원 비율, 직원의 근속률, 직원의 교육활동, 직원 채용의 공정성, 슈퍼비전, 직원복지 등

④ 이용자의 권리: 이용자의 비밀보장, 이용자의 고충 처리

⑤ 지역사회관계: 자원봉사자의 활용과 관리, 외부 자원 개발, 후원금 사용 및 관리 등

⑥ 프로그램 및 서비스: 프로그램 기획 · 실행 · 평가, 사례관리에 관한 사항, 프로그램의 차별성 · 참신성 · 전문성 · 지역사회 조직화 등

6. 평가과제

사회복지시설 평가는 장 · 단기적인 목적 달성과 성공적인 정착을 위한 과제로 다음과 같이 제시하고 있다(김인혁 외, 2012: 339~340; 사회복지교육센터, 2016: 319~320).

① 사회복지시설의 종류를 구분하고 시설 상황에 따라 지표를 세분화할 필요가 있다. 즉, 시설의 규모, 위치 등을 고려하여 지표의 차이 혹은 배점에서 가중치를 둠으로써 기관의 고유한 특성을 살릴 수 있을 것이다.

② 지역별 평가 기구 상설화를 통해 지역성을 반영한 지표가 개발되어야 한다.

③ 평가지표 문항과 기준을 정교화해야 한다. 평가지표는 시설의 의견을 반영하여야 하며, 지표가 객관적으로 수량화되어 측정될 수 있도록 구체적인 작업이 필요하다. 현실적으로 실현 가능성이 없는 수준 높은 평가지표는 수정하거나 보완할 필요가 있다.

④ 클라이언트의 참여 보장이다. 대부분 평가는 기관의 사회복지종사자 위주로 실적관리와 평가 준비를 하는 데, 실제 클라이언트 참여는 부족하다고 본다. 클

라이언트의 참여는 만족도 조사와 현장 인터뷰를 통해 보완하는 것이 필요하다.

⑤ 시설평가 중심에서 프로그램 평가 중심으로 변화되어야 한다. 시설평가 중심이 아닌 클라이언트와의 욕구에 초점을 두고 프로그램이 어느 정도 충실하였는가에 대한 효과성과 효율성 평가가 이루어져야 한다.

CHAPTER

사회복지행정과 인사관리 제10장

제10장
사회복지행정과 인사관리

보편적으로 조직의 성과를 극대화하기 위해서는 필요한 자원을 확보하여 이를 효율적으로 관리하여야 조직의 생산성을 최대화할 수 있다. 즉, 사회복지조직에서는 사회복지사 자신이 직접 투입되어 활동하기 때문에 재정관리와 조직의 업무처리를 위한 정보관리 등은 바로 사회복지조직에서 매우 중요한 관리 기능이다.

인사관리는 직원을 채용하고, 능력을 개발하며, 근무 의욕을 갖고, 조직에 헌신할 수 있도록 동기를 부여하는 관리 활동을 말한다. 즉, 조직 유지를 위해 적시에 직무요건에 맞는 인원을 계획하고 조달 · 개발 · 활용 · 유지 · 배치 · 이동하며 평가 관리하는 과정이다.

이러한 인사관리의 주된 기능은 조달, 배치 할당, 개발, 제재규약, 통제 및 적응 등이다. 조달기능은 모집과 충원 선발을 말하며, 배치 할당 기능은 직무분류와 할당, 임금 지불, 승진, 이직 및 해고 등이 해당된다.

개발 기능은 훈련, 사정, 코치, 동기부여이다. 그리고 제재규약의 기능은 작업 환경에 대한 근로자들의 규율과 협상, 고충 처리 및 절차호소가 포함되고, 통제 및 적응의 기능은 인사관리를 설계하고 구성원과 관리자의 관계를 조정하여 정보 유지 체제를 관리하는 것이다.

제 1 절 인사관리의 과정

인사관리의 단계는 인사계획, 채용, 임명, 오리엔테이션, 평가, 승진, 퇴직 및 이직 등으로 이루어진다(김인혁 외, 2012: 216~228; 박종팔 외, 2013: 211~220; 사회복지교육연구센터, 2012: 202~205).

1. 인사계획

인사계획이란 기관의 목적 달성을 위해 어떤 기술을 소유한 인력을 어느 정도 필요로 하며 또 언제 선발할 것인가 등에 대한 인사 충원의 전반적 계획을 의미한다.

즉, 조직이 필요로 하는 인력의 양과 질을 획득하여 최대로 활용하며, 잠재적 인력의 부족 현상과 과잉 상태를 예측하고 적절히 대응하는 것이다. 이러한 목적을 달성하기 위해서는 인적자원의 수요예측, 공급예측, 인적자원 소요량 결정, 인적자원의 예산통제 등이 요구된다.

2. 채용

채용은 사회복지조직의 직원으로서 적절한 인물을 신규로 충원하는 것을 의미하며, 이것이 이루어지는 과정을 기준으로 하여 모집, 선발, 임명으로 나누어진다.

1) 모집

모집(recruitment)이란 선발을 전제로 신규 채용 희망자에게 채용에 대한 정보를 제공하여 더욱더 유능한 인재들이 지원하도록 유도하여 공석 중인 직위에 유치하는 과정이다. 모집계획 과정에서 직무분석, 직무기술서 그리고 직무명세서와 같은 필수적인 활동이 이루어져야 한다.

① 직무분석은 기관의 모든 직무를 대상으로 각각의 직무를 수행하는 데 따른 책임과 업무 내용을 수집, 분석하여 종합적으로 분류한 것으로, 직무에 관한 합리

적이고 체계적인 정보를 제공하여 인사관리의 기반을 마련하는 것을 말한다. 이때, 한 사람의 조직구성원이 수행하는 일을 직무라고 하며 이는 업무분석과 직무 기술을 의미한다.

② 직무기술서는 직무자체에 대한 기술이며 내용으로는 직무 명칭, 직무개요, 장비, 환경, 작업 활동 등이 포함된다. 특정한 직무 및 직위에 부가된 책임을 구체적으로 기술한 것으로 직무의 성격, 내용, 수행 방법 등 직무에서 기대되는 결과를 간략하게 정리한 것이다.

③ 직무명세서는 특정 직무를 만족스럽게 수행하는 데 요구되는 최소한의 자격 요건, 즉 수행의 지식, 기능, 능력, 기타 특성을 기술하는 것이다. 직무기술서는 직무 자체에 관한 기술서이고 직무명세서는 직무수행자의 요건과 관련된 사항을 기재한다.

모집목적은 전문적으로 유능하고 클라이언트 및 다른 직원들과 원만한 대인관계를 맺을 수 있는 능력을 지닌 직원을 고용하는 데 있다. 직원의 전문적 능력의 여부는 그 사람이 받은 훈련 및 이전의 경험과 관련되어 있다. 또한 다른 사람과 원만한 대인관계를 맺을 수 있는 능력은 퍼스낼리티 특성뿐만 아니라 경험과 훈련으로부터 생겨난다.

사람이 아무리 전문적으로 유능하더라도 다른 사람과 같이 잘 어울려 지낼 수 없다면 사회복지조직에 도움을 주지 못할 것이다

다음으로 자격 있는 후보자들이 지원할 수 있도록, 채용정보 제공은 지방 및 전국적 수준의 일간지, 사회복지신문, 사회복지와 관련된 각종 월간 및 계간지 등에 모집공고를 하거나 사회복지학과 및 대학의 취업보도실 또는 개인적 접촉 등을 통하여 모집을 알린다.

그리고 지원자를 어디서 모집하느냐에 따라 기관 내부충원과 기관 외부충원의 방법이 있다. 기관 내부에서와 기관 외부에서 모집이 이루어지는 경우 장·단점은 <표 10-1>과 같다.

〈표 10-1〉 기관 내부 모집과 기관 외부 모집의 장·단점

모집유형	장 점	단 점
내부 모집	- 지원자에 대한 정확한 자료 확보 가능 - 지원자에 대한 정확한 평가 가능 - 저렴한 모집 비용	- 지원자의 참신성 부족 - 지원자의 현재 업무에 지장 초래 - 모집범위의 제한
외부 모집	- 참신한 응모자의 확보 - 새로운 기술/경험을 소유한 지원자 확보 - 다수의 인력 확보에 유리	- 모집 비용의 과다 - 지원자에 대한 정확한 자료 부족 - 내부 인력의 사기 저하

2) 선발

선발이란, 지원자 중에서 기관이 필요로 하는 자질과 능력을 갖추고 직무명세서에 가장 적합한 지원자를 선발하는 과정이다. 새로운 직원을 선발하는 데는 여러 가지 유형이 존재하는데, 기관장이 직원을 선택하기도 하고 인사위원회에서 그 권한을 갖기도 한다.

직원선발에는 두 가지 요소가 특히 중요하다. 하나는 조직의 요구와 기대이며 다른 하나는 채용될 사람의 요구이다. 특히, 모집과정의 초기 단계에 직무에 대한 조직의 요구와 기대에 대한 세심한 이해가 있어야 한다. 이는 앞의 직무명세서에 나타나게 된다. 지원자의 요구를 알기 위해서는 지원자로부터 교육, 경험, 기타 관계 자료를 포함한 문서자료를 획득하는 것이 필요하며 그 밖에 지원자의 지원동기와 같은 조직에 대한 관심의 진술이 요청된다.

그리고 지위에 적합한 자질을 갖춘 지원자를 선발하기 위해서 지원에 대한 정보수집은 다음과 같은 방법을 이용한다(박차상, 1999: 474). ① 기본적인 신상 파악을 위한 지원자의 지원 서류, ② 지원자의 지식, 경험, 개인적, 감정적 특성 파악을 위한 면접, ③ 평가기술을 향상하기 위해 전직 고용주의 추천서, ④ 관련 경력의 참고사항 검토, ⑤ 필요시 학교 성적 및 시험, ⑥ 건강진단 등이다.

(1) 선발의 일반적인 과정

직무명세서 작성 → 서류전형 → 선발시험 → 선발 면접 → 경력조회 → 신체검사 → 선발 결정 → 채용

(2) 선발의 방법

시험 과정은 객관도(objectivity), 타당도(validity) 그리고 신뢰도(reliability)가 있어야 한다. 표면적으로는 이러한 속성을 확보하기 쉬운 것 같지만 실제로는 어렵다.

표준화된 시험방법으로는 필기시험(written test) · 실기시험(performance test) · 면접시험(oral test) 등이 있다.

❶ 필기시험

관리가 편리하고 시간과 경비를 절약할 수 있고 객관도, 타당도를 높일 수 있다는 점에서 많이 이용되고 있다. 주관식 시험은 통찰력, 추리력, 판단력 등과 같은 고도의 복잡성을 지닌 사고능력을 측정하는 데 효과적이며 시험출제에 비교적 적은 시간이 소요된다.

그러나 객관식 시험은 주관식 시험과는 반대로 채점이 편리하고 고도의 객관성을 확보할 수 있다는 장점 때문에 많이 이용되나, 고도의 복잡성을 지닌 사고능력을 측정할 때는 효과성이 떨어진다(안해균, 1992: 445~446).

❷ 실기시험

시험을 치르는 데 필기나 면접 이외의 방법으로, 실제 근무하는 경우와 같은 조건의 도구나 기구를 사용하여 작업을 해보는 것이다. 예를 들면 전문프로그램 요원을 채용하는 데 실제로 프로그램 작성을 시켜보는 것을 말한다. 이러한 시험의 장점은 타당도가 높다는 것이다. 그러나 단점으로는 많은 사람을 한 번에 테스트하기 어려우며 채점에 있어서 객관성이나 신뢰성이 저하될 우려가 있다(박동서, 1990: 325~326).

❸ 면접시험

필기시험에서 알아보기 힘든 사람의 태도, 성격, 창의성, 협조성 등을 파악하기 위해서 절대적으로 필요하다. 그러나 우리나라에서는 필기시험만 합격 되면 사실상 면접시험은 문제시하지 않는 경우가 많이 있다.

면접시험은 면접관의 선입견이 개입될 가능성 있으나, 면접관의 훈련 또는 면밀한 면접 조사 방법의 개발 등을 통해 긍정적인 인식을 높여야 할 것이다(안해균,

1983: 446). 특히 사회복지 조직에서의 구성원 선발은 개별 면접이 중요하다.

면접시험을 실시하기 전에 직위에 필요한 최소한의 자격을 충족시키지 못한 자격 없는 사람들을 걸러내기 위해 신청서류를 사전에 체계적으로 검토하는 것이다. 대부분의 경우 이와 같은 검사 및 평가는 거의 자동적이다.

왜냐하면 지원자 중에는 자격 없는 사람들이 포함되어 있는 경우가 종종 발생하기도 하는데 이런 경우 여러 명의 인사부서의 시험관들이 이를 평가함으로써 자격이 없는 자를 걸러낼 수 있다.

시험이라는 것이 때로는 아주 불완전한 것 같이 보이기도 하지만 이것은 구성원 선발 과정에서 중요한 부분이다. 따라서 지속적으로 선발의 방법을 개선하고 새로운 선발기법을 발전시켜 나가는 것은 사회복지행정가들에게 절대적으로 필요하다.

3. 임명

어떤 시험방법이 사용되었든 채점이 끝나면 성적순, 직종별로 등급이 매겨진 임용후보자 명부(eligible list)가 작성된다. 이 명부에는 시험성적은 물론 전공 분야, 근무 희망지, 기타 필요한 사항이 기재된다.

임용후보자 명부는 일정 기간 유효하다. 따라서 바로 임명되지 않은 임용후보자들도 빈자리가 발생하였을 때 다시 시험을 치르지 않고 임명될 수 있는 자격이 부여된다.

인사 부서에 의한 추천은 임용후보자 명부에 오른 사람 중 몇 사람으로 제한된다. 보통 임명권자는 임용후보자 명부의 상위에 있는 3~5명의 이름을 받으며 빈자리가 1자리 이상일 경우는 그 수가 늘어난다.

임명권자는 그들이 채용을 원하고 있는 것인지 여부를 확인하기 위해 그들과 접촉을 하며 후보자 중에서 선택하여 임명을 결정한다. 그리고 그와 같은 사실을 인사 부서에 알린다. 이때 임명되지 않은 나머지 후보자들은 그대로 임용후보자 명부에 유효하게 남게 되며 임명된 사람들이 빠져나감으로써 서열이 조정된다.

사회복지조직에서 구성원의 임명은 관리자에게 조직을 해석하고 설명할 기회를 제공한다. 유능한 관리자는 구성원에게 조직의 목표, 조직구성, 조직의 직원들, 이사회 그리고 환경으로서의 지역사회에 관한 정보를 제공한다.

또한 직원의 구체적인 직무와 책임, 봉급, 봉급 지불일자, 특별급여, 일하는 시간, 휴가, 직원 모임, 여행 규정, 위원회 구조, 직원개발 계획, 다른 조직 간의 관계, 서비스를 받는 지역사회 사람들과의 관계를 밝힐 필요가 있다.

4. 오리엔테이션

오리엔테이션은 조직구성원을 사회화하는 과정이다. 즉, 새로운 직원이 조직의 효과성 높은 직원으로 변환되게 돕기 위해서 제공되는 직원의 사회화 기제 중 하나이다. 또한 조직문화를 이해하고 조직구성원과의 관계를 설정하는 데 의미 있는 과정이 될 수 있다.

그리고 조직에 대한 이해, 부서에 대한 이해, 과업과 조직 내 위치에 대한 이해, 자신의 경력개발 경로에 대한 이해 등을 제고시켜 직원을 사회화하는데 많은 기여를 할 수 있다고 평가되고 있다.

5. 승진

승진은 조직구성원 입장에 서서 자기 발전의 욕구를 충족시키게 하며 조직 입장에서는 효율적인 인력 개발의 토대가 된다. 승진의 방법에는 능력에 따른 합리적 기준에 의해 승진을 결정하는 능력주의 승진과 선임권을 위주로 하는 연공 서열주의 승진이라는 두 가지 방법이 있다.

6. 평가

업무평가는 특정 직원의 직무에 대한 기대 사항을 설정하고 직원의 업적을 측정 및 평가, 기록하여 당사자인 직원에게 피드백을 제공하는 과정이며 궁극적인 목적은 직원의 업무능력 개발에 있다. 평가 결과는 직원의 승진, 해고, 포상 및 임금을 결정하는 데 기초자료로 활용된다.

한편 조직구성원의 평가는 반드시 조직의 상황, 조직의 욕구, 구성원의 욕구, 업무의 성격 등을 고려하면서 객관적이고도 정확하게 수행되어야 한다.

7. 퇴직 및 이직

여러 가지 이유로 기관인력이 기관을 떠나는 것을 의미한다. 이직에는 전직과 같은 자발적인 이직과 해고, 휴직 그리고 정년퇴직과 같은 비자발적인 이직 두 가지가 있다.

제 2 절 직원훈련 및 개발

1. 직원훈련 및 개발의 개념과 목적

1) 직원훈련 및 개발의 개념

직원개발(staff development)은 사회복지 조직에서 활동하는 직원들의 소양과 능력을 개발하고 직무수행에 필요한 지식과 기술을 향상시키며 가치관과 태도를 바람직한 방향으로 변화시키기 위한 교육 및 훈련 활동이라 할 수 있다(성규탁, 1989: 28).

또한 직원들의 직무수행력을 높이기 위한 것이며, 이에 따라 적절한 업무 배치와 업무수행에 따른 보상이 주어져야 직무만족도가 높아진다. 그리고 새로운 집단의 서비스 욕구에 대처하기 위한 새로운 서비스 프로그램의 개발과 실행을 위해서는 사회복지사에게 지속적인 훈련 및 개발을 위한 노력이 필요하다.

2) 직원훈련 및 개발의 목적

직원개발의 일차적 목적은 직원들로 하여금 새로운 지식과 기술 및 전문적 태도를 향상시켜 사회복지조직이 제공하는 서비스의 효과성을 높이는 데 있다. 전문적 지식과 기술 및 태도는 사회가 변함에 따라 그 내용이 다양하게 변하지만, 직원들이 이 자료들을 모두 구독하여 읽을 시간도 없으며 혼자서 이를 이해하고 습득하는 데 많은 어려움에 직면하게 된다.

따라서 직원개발을 통해서 직원들에게 새로운 지식과 기술 및 태도를 효과적으로 제공해 줄 수 있다. 그리고 직원개발의 이차적 목적은 함께 토론하고 감정을 공유하며 함께 활동하는 것과 같은 직원들 간의 상호작용을 통해, 상호 간에 더 잘 이해하고 연대감을 높임으로써 직·간접으로 조직 효과성을 높이는 데 있다.

2. 직원훈련 및 개발의 종류

1) 신규채용자 훈련 및 개발

조직에 대한 안내를 위해 적응훈련 또는 기초훈련을 반드시 실시하는 것이 일반적이다. 이는 새로운 직원에게 조직과 조직의 서비스 및 지역사회를 소개하는 과정이다(Skidmore, 1990: 196). 따라서 이 훈련은 조직의 직원이 되기 위한 첫 단계이며 조직의 장 또는 부서의 장에 의해 이루어진다. 보편적으로 ① 조직의 역사와 서비스, ② 기본정책, 규정 및 절차, ③ 조직구조, ④ 봉급, 근무시간, 휴가, 병가 등에 관한 기본적인 정보, ⑤ 직원을 위한 사무실 배열, ⑥ 특별급여, ⑦ 승진, 봉급 인상과 같은 제반 기회와 도전 등이 소개된다.

2) 일반직원훈련 및 개발

직무수행의 개선을 위한 교육훈련으로서, 일반직원들에게 필요한 새로운 기법을 습득하게 함으로써 직무수행 능력을 향상시키는 것을 목적으로 한다. 이와 함께 사회복지 조직의 직원으로서 갖추어야 할 가치관과 태도의 변화를 위한 교육 프로그램이 첨가되기도 하는데, 이는 직무에 대해 바람직한 방향으로 생각하고 실천하는 행동규범을 확립시키기 위한 것이다(성규탁, 1989: 286~287).

일반직원훈련은 주로 현직 훈련의 형태로 실시되며 이러한 훈련의 효과를 내기 위해서는 장기적이고 지속적으로 실시되어야 한다.

3) 감독자 훈련 및 개발

1인 이상의 부하를 통솔하고 감독할 책임을 진 슈퍼바이저에 대한 훈련을 말한다. 슈퍼바이저란 보통 일선에서 지도 감독하고 있는 계장이나 과장을 의미한다. 종래에는 이들 슈퍼바이저에 대한 훈련이 경시되어 오다가 일선 업무의 감독에 대한 중요성이 커짐에 따라 점차 강조되고 있다.

슈퍼바이저에 대한 훈련의 내용은 업무수행에 필요한 지식은 물론 사기 증진, 리더십, 의사전달, 인간관계, 인사관리 등 거의 전 분야에 걸치고 있다. 훈련 방법으로서는 강의, 회의, 토의, 사례발표 등이 이용되고 있으나 가장 많이 쓰이는 것은 회의(conference)이다(안해균, 1982: 453~454).

4) 관리자 훈련 및 개발

관리자 훈련은 전술한 슈퍼바이저보다 높은 계층에 속한 중 · 고급관리자에 대한 훈련을 의미한다. 일반적으로 이들 관리자에게 요구되는 능력의 유형은 정책 수립에 관한 것 및 리더십에 관한 것으로 구분할 수 있다.

정책 수립에 필요한 능력이란, 합리적으로 목표와 정책 및 계획 등을 선택하고 결정할 수 있는 것을 뜻한다. 그리고 리더십이란 조직체의 발전을 유도 촉진하고 인간관계를 조성하며 동기부여를 행하는 것을 의미한다(성규택, 1989: 286~287). 교육 방법으로는 사례발표, 회의, 토의, 그리고 신디케이트(syndicate)가 널리 이용되고 있다.

3. 직원훈련 및 개발의 방법

1) 강의

강의는 직원개발을 위한 가장 공통적인 도구로써 일정한 장소에 직원들을 모아 놓고 사회복지에 관한 전문적 지식과 기술 및 태도를 전달하는 방법이다.

강의가 끝난 후에 마련되어 있는 질문 및 토론 시간 등을 활용하여, 많은 사람을 대상으로 교육내용을 체계적으로 전달할 수 있으며 경비를 절약할 수 있다는 장점이 있다. 하지만 강사가 유능하지 못하거나 직원들이 무성의할 때 소기의 목적을 거둘 수 없다는 단점이 있다. 따라서 영화, 슬라이드 등의 시청각 기재를 사용함으로써 강의 방법을 보완하는 것이 바람직하다.

2) 회의

회의(conference)는 어떤 주제에 관한 논의와 토의가 이루어지는 공식적 모임이다. 집단을 대상으로 1명 혹은 그 이상의 연사가 발표와 토론을 하거나 구성원 간의 상호의견을 통해서 학습이 촉진된다. 토의과정을 통해서 피교육자들은 그들의 생각을 정립하고, 평가받고, 수정을 받는다.

회의에서는 정보의 상호교환이 강조되며 일방적인 지식의 전달이 아니라 서로의 의견교환을 통해서 배우게 된다. 이 방법은 상호 간의 토의가 강조되기 때문에 회의의 참여자들은 회의에 임하기 전에 토의될 주제에 관해 적어도 어느 정도의 지식을 갖고 있어야 하며, 소규모 집단에만 적용할 수 있고 그 과정이 느리다는 결함이 있다(성규택, 1989: 288).

3) 토의

토의는 한 주제에 대하여 소수의 사람이 먼저 주제발표를 한 다음 여러 사람이 토론하는 방법을 말한다. 이 방법의 장점은 자유롭고 공개적인 분위기에서 집단사고를 통해 다양한 사람의 의견을 모을 수 있다는 데 있다.

그러나 많은 사람이 참여하기 때문에 사람마다 자기 의견을 개진할 기회가 힘들다. 또한 많은 사람으로 인해 소요 시간이 길어져 결론 없이 끝나는 것에 대하여 불만이 생길 가능성이 있어 토의의 초점을 잃을 염려가 있다. 토의 방법은 근소한 차이에 따라 자유토의, 포럼(forum), 패널(panel) 및 심포지엄(symposium) 등으로 나눌 수 있다(안해균, 1982: 457).

4) 계속 교육

계속 교육(continuing education)은 학교 교육이 끝난 사회복지 조직의 직원들을 대상으로 그들의 전문성을 유지하고 향상하기 위해 꾸준히 필요에 맞게 교육하는 것을 의미한다(성규탁. 1989: 289). 학교 교육이 정형적인 것에 비해 계속 교육은 지역사회의 필요 및 직원들의 욕구에 따라 융통성 있게 실시할 수 있다는 장점이 있다. 하지만, 이 방법은 철저한 계획이 마련되어 있지 않다면 일시적일 수 있으며 교육기관(대학의 사회복지학과)과 일선 사회복지 조직 간의 협조가 이루어지지 않는다면 큰 실효를 거두기 힘들다는 단점이 있다.

따라서 계속 교육의 유형에서 훈련은 기관인력의 업무수행을 위한 구체적 기술 습득에 초점을 두고 있다. 이에 교육에는 일반적인 지식과 이론 등의 교육에 관심을, 직원계발에는 환경변화에 따른 새로운 업무수행 능력이 요구될 때 필요한 유형으로 나누고 있다.

그리고 계속 교육의 제공자에 따라 교육의 효과는 다르게 나타날 수 있으며, <표 10-2>를 보면 계속 교육 제공자에 따른 장·단점을 알 수 있다.

〈표 10-2〉 계속 교육 제공의 주체에 따른 장·단점

주체	장점	단점
기관 내 직원	- 비용 저렴 - 기관에 대한 교육 용이 - 교육성과에 대한 강한 책임성 - 교육내용에 대한 강한 통제	- 집중교육의 어려움 - 전문영역 기술에 대한 교육의 어려움
사설 교육 기관	- 교육 경험 풍부 - 집중교육 가능 - 계약을 통해 교육내용에 대한 통제 - 신뢰할 수 있는 전문가에 의한 교육	- 비용 과다 - 기관과의 협력, 조정의 어려움 - 인원에 대한 교육 계약의 체결 어려움
사회복지 대학	- 적은 인원에 대한 교육 가능 - 실천 가치와 방법에 대한 교육	- 특정 역할에 대한 교육 부족 - 교육자가 실천 경험이 없는 경우 교육의 질 저하 가능
사회복지 외 대학	- 타 분야에 대한 심도 있는 지식 습득	- 사회복지기관에 대한 지식 부족 - 사회복지 실천 가치와 방법에 대한 지식 부족
전문가 단체	- 전문 실천 영역에 대한 지식 풍부 - 신뢰할 수 있는 전문가에 의한 교육	- 비용 과다

출처: 김형식 외(2013: 228)

5) 슈퍼비전

슈퍼비전(supervision)은 직원이 실제 직위에 있을 때, 일을 하면서 윗사람으로부터 직무에 관하여 지도·감독을 받는 것을 말한다. 사회복지조직의 직원개발에 있어서 특히 슈퍼비전은 중요하다. 서비스 전달을 담당하고 있는 일선 사회복지사들의 경우 유능한 슈퍼바이저로부터 전문적인 슈퍼비전을 받으면 크게 능력을 키울 수 있다. 슈퍼비전은 1:1의 기초 위에서뿐만 아니라 집단적으로도 가능하다(Skidmore, 1990: 206). 슈퍼비전의 장점은 직무를 수행하면서 직무와 관련된 훈련을 받는다는 점이며 단점은 많은 인원을 동시에 훈련할 수 없으며 슈퍼바이저로부터 많은 시간을 빼앗아 간다는 것이다. 이는 선임 사회복지사가 하급 사회복지사를 교육할 때 유용하다. 슈퍼비전의 기능을 <그림 10-1>에서 살펴볼 수 있다.

〈그림 10-1〉 슈퍼비전의 기능

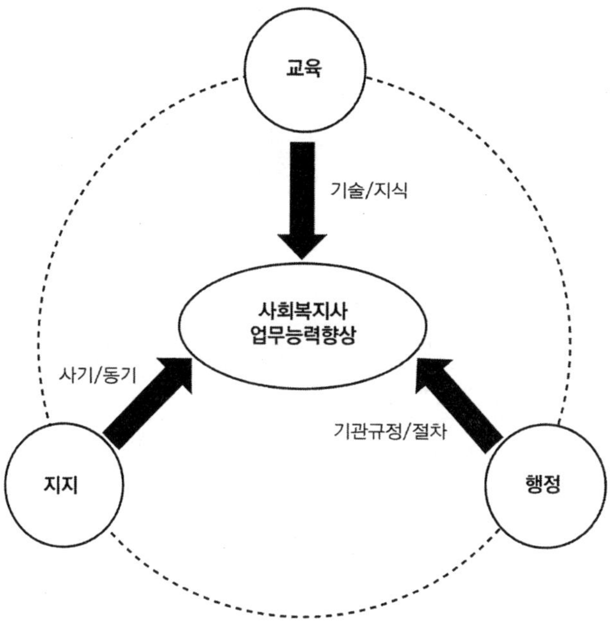

출처: 김형식 외(2013: 222)

6) 사례발표

사례발표(case presentations)는 직원개발의 공통적인 방법이다. 통상 사례발표는 직원들 간에 돌아가면서 한다. 이는 직원들의 이해와 능력의 개선을 돕는 것 외에 사례를 계획하고 개입기법을 배우는 데 도움을 준다.

사례발표 시 발표 시간은 보통 30분에서 45분에 허용된다. 그 후에, 가능한 개입 대안들을 비롯한 평가와 토의에 몇 분이 소요된다. 직원들은 전문적 윤리 규범상 그 밖에 다른 곳에서는 이들 사례들을 공개하고 토의하지 않도록 요청된다(Skidmore, 1990: 229).

사례발표의 장점은 분석적 사고능력과 문제해결 능력의 개발에 도움을 준다는 점이나 사례선정을 잘못하여 흥미와 관심을 끌지 못할 경우는 비효과적이다.

7) 역할연기(role play)

역할연기 방법은 명칭 그대로 어떤 사례를 직원들 앞에서 2인 또는 그 이상의 직원들이 실제로 연기한 후 여러 직원이 이 연기를 평가하고 토론한 후 사회자가 결론적인 설명을 하는 것이다.

예를 들면 10대의 두 딸을 가진 가족의 부부관계 및 가족의 역동성을 이해하려는 시도에서 6명의 직원이 실제로 이들이 역할을 떠맡아 역할연기를 해볼 수 있다(Skidmore, 1990: 230).

이 방법은 인간관계 훈련에 효과적이며 좋은 경험을 몸소 얻을 수 있다는 장점이 있으나 연기에 소질 없는 사람은 직접 역할연기를 하기 힘들며 사전 준비가 많이 요구된다는 단점이 있다.

8) 집단행동

다양한 집단적 접근이 직원개발에 활용된다. 직원개발을 위한 대표적인 집단행동 중의 하나가 감수성 훈련(sensitivity training)[1]이다. 감수성 훈련은 소집단의 구

1) 감수성 훈련은 실험실 훈련 또는 연수집단훈련이라고 하며 레빈이 실시한 사회지도자훈련의 방법과 결과를 발전시킨 것으로 자신의 행동이 타인에게 주는 영향력을 감지하게 하여 자신에 대

성원이 자신들이 어떻게 생각하고, 느끼고, 행동하며, 다른 사람들의 행위에 어떻게 반응하고 있나를 알 수 있도록 수용적이고 열린 분위기를 제공하려고 노력한다.

감수성 훈련집단의 목적은 직원으로부터 그들 자신, 특히 자신의 감정에 대한 이해를 증진시키는 것을 도우려는 것이다(Skidmore, 1990: 230). 이와 같은 훈련은 보통 격리된 장소에 가서 1일 또는 2일 합숙 훈련하면서 이루어지게 된다. 이는 성인의 태도와 행동의 변화를 기하는 데 가장 효과적인 방법이라 생각되나 자칫 잘못 인도되는 경우 상호 간의 감정을 상하게 되는 역효과를 가져올 수도 있다는 것이 단점으로 지적되고 있다.

그 밖에 직원개발의 방법에는 시찰(observation), 시청각교육(audio-visual aids), 전직(transfer), 순환보직(rotation),[2] 신디케이트(syndicate)[3] 등이 있다.

많은 직원개발의 방법 중에서 어떤 것을 선택하느냐 하는 것은 직원개발의 목적, 직원들의 특성 및 기타 시설과 경비 등의 제반 사항을 고려해서 결정해야 할 것이다.

제 3 절 직무평가

1. 직무평가의 의의

직무평가는 직무수행 정도를 평가하는 것을 말하며 여기에는 직무능력 평가와 직무만족도 평가가 포함된다. 직무능력 평가는 조직, 프로그램의 목적 성취에 대한 기여도를 평가하고, 직무만족도 평가는 업무자들이 일과 업무환경에 대하여 지닌 태도나 인지 상태를 파악하는 것이다.

한 인식을 높이고 타인의 행동 · 집단행동 · 집단 간의 상호작용에 대한 이해와 통찰력을 키우기 위한 것이다.

2) 지식과 경험을 쌓게 하는 훈련 방법이며 일정한 훈련계획을 세워 순차적으로 직무를 바꾸어 담당하게 한다.

3) 동일한 문제를 토의하는 데 있어 소집단으로 나누어 집단별로 문제해결 방안을 토의한 후 다시 전체가 모인 자리에서 집단별로 문제해결 방안을 발표하고 토론하는 방식으로 합리적인 문제해결 방안을 모색하는 방법이다.

이러한 평가의 방법은 매우 다양하지만, 평가유형과 평가 주체에 따라 다음과 같이 구분된다.

① 평가유형으로는 도표식평정척도법, 사실 기록법, 직무 기준법, 목표관리법의 유형이 있고, ② 평가 주체에 따라서 자기 평가법, 동료평가법, 감독자평가법, 부하 평가법, 집단평가법 등이 이에 속한다.

2. 직무능력 평가

Patti는 사회복지기관 직원에 대한 직무능력 평가의 기준을 다음의 네 가지 차원에서 이루어져야 한다고 제시하고 있다(성규탁 · 박경숙 역, 1988: 185~186).

① 직원 또는 사회복지사에 의해 산출된 서비스의 양을 의미하는 생산성, ② 업무에 할당된 투입에 대비한 산출의 관계, 투입과 서비스 성과의 관계를 의미하는 효율성, ③ 사회복지사의 업무가 목표를 얼마만큼 달성했는지에 대한 효과성, ④ 직원이 서비스 제공의 목적 달성을 위해 다양한 기술, 방법 및 과정을 얼마나 적절하게 활용했는지에 대한 서비스의 질로 제시하고 있다. 그러나 기준의 설정이 어려우므로 상급자의 주관적 방법에 의존할 수 있다.

이를 보완하기 위해서는 평가 대상자의 업무와 책임을 명확하게 반영할 수 있는 평가의 기준설정과 객관성을 확보할 수 있는 다양한 측정 방법의 개발, 그리고 다양한 평가자의 설정과 함께 평가와 관련된 훈련이 필요하다.

제 4 절 보상

직무능력 평가를 통해 기관 구성원의 기여도에 상응하는 임금, 봉급 등 적절한 금전적 및 비금전적인 혜택을 주는 것을 의미한다. 그리고 사회복지 조직 직원들의 보상은 기관 측과 피고용자 측 모두를 만족시킬 수 있는 관리 기술이 필요하다(이봉수 외, 1997: 288).

CHAPTER

제11장 사회복지행정과 재무관리

제11장
사회복지행정과 재무관리

제 1 절 예산의 개념과 원칙

사회복지 조직은 점점 증가하고 있는 복지 수요에 대한 책임성에 따른 투명성 재고와 효율적이고 효과적인 서비스 요구로 인해 더욱더 예산 집행에 대한 책임성이 강화되고 있다. 특히 사회복지조직의 보조금 경우 대부분 국민의 세금으로 운영되기 때문에 더욱더 예산 집행에 대한 책무성과 투명성을 요구하고 있다.

예산의 개념과 기능 · 원칙은 다음과 같다(사회복지교육연구센터, 2016: 214~215).

1. 예산의 개념과 기능 · 원칙

1) 예산의 개념

예산(budget)은 독립적인 실체에서 행할 장래 일정 기간의 계획된 지출과, 그 지출을 위한 자금조달의 계획이다. 이는 일반적으로 다음 1년 동안의 조직 목표를 금전적으로 표시한 것으로써 1년 동안의 재정 활동에 대한 감시 장치를 제공하는 것이다.

예산은 수입 · 지출의 종류 및 금액을 계통적 · 조직적으로 편성한 예정적 계산이며, 사업 계획의 내용과 방향을 수적으로 표시한 것으로서 재정의 규모, 내용 및 방향을 알 수 있도록 한다.

2) 예산의 기능

프로그램 논리 모델인 '투입 → 전환 → 산출 → 성과'의 관계를 토대로 예산의 기능을 살펴볼 수 있다. 전통적으로 통제기능이 강조되었지만, 최근에는 효율성, 효과성과 관련된 관리기능과 기획기능이 강조되고 있다.

① 통제기능: 프로그램의 투입과 전환 간의 관계를 통해 기관과 프로그램의 재정 상태를 검토하는 기능이다. 예산을 계획된 목적 외에는 사용할 수 없도록 통제하는 기능이다.

② 관리기능: 프로그램의 투입과 산출 간의 관계를 통해 기관과 프로그램의 효율성을 파악하는 기능이다. 최소한의 예산으로 신속하게 효율적으로 목표를 달성할 수 있도록 하는 기능이다.

③ 기획기능: 프로그램의 투입과 결과 간의 관계를 통해 주로 기관과 프로그램의 효과성을 검토하는 기능이다. 예산이 목표 달성에 얼마나 효과적인가를 파악하는 기능으로 단기적 계획뿐만 아니라 장기적 계획을 모두 포함한다.

3) 예산의 원칙

① 공개성: 예산 과정에서 주요 단계는 공개하여야 한다.

② 명료성: 국민이 쉽게 이해할 수 있도록 합리적인 관점에서 분류되고 수지의 추계가 명확하며 수입의 유래와 용도가 분명하게 표시되어야 한다.

③ 사전의결: 예산은 집행 전에 승인받아야 한다.

④ 정확성: 예산과 결산은 가능하면 일치해야 한다.

⑤ 한정성: 정해진 목적을 위해 정해진 금액을 정해진 기간 내에 사용해야 한다.

⑥ 통일성: 기부금, 후원금, 사업수익 등 모든 수입을 하나의 공통된 창구에 포함한 후 지출해야 한다는 것으로 특정한 수입과 특정한 사업을 직접 연결해서는 안 된다.

⑦ 단일성: 조직 내 재정 활동은 하나로 묶어야 한다는 원칙이다. 독립된 복수의 예산이 있게 되면 전체적인 관련성이 불명확하게 되어 혼란을 초래할 수 있기 때문이다.

⑧ 포괄성: 예산총계주의 원칙으로 모든 수입과 지출이 예산에 나타나야 한다.

⑨ 연례성: 예산은 회계연도 단위로 작성되어야 한다.

⑩ 배타성: 예산에 있어서는 재정적인 문제만을 취급해야 한다.

제 2 절 예산의 수립 및 관리

예산은 일정 기간에 있어 기관 활동을 위해 동원하고 사용할 수입과 지출의 내용을 담고 있는 계획서이다. 그러므로 예산은 사회복지기관 활동 목표의 재정적 표현인 동시에 기관이 수행해야 할 재정 활동의 지침이다. 이 점에서 기관 목표의 명확한 설정 없이 기관 예산은 편성될 수 없다. 예산은 곧 재정관리를 의미하며, 재정관리의 순환적 관리는 계획 → 집행 → 평가의 과정을 의미한다(김형식 외, 2013: 238~239). <그림 11-1>의 재정관리의 순환적 과정을 살펴보면 다음과 같다.

〈그림 11-1〉 재정관리의 순환적 과정

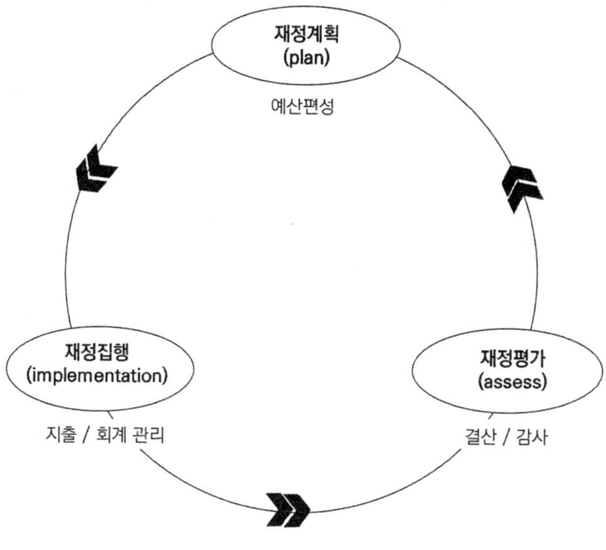

출처: 김형식 외(2013: 238)

예산 수립을 위해서는 우선 예산 편성의 과정, 모형, 예산 결정을 요하는데 그 내용은 다음과 같다(사회복지교육연구센터, 2016: 216~223).

1. 예산 편성의 과정

1) 조직의 목표(Objective) 설정

단기적이고 관찰할 수 있어야 하며, 측정이 가능해야 한다. 또한 구체적인 세부 목표(Objective)가 장기적인 목표(goal)에 부합하는지를 검토하여 수립한다.

2) 기관 운영에 관한 사실의 확인

과거와 현재의 기관 운영에 관하여 이용할 수 있도록, 기본적인 정보를 입수하고 연구하는 과정이다. 조직의 운영에 관해 이용할 수 있는 자료, 즉 부서별, 개인별 업무 내용과 프로그램 실적, 프로그램 평가, 조직 내외의 가용자원, 재정 현황 등이 기본적인 정보가 될 수 있다.

3) 운영 대안의 검토

회계연도 내에 가능한 재원을 활용하는 여러 가지 대안을 검토한다.

4) 우선순위의 결정

조직의 목표와 효과성, 효율성, 시급성, 재정의 가용성 등 기존의 운영 방법과 새로 설정된 운영 방법을 비교하여 우선순위를 결정하고, 이 과정에서 어느 것이 기관의 정책 및 목표와 일치하는가를 살펴본다.

5) 예산에 관한 최종적인 결정

전체기관과 기관 내에서 활동하는 개인들의 잠재력과 요구를 고려하고, 부서들의 요구를 조정하여 최종적인 결정을 내린다.

6) 적절한 해설과 홍보

예산안이 최종적으로 확정되면 민간기관의 경우 이사회, 정부 기관의 경우 예산 담당 부서에 제시하여, 예산 청구의 필요성을 합리적으로 설명하고 홍보하여 최종적인 예산승인을 얻는다.

2. 예산모형

1) 품목별 예산(LIB: Line-Item Budget)

대개 1회계연도를 기준으로 작성하는 가장 기본적인 예산 형식이며 사회복지기관에서 가장 많이 사용되고 있는 형식이기도 하다. <표 11-1>의 품목별 예산을 살펴보면, 예산을 수입과 지출의 항목별로 혹은 지출 항목별로 구체적으로 제시하는 점증주의적 특성을 갖는다. 이 예산 방식은 예산이 어떤 부분에 사용되었는지를 나타낸다.

〈표 11-1〉 예) 품목별 예산

항목	전년도 예산	금년도 예산
급여	93,580	102,290
임대료	5,500	6,300
소모품비	7,300	8,000
장비비	2,390	4,500
우편 및 소포비	....	....
인쇄출판비	....	....
출장비	....	....
회의비	....	....
잡비	....	....
총지출	....	....

출처: 사회복지교육센터(2016: 217)

(1) 장점

- 전체 예상 지출 항목들을 수직으로 나열하여 사용하기에 간편하고 단순하다.
- 지출 근거가 명확하므로 예산통제에 효과적이다.
- 지출이 예산 항목별로 정리되어 회계에 유리하다.

(2) 단점

- 전년도 예산을 기준으로 하여 예산 증감의 신축성이 없다(비탄력적이다).
- 전반적인 인상률을 적용하므로 예산 증감 기준의 타당성이 희박하다. 즉 왜 그 비용이 요구되는지에 대한 근거를 알 수 없다.
- 프로그램 목표나 내용, 결과 등의 연결성이 없어서 프로그램의 사회적 책임성이라는 요구를 충족시키기 어렵다.

2) 성과주의 예산(PB: Performance Budget)

<표 11-2>의 성과주의 예산을 기능적 예산관리(functional budgeting system)라고도 하는데 개별 지출 항목들을 조직 활동과 연결하는 것이 특징이다. 이 방식은 기관이 제공하는 서비스나 재화의 비용을 강조하여 예산을 수립하는데, 기관이 구체적인 프로그램의 비용(단위원가와 업무량)을 포함해서 서비스나 재화의 비용을 계산

〈표 11-2〉 예) 성과주의 예산

항목	전년도 예산	금년도 예산
집단 식사제공 프로그램 단위비용이 3,000원인 1,000회 식사 = 3,000 x 1,000 = 3,000,000원	.....	3,000,000
사회화 및 오락 프로그램 단위비용이 8,000원인 3,000시간의 서비스 = 8,000 x 3,000 = 24,000,000	.....	24,000,000
교통 프로그램 단위비용이 5,000원인 12,000회의 운송 = 5,000 x 12,000 = 60,000,000	.....	60,000,000
총지출	.....	

출처: 사회복지교육센터(2016: 218)

하며, 직접비용 외에 간접비용까지도 계산하여 예산에 포함시킨다. 즉 프로그램을 위한 직접경비와 프로그램 제공에 필요한 간접 경비를 합친 예산으로 산출물(성과)을 강조한다.

(1) 장점

- 프로그램 목표와 운영에 대한 모니터링이 가능하다.
- 성과물이 예산 할당의 기준이 되기 때문에 프로그램의 효율성을 기할 수 있다.
- 단위비용을 계산하여 합리적 자금 배분이 가능하다.

(2) 단점

- 직접비용과 간접비용을 계산해야 하므로 범위를 정하는 것이 쉽지 않다.
- 비용산출의 단위(시간, 횟수, 클라이언트 수) 설정과 단위비용을 책정하는 데 어려움이 있다.

3) 프로그램계획예산(PPBS: Planning-Programming-Budgeting System)

프로그램 계획의 예산 방식은 프로그램의 계획과 예산 수립의 괴리를 좁혀 프로그램의 효과성을 높이기 위해 개발되었다. 목표 달성을 위한 장기적인 계획을 수립하고, 그 계획을 연차적으로 실행하기 위해 예산을 사업별로 편성함에 따라 프로그램과 예산이 통합되는 방식이다. 다시 말해 프로그램 중심이자 산출을 중심으로 한 예산 방식이다. 구체적인 목표의 수립과 그에 맞는 달성을 강조한다. 아래 <그림 11-2>의 프로그램계획예산의 과정과 다음 페이지의 <표 11-3>의 프로그램계획예산을 참고하면 다음과 같다.

〈그림 11-2〉 프로그램계획예산의 과정

출처: 사회복지행정학회(2011: 187)

〈표 11-3〉 예) 프로그램계획예산

항목	전년도 예산	금년도 예산
집단 식사 제공 프로그램 300만 원의 총비용으로 200명의 노인에 대한 영양을 유지하거나 개선하는 것	.....	6,000,000
사회화 및 오락 프로그램 200만 원의 총비용으로 200명의 노인에 대한 사회적 기능을 유지하거나 개선하는 것	.....	4,000,000
교통 프로그램 400만 원의 총비용으로 200명의 노인에 대한 영양, 사회화, 오락, 건강 및 기타 사회적 서비스를 제공하는 것	.....	5,000,000
총지출	.....	

출처: 사회복지교육센터(2016: 219)

(1) 장점

- 관례적 예산 책정을 탈피한다는 이유에서 예산 절약과 프로그램의 쇄신에 기여한다는 점이 있지만 예산 절약은 과정상에 나타나는 장점일 뿐 궁극적인 목표는 아니다.
- 재정 지원의 합리적인 배분이 가능하며 탄력적인 특성을 갖는다.
- 프로그램의 효과성, 효율성에 기여한다.

(2) 단점

- 의사소통, 의사결정, 프로그램 평가에 대한 관리자의 전문성과 객관성이 요구되기 때문에 이와 관련한 관리자의 교육, 훈련이 이루어져야 한다.
- 합리성만을 강조하므로 심리적인 요인을 무시하는 경향이 있다.
- 이 예산 방식을 적용하면 다음 해에 진행될 같은 프로그램의 예산을 예측하기가 어렵기 때문에 장기적인 프로그램의 예산계획으로는 부적절하다.

3. 사회복지 조직의 예산 결정

1) 예산의 확정 및 결정(사회복지 법인 및 사회복지 시설 재무 · 회계 규칙 제10조)

● 법인의 대표이사와 시설의 장은 예산을 편성하여 각각 법인 이사회의 의결 및 운영위원회의 보고를 거쳐 확정한다. 다만, 법인이 설치 · 운영하는 시설은 시설운영위원회에 보고 후 법인 이사회의 의결을 거쳐 확정한다. 법인의 대표이사와 시설의 장은 확정한 예산을 매 회계연도 개시 5일 전까지 관할 시 · 군 · 구청장에게 제출하여야 한다.

● 시 · 군 · 구청장이 예산을 제출받은 때에는 20일 이내에 세입 · 세출 명세서를 시 · 군 · 구의 게시판과 인터넷 홈페이지에 20일 이상 공고하여야 한다. 또한 법인의 대표이사와 시설의 장으로 하여금 해당 법인 및 시설의 게시판과 인터넷 홈페이지에 20일 이상 공고하도록 하여야 한다.

2) 예산에 첨부하여야 할 서류(사회복지 법인 및 사회복지 시설 재무 · 회계 규칙 제11조)

예산에는 다음의 서류가 첨부되어야 한다. 다만, 단식부기로 회계를 처리하는 경우 제1호, 제2호, 제5호 및 제6호의 서류만을 첨부할 수 있고 국가 · 지방자치단체 · 법인 외의 자가 설치 · 운영하는 시설로서 거주자 정원 또는 일일 평균 이용자가 20명 이하인 소규모시설은 제2호 및 제6호의 서류만을 첨부할 수 있다.

〈표 11-4〉 사회복지 법인 및 사회복지 시설 재무 · 회계 규칙 제11조 제1항

제11조(예산에 첨부하여야 할 서류) ① 예산에는 다음 각 호의 서류가 첨부되어야 한다. 다만, 단식부기로 회계를 처리하는 경우 제1호 · 제2호 · 제5호 및 제6호의 서류만을 첨부할 수 있고, 국가 · 지방자치단체 · 법인 외의 자가 설치 · 운영하는 시설로서 거주자 정원 또는 일일 평균 이용자가 20명 이하인 시설(이하 "소규모 시설"이라 한다)은 제2호, 제5호(노인장기요양기관의 경우만 해당한다) 및 제6호의 서류만을 첨부할 수 있으며, 「영유아보육법」 제2조에 따른 어린이집은 보건복지부장관이 정하는 바에 따른다. 1. 예산총칙 2. 세입 · 세출명세서 3. 추정재무상태표 4. 추정수지계산서 5. 임직원 보수 일람표 6. 예산을 의결한 이사회 회의록 또는 예산을 보고받은 시설운영위원회 회의록 사본

제 3 절 예산의 집행 및 결산

1. 사회복지조직의 예산 집행

1) 예산의 목적 외 사용금지(사회복지 법인 및 사회복지 시설 재무·회계 규칙 제15조)

법인회계 및 시설 회계의 예산은 세출예산이 정한 목적 외에 이를 사용하지 못한다.

2) 예산의 전용(사회복지 법인 및 사회복지 시설 재무·회계 규칙 제16조)

- 법인의 대표이사와 시설의 장은 관·항·목 간의 예산을 전용할 수 있다. 다만, 소규모시설을 제외한 법인 및 시설의 관간 전용 또는 동일 관내의 항간 전용을 하려면 각각 법인 이사회의 의결 또는 시설운영위원회의 보고를 거쳐야 하되, 법인이 설치·운영하는 시설 경우에는 시설운영위원회에 보고한 후 법인 이사회의 의결을 거쳐야 한다.
- 단, 예산총칙에서 전용을 제한하고 있거나 이사회 및 시설 예산심의 과정에서 삭감한 관·항·목으로는 전용하여서는 안 된다.
- 법인의 대표이사와 시설의 장은 관·항·간 예산을 전용한 경우에는 관할 시·군·구청장에게 결산보고서를 제출할 때 과목 전용 조서를 첨부하여야 한다.

3) 세출예산의 이월(사회복지 법인 및 사회복지 시설 재무·회계 규칙 제17조)

- 법인의 대표이사와 시설의 장은 법인회계와 시설 회계의 세출예산 중, 경비의 성질상 당해 회계연도 안에 지출을 마치지 못할 것으로 예측되는 경비와 연도 내에 지출원인 행위를 하고 불가피한 사유로 인하여 연도 내에 지출하지 못한 경비를 각각 이사회의 의결 및 시설운영위원회의 보고를 거쳐 다음 연도에 이월하여 사용할 수 있다.
- 다만, 법인이 설치·운영하는 시설 경우에는 시설운영위원회에 사전 보고

한 후 법인 이사회의 의결을 거쳐야 한다.

4) 특정 목적사업 예산(사회복지 법인 및 사회복지 시설 재무 · 회계 규칙 제18조)

- 법인의 대표이사와 시설의 장은 완성에 수년을 요하는 공사나 제조, 그 밖의 특수한 사업을 위하여 2회계연도 이상에 걸쳐서 그 재원을 적립할 필요가 있는 때에는 회계연도마다 일정액을 예산에 계상하여 특정 목적사업을 위한 적립금으로 적립할 수 있다.
- 적립금의 적립 및 사용계획(변경된 계획 포함)은 시 · 군 · 구청장에게 사전에 보고하여야 한다. 적립금은 그 적립 목적에만 사용하여야 한다.

2. 결산

대개 예산의 집행이 끝나게 되면 결산이 이루어진다. 예산이 예정적 계산이라면 결산은 과거 사실의 계산이자, 세입과 세출의 결정적 계산이라고 할 수 있다(김인혁 외, 2012: 252).

1) 결산서의 작성 제출(사회복지 법인 및 사회복지 시설 재무 · 회계 규칙 제19조)

(1) 결산보고서 제출

사회복지 법인의 대표이사는 법인회계와 시설 회계의 세입 · 세출 결산보고서를 작성하여 이사회의 의결을 거친 후 다음 연도 3월31일까지 시장 · 군수 · 구청장에게 제출하여야 한다.

(2) 시 · 군 · 구의 공고

시장 · 군수 · 구청장이 결산보고서를 제출받은 때에는 20일 이내에 법인과 시설의 세입 · 세출결산 개요, 후원금품의 수입 및 사용 내용 개요를 시 · 군 · 구 게시판에 20일 이상 공고하고 법인의 대표이사로 하여금 당해 법인과 시설의 게시판에 20일 이상 공고하도록 하여야 한다. <그림 11-3>의 예산 편성의 절차를 살펴보면 다음과 같다.

〈그림 11-3〉 예산 편성의 절차

주요 내용	주 체	일 정
- 법인회계와 시설회계의 세입·세출 결산보고서 작성	법인 대표이사	출납완료 시
- 이사회의 결산보고서 의결	법인 이사회	결산보고서 작성 시
- 시 · 군 · 구청장에게 결산보고서 제출	법인 대표이사	익년도 3. 31까지
- ① 법인과 시설의 세입 · 세출 결산개요와 - ② 후원금품외 수입 및 사용내역 개요를 시 · 군 · 구, 법인, 시설의 게시판과 인터넷에 20일 이상 공고 * 게시판 공고는 일간신문 또는 '정기간행물의 등록 등에 관한 법률' 제2조 제1호의 규정에 의한 정기간행물에 게재로 갈음 가능	시 · 군 · 구청장 법인 대표이사	결산보고서 제출 후 20일 이내

출처: 사회복지행정학회(2011: 195)

2) 결산보고서에 첨부하여야 할 서류(사회복지 법인 및 사회복지 시설 재무 · 회계 규칙 제20조)

결산보고서에는 다음 각 호의 서류가 첨부되어야 한다. 다만, 단식부기로 회계를 처리하는 경우에는 제1호 내지 제3호, 제14호 내지 제23호의 서류만을 첨부할 수 있다. 소규모시설의 경우에는 1호, 17호의 서류만을 첨부할 수 있다.

〈표 11-5〉 사회복지 법인 및 사회복지 시설 재무 · 회계 규칙 제20조 제1항

제20조(결산보고서에 첨부해야 할 서류)
① 결산보고서에는 다음 각 호의 서류가 첨부되어야 한다. 다만, 단식부기로 회계를 처리하는 경우 제1호부터 제3호까지 및 제14호부터 제23호까지의 서류만을 첨부할 수 있고, 소규모 시설의 경우에는 제1호 및 제17호의 서류(노인장기요양기관의 경우에는 제1호부터 제3호까지 및 제16호부터 제21호까지의 서류)만을 첨부할 수 있으며, 「영유아보육법」 제2조에 따른 어린이집은 보건복지부장관이 정하는 바에 따른다.
1. 세입 · 세출결산서
2. 과목 전용조서
3. 예비비 사용조서
4. 재무상태표

5. 수지계산서
6. 현금 및 예금명세서
7. 유가증권명세서
8. 미수금명세서
9. 재고자산명세서
10. 그 밖의 유동자산명세서(제6호부터 제9호까지의 유동자산 외의 유동자산을 말한다)
11. 고정자산(토지 · 건물 · 차량운반구 · 비품 · 전화가입권)명세서
12. 부채명세서(차입금 · 미지급금을 포함한다)
13. 각종 충당금 명세서
14. 기본재산수입명세서(법인만 해당한다)
15. 사업수입명세서
16. 정부보조금명세서
17. 후원금수입 및 사용결과보고서(전산파일을 포함한다)
18. 후원금 전용계좌의 입출금내역
19. 인건비명세서
20. 사업비명세서
21. 그 밖의 비용명세서(인건비 및 사업비를 제외한 비용을 말한다)
22. 감사보고서
23. 법인세 신고서(수익사업이 있는 경우만 해당한다)

제 4 절 사회복지 조직의 회계 및 감사, 후원금의 관리

회계 관리는 기관의 수입과 지출에 관한 회계의 기록과 장부 등을 체계적으로 관리하는 활동을 의미한다(김형식 외, 2013: 250). 예산에 맞는 프로그램 집행과 그에 따른 결산에 대해 관리하여 기록하고 다시 감사를 통해 기관의 제반 예산 집행에 대해 평가를 받는다. 여기에서 또 강조되는 사항은 후원금 모집과 사용, 공개에 대한 것도 중요하다.

이렇게 사회복지 조직의 회계와 감사, 후원금의 관리는 다음과 같이 제시되고 있다(사회복지 법인 재무회계 규칙, 사회복지교육연구센터, 2016: 229~233).

1. 회계의 개념

회계란 금전거래 등 어떤 조직체의 재정적 활동과 수지에 관한 사실 확인과 그

결과를 해석하는 여러 가지 사건들의 관점에서 본 기록과 분류 및 요약의 기술이다. 또한 재정적 거래를 분류, 기록, 요약하고, 그 결과를 해석하고 표준화한 기술적 방법을 의미한다. 회계는 이해관계자들의 의사결정에 유용한 정보 제공을 목적으로 한다.

2. 회계의 내용

1) 회계의 구분(사회복지 법인 및 사회복지 시설 재무·회계 규칙 제6조)

법인의 회계는 법인회계, 해당 법인이 설치·운영하는 시설의 시설 회계 및 수익사업회계로 구분하여야 하며 시설의 회계는 해당 시설의 시설 회계로 한다.

- 법인회계: 법인의 업무 전반에 관한 회계
- 시설 회계: 시설의 운영에 관한 회계
- 수익사업회계: 법인이 수행하는 수익사업에 관한 회계

2) 회계의 방법(사회복지 법인 및 사회복지 시설 재무·회계 규칙 제23조)

회계는 단식부기를 원칙으로 하되 법인회계와 수익사업회계에 있어서 복식부기의 필요가 있는 경우에는 복식부기를 한다.

3) 회계감사

● 회계감사란 조직의 수입·지출의 결과에 관한 사실을 확인하고 검증하며 이를 보고하기 위하여 장부 및 기타 기록을 체계적으로 검사하는 것을 말한다.

● 사회복지 조직의 회계업무는 조직 예산서의 규정과 보조금 예산 관리에 대한 법률, 사회복지 법인 및 사회복지 시설 재무·회계 규칙, 사회복지 법인·시설기부금 관리지침, 사회복지사업법 운영지침, 공익법인의 설립·운영에 관한 법률, 보건복지부 소관 비영리법인의 설립 및 감독에 관한 법률의 규정을 준수해야 한다.

3. 회계의 종류

1) 주체에 따른 종류

(1) 내부감사

조직의 최고행정책임자와 같은 조직 내부의 관리자가 감사한다.

(2) 외부감사

정부의 감독관이나 공인회계사가 감사한다.

2) 목적에 따른 종류

(1) 규정 준수(순응) 감사

기관의 재정 운영이 적절한 절차에 따라 시행되며 재정이나 다른 보고서들이 적절하게 갖추어졌는지, 조직에 적용된 각종 규칙과 규제들은 잘 준수하고 있는지를 확인하는 과정을 말한다. 주로 품목별 예산 형식에서 항목별로 지출이 바르게 이루어지고 있는지를 요구하는 방식으로 사용한다.

(2) 운영 감사

예산과 관련하여 바람직한 프로그램 운영의 산출 여부, 조직의 목표를 달성하는 데 있어서 효과성과 능률성 등의 문제에 관심을 갖는 감사를 말한다.

3) 대상 조직에 따른 종류

(1) 정부 기관에 대한 감사

정부의 감독관인 감사원이 실시한다.

(2) 법인에 대한 감사

법인의 감사, 또는 외부의 회계 기관 또는 감독관청이 실시한다.

(3) 사회복지 조직에 대한 감사

당해 법인, 외부 회계 기관 및 감독관청이 실시한다.

4. 후원금의 관리

1) 후원금의 영수증 발급(사회복지 법인 및 사회복지 시설 재무·회계 규칙 제41조의 4)

● 법인의 대표이사와 시설의 장은 후원금을 받은 때에는 소득세법 시행 규칙 또는 법인세법 시행 규칙에 따른 기부금 영수증 서식에 따라 후원금 영수증을 발급하여야 하며 영수증 발급 목록을 별도의 장부로 작성·비치하여야 한다.

● 법인의 대표이사와 시설의 장은 금융기관 또는 체신관서의 계좌 입금을 통하여 후원금을 받은 때에는 법인 명의의 후원금 전용 계좌나 시설의 명칭이 부가된 시설장 명의의 계좌를 사용하여야 한다. 이 경우 후원자가 영수증 발급을 원하는 경우를 제외하고는 영수증의 발급을 생략할 수 있다.

2) 후원금의 수입 및 사용 내용 통보(사회복지 법인 및 사회복지 시설 재무·회계 규칙 제41조의 5)

법인의 대표이사와 시설의 장은 연 1회 이상 해당 후원금의 수입 및 사용 내용을 후원금을 낸 법인·단체 또는 개인에게 통보하여야 한다(법인 발행 정기 간행물 또는 홍보지 등을 통한 일괄 통보 가능).

3) 후원금의 수입·사용 결과 보고 및 공개(사회복지 법인 및 사회복지 시설 재무·회계 규칙 제41조의 6)

법인의 대표이사와 시설의 장은 결산보고서를 제출할 때 후원금 수입 및 사용 결과보고서를 관할 시·군·구청장에게 제출하여야 한다. 시·군·구청장은 제출받은 보고서를 제출받은 날로부터 20일 이내에 인터넷 등을 통하여 3개월 동안 공개해야 하며 법인의 대표이사와 시설의 장은 같은 기간 동안 해당 법인 및 시설의 게시판과 인터넷 홈페이지에 공개하여야 한다. 다만, 후원자의 성명(법인 등의 경우는 그 명칭)은 공개하지 않는다.

4) 후원금의 용도 외 사용금지(사회복지 법인 및 사회복지 시설 재무·회계 규칙 제41조의 7)

법인의 대표이사와 시설의 장은 후원금을 후원자가 지정한 사용 용도 외의 용도로 사용하지 못한다. 보건복지부장관은 후원자가 사용 용도를 지정하지 아니한 후원금에 대하여 그 사용기준을 정할 수 있다. 후원금의 수입 및 지출은 세입·세출 예산에 편성하여 사용하여야 한다.

CHAPTER

사회복지행정과 정보관리시스템 제12장

제12장
사회복지행정과 정보관리시스템

1950년대 이전에는 자료를 수작업 또는 전자계산기로 처리하였으며 1950년대에는 주로 일반사무처리를 위해 전산 응용프로그램(회계 또는 재고관리)을 사용하였다. 그러나 1960년대에 자료처리에 대한 요구가 증가함에 따라 방대한 자료를 다루기 위한 새로운 형태의 응용프로그램이 필요하게 되었고 이를 위해 정보관리시스템을 개발하게 되었다(사회복지교육연구센터, 2016: 242).

사회복지 현장에서는 대상자 측면에서는 부정수급, 또는 누락이나 중복서비스에 대한 문제점이 꾸준하게 나타났고, 제공자 측면에서는 정부의 전산시스템 부족으로 복지서비스 수급 자격 여부와 대상에 대한 정보를 통합하는 데 어려움이 있었다.

이러한 문제점들로 인해 2010년에는 '사회복지통합관리망'이 출범하여 2015년에는 사회보장 정보시스템(행복e음)으로 운영되고 있다.

따라서 정보관리시스템에 대한 내용을 살펴보면 다음과 같다(사회복지교육연구센터, 2016: 242~247; 박종팔 외, 2013: 260~269).

제 1 절 정보관리시스템

1. 정보관리시스템의 정의 및 의의

사회복지조직에서 업무 효율성을 높이고 책임성을 높이기 위해 자료관리에 대한 필요성이 증가되었으며, 기존 전산 응용프로그램으로는 일반 사무처리 수준에 밖에 미치지 못했다. 이에 방대한 자료를 처리하기 위한 새로운 형태의 응용프로그램의 필요성에 따라 정보관리시스템을 개발하게 되었다. 특히, 사회복지 현장에서 중복서비스 논란과 복지서비스 수혜자 누락 현상, 부정수급 등 다양한 문제점이 발생함에 따라 정보시스템 관리로 효율적이며 효과적인 프로그램이 필요하게 되었다.

정보시스템은 현실적으로 활동 내용에 대한 측정, 보고 방법, 과정과 결과에 대한 표준화된 매뉴얼 등을 제공하며, 사회복지조직과 행정에 많은 도움을 주는데 이 체계를 정보관리시스템(MIS: Management Information System)이라고 한다.

정보시스템은 내부 행정 사무에 맞는 사무자동화(OA: Office Automation)보다 넓은 범위이고, 상·하급자 간의 의사결정에 맞는 의사결정지원시스템(DSS: Decision Support System)과도 다르며 전문적 판단 결정에 사용되는 전문가지원시스템(ESS: Expert Support System)과도 차별화된다. 사회복지행정 정보관리시스템은 OA, DSS, ESS를 포함하는 넓은 의미의 종합적 정보시스템을 일컫는다.

2. 정보관리시스템의 기본 개념

1) 정보체계

정보시스템이라는 용어에서 쓰이는 '정보'는 모든 형태의 '정보'를 말한다. 정보체계에서 '체계'는 통합되고 함께 작동됨을 의미하며, 이러한 과정은 정보체계를 통해 정보를 얻고, 저장하고, 소통하는 것을 포함한다.

데이비스(B. Davis)와 올슨(H. Olson, 1984: 23)은 정보의 의미를 '수신자에게 의미 있는 형태로 처리된 데이터이며 현재 또는 미래의 결정이나 행동에 실제적이거나 인지(perceived)된 가치를 가지고 있는 것'이라고 했다.

즉, 정보란 수신자에게 의미를 주는 형태로 존재하고 현재와 미래의 활동에 인식을 주는 자료이다. 정보는 어떤 개인이나 조직의 특정 목적을 위하여 만들어진 기호 및 기호체계이며 어떤 의도에 정리 또는 가공된 자료의 집합이다. <그림 12-1>의 정보 그룹의 체계를 살펴보면 다음과 같다.

〈그림 12-1〉 정보 그룹의 체계

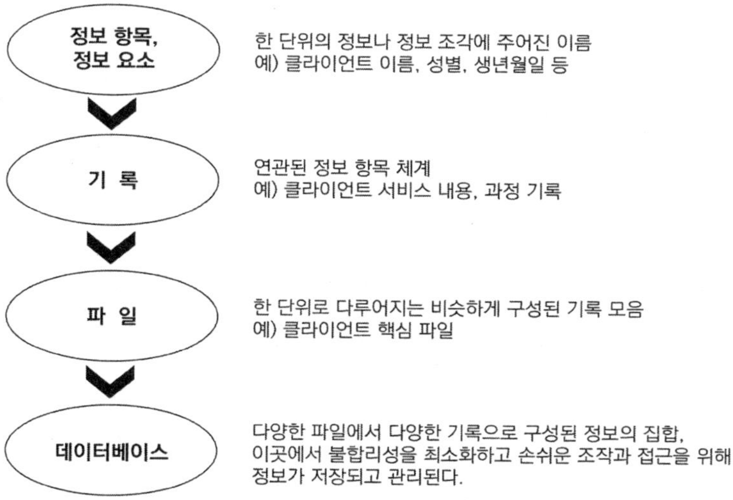

2) 일반정보체계의 구성요소

정보체계는 정보를 수집 및 입력하고, 복구하며, 소통하기 위한 장비, 인구통계학적 자료, 정보 등으로 구성된다.

주로 인력은 정보를 수집, 저장, 복구, 조직, 입력하는 기록자이며, 정보는 서비스 시간이나 급여 등을 수치로 나타내는 것을 상징한다. 그리고 도구는 과업 수행에 필요한 컴퓨터와 같은 도구를 의미하고, 방법과 절차는 과업과 관련한 구조와 과정이며, 기록은 체계가 어떻게 작동하는지에 대한 지시문이라 볼 수 있다.

3. 정보관리시스템의 필요성

1) 기관의 책임성 증대

사회복지사업은 국민의 세금인 조세로 운영된다. 세금 집행에는 당위성이 있고 이에 대한 책무성이 요구된다. 때문에 서비스에 대한 결과가 투명하게 제시되어야 하며 기관의 책무성이 요구된다.

2) 직원의 필요성

사회복지기관 종사자들은 업무성과에 대한 피드백과 모니터링을 통해, 더 나은 서비스 받기를 원한다. 또한 직원이 변경될 경우, 서비스의 연속성을 위해서도 정보관리시스템은 필요하다.

3) 사회복지서비스의 확대

서비스 욕구의 다양성에 따른 서비스 종류의 확대는 클라이언트의 정보에 대한 접근성의 장벽이 높아지면 효율적인 서비스의 제공이 어려워진다. 점점 서비스 중심과 서비스의 전문성에 초점을 맞추고 지역사회, 지방자치단체, 중앙정부 차원에서 서비스의 범위를 알리려는 욕구가 급격하게 증가하고 있는바, 그 필요성이 증대된다.

4) 정보의 중요성 증대

정보의 비대칭은 누가 정보를 분배하고, 통제하고, 이용하는가에 따라, 정보 취득에 있어 공평하지 못함을 의미한다. 때문에 '정보 빈곤'은 클라이언트가 서비스를 선택하는 데 있어서 장벽의 요인이 될 수 있다. 반면, '정보 풍요'는 서비스 선택에 있어서 클라이언트가 그들의 욕구 충족에 많은 혜택을 누릴 수 있도록 도움을 준다.

5) 효율적 관리

정보가 산발되어 있으면 서로 중복서비스나 누락, 부당수급 등 확인하기가 어렵다. 하나의 통합적 관리가 이루어지면 예산을 적재적소에 맞게 배분할 수 있으며,

서비스 관리에서도 효율적으로 활용할 수 있다.

4. 정보관리시스템의 종류

1) 사용 용도에 따른 종류

고객정보시스템은 클라이언트의 정보입력 후, 더 나은 서비스를 제공하기 위해 개발된 정보시스템이며, 조직 정보시스템은 조직 내부에서 의사소통이 원활하게 되도록 사용되는 정보시스템이다.

2) 조직 내부 관리영역에 따른 종류

이는 인사·조직관리·재정관리 정보시스템으로 나뉘는데 먼저 인사관리 정보시스템은 조직구성원의 채용, 교육, 훈련, 승진, 근태와 같은 노무관리를 위한 시스템이다.

다음으로 조직관리 정보시스템은 서비스 과정과 조직 내부 커뮤니케이션 관리에 대한 시스템이다.

마지막으로 재정관리 정보시스템은 예산, 회계, 입출금 관리를 위한 시스템이다.

3) 사회복지영역에 따른 분류

영역별로 사회복지행정 정보시스템, 사회보험 정보시스템, 노인복지 정보시스템, 아동복지 정보시스템, 사회서비스 정보시스템 등이 있다.

5. 정보관리시스템의 분류

1) 자료처리응용단계(DP: Data Processing)

입력, 자료수집, 조정, 전송, 자료출력을 포함하며 사무업무를 가능하게 하는 장비로 구성된다. 예를 들면, 급여명세서 자동처리 및 이용자 명부관리, 이용명세서 자동 발급 등이 있다.

2) 정보관리체계 · 관리정보체계단계(MIS: Management Information System)

정형화된 구조를 통해 다양한 자료를 수집, 저장, 처리하여, 필요하고 이용 가능한 정보로 전환하는 것을 말한다. 또한 클라이언트의 정보보호, 재정관리, 서비스 제공 등과 같은 내부 기관 운영의 관리 목적을 위해서도 사용된다. 사업별, 부서별로 월별, 분기별 보고서도 작성한다. 기초적인 조직관리를 위한 정보를 처리하는 공식화된 전산 응용프로그램이다.

정보자원이란 정보 그 자체와 그것을 다루는 기술로 컴퓨터 하드웨어와 소프트웨어 · 통신 · 사무자동화체제와 인적 · 재정적 자원을 포괄한다. 그동안 정보자원관리(IRM)[1]는 사회복지 분야에서 매우 중요한 업무로 인식되었다.

참고로 행정정보체계(PMIS, public management information system)는 행정의 구조와 기능 및 정보체계가 고도화됨에 따라 변화 · 발전한 개념이다. 이는 공공부문 내에 있는 조직의 경영정보체계라 하며 조직의 운영 · 관리 · 분석 및 의사결정 기능을 지원하기 위하여 정보를 제공하는 통합적 사용자와 기계 시스템이다.

경영정보체계와 행정정보체계의 비교를 간략하게 표시하면 다음 <표 12-1>과 같다.

〈표 12-1〉 경영정보체계와 행정정보체계의 비교

구분	경영정보체계	행정정보체계
자료수집	적극적	소극적
정보해석 · 대안 탐색	합리적 모형	점증모형 · 만족모형
목표설정	일원적 · 단기적 목표	다원적 · 무형적 · 추상적 · 장기적 목표
평가 기준	경제성 · 능률성 등 명확한 사업평가 기준	불명확 · 변동적 평가기준 · 민주성 · 형평성 · 대응성에 중점을 둠
경쟁성과 대기비용	치열한 경쟁성, 대기비용 상승	독점성, 대기비용 대면화

1) 정보자원관리란 "조직의 정보시스템과 관련된 하드웨어 자원과 소프트웨어 자원으로 구성되며 인력 데이터베이스, 원거리 통신시스템 조직구조와 절차 등을 관리하고 조정하는 것"이라고 제시한다(문신용, 1999, 5).

3) 지식기반시스템(KBS: Knowledge Based System)

이는 자료, 정보, 지식의 구조 그 이상의 복잡하고 힘든 기술을 요구하는 것으로 총 세 가지가 있다.

① 전문가시스템은 사용자가 제공한 초기정보를 기초로 컴퓨터에 저장된 지식을 사용하여 사례관리 의사결정을 하는 것이다.

② 사례기반추론 시스템(CBR: Case-Based Reasoning)은 수천 개의 case를 조사된 자료로부터 지식을 구하는 것이다.

③ 자연 음성처리 시스템(NLP: Natural Language Processing)은 언어를 문서화하여 텍스트로 전환하는 것이다.

4) 의사결정지원시스템(DSS: Decision Support System)

의사결정에 대한 효과성과 특성을 탐구하는 것으로 전문가가 쉽게 의사결정을 할 수 있도록 지원하는 시스템이다.

5) 업무수행지원시스템(PSS: Performance Support System)

사회복지 현장에서의 업무수행 능력을 증진시키고, 사회복지사의 업무성과를 높이는 것에 중점을 두는 시스템이다. 업무량이 많고, 서비스의 양이 방대할 경우 효과적이며 직원이 재편성되었을 때 일을 수행하는 방법, 지시사항, 절차가 복잡할 경우도 효과적이다.

6) 빅데이터(Big Data)

빅데이터는 기존의 방식으로 저장, 관리, 분석하기 어려운 큰 규모의 데이터를 일컫는다. 사회복지 조직은 사회환경에 영향을 많이 받으며, 변화에 민감성을 갖고 있는 특성이 있다. 다양한 욕구에 따른 소비활동, 다양한 프로그램, 사진, SNS, 동영상 등 많은 정보 중에 필요한 정보를 추출할 수 있는 빅데이터의 기술력에 대한 관심이 높아졌다. 특히 우리나라는 IT 활용이 다양하고 전자화와 자동화가 보편화되어 있으나, 기존의 시스템은 많은 자료를 저장하고 분석하기에는 어려운 한계가 있다. 그러나 큰 규모의 자료들은 빅데이터를 활용해 일정한 흐름을 포착하면 미래 예측 또한 가능하여 최근 많이 활용되고 있다. 또한 빅데이터 기술은 다양한 분야에서 범죄예방이나 유전자 데이터 분석을 통해 질병 치료와 예측, 선거, 국가 안전관리까지 영역을 확대하고 있다(윤홍근, 2013).

제 2 절 사회복지 분야의 정보관리체계

사회복지 분야의 정보관리 체계에 대한 내용을 살펴보면 다음과 같다(사회복지교육연구센터, 2016: 243~250).

1. 정보관리체계 설계의 단계

정보관리체계 설계는 '현재 상황에 대한 사정 → 기존정보체계에 대한 분석 → 세부설계 → 정보관리체계 검증과 준비 → 전환 → 평가 → 운영 · 유지 · 수정'의 단계를 거친다.

① 현재 상황에 대한 사정 단계에서는 정확한 사정과 정보체계 개발을 위해 IT팀을 구성하고 모든 직원의 참여와 헌신을 유도한다. 또한 기술력, 시간, 수준과 내용, 비용, 가치, 이념, 장비, 비전 등의 내용을 포함해야 하며, 무엇보다 직원들이 사업의 목적과 목표를 충분히 이해하고 동참할 수 있도록 해야 한다.

② 기존정보체계에 대한 분석단계에서는 기존 정보체계에 대한 장점과 단점을 이해하고 보완해야 하며, 클라이언트와 지역사회에 긍정적 시너지 효과를 발휘할 수 있도록 설계되어야 한다. 특히 지역사회 특성과 정보, 클라이언트 정보, 서비스 정보, 직원 정보, 인적 · 물적 자원 할당에 대한 정보 등이 확보되어야 한다.

③ 세부설계 단계는 어떤 자료가 어떻게 사용될 것인지 정확히 파악해야 하며, 클라이언트 욕구가 구체화 되면 정보를 수집할 수 있는 출처 파악과 누구에게 정보를 오픈할 것인지를 결정하여 수작업 · 전산화 범위를 결정한다.

④ 정보관리체계 검증과 준비단계에서는 직원 교육비용 및 시스템 유지관리를 위한 지출이 필수적이다.

⑤ 전환단계에서는 시범사업의 적용과 교육훈련이 종결되어 새로운 정보시스템 체계가 실행되는 단계로, 불편함이나 장점과 단점 등을 파악하여 효과성을 증대시킨다.

⑥ 평가단계에서는 개인별, 부서별, 관리자별, 분야별 차원에서 성과와 실패에 대한 평가를 통해 정보체계를 시행 전 단계와 비교한다.

⑦ 운영 · 유지 · 수정단계에서는 정보체계에 대한 전담 직원이 확보되어야 하며, 자주 업데이트하고 데이터 저장과 관리, 활용에 대한 모니터링을 통해 업무를 조정하고 사후교육을 위한 예산을 확보하도록 한다.

또한 직원들의 업무수행과정에서 조직의 복지사업에 대한 목표 달성을 위해 정보체계를 활용하는 것이 효율적이며 효과적임을 강조하고 수집된 자료는 직원들이 공개된 장소에서 발표하고 활용하도록 하여야 한다.

2. 사회복지기관의 정보관리체계 설계를 위한 정보 유형

1) 지역사회 정보

지역사회 정보 파악을 위해 인구통계학적 자료와 사회적 · 경제적 특성에 대한 자료, 클라이언트의 기초자료 확인, 실질적인 서비스와 재원의 목록 등에 대한 정보가 필요하다.

2) 클라이언트 정보

클라이언트의 욕구와 문제, 장애물, 개인정보와 과거력, 서비스 유형, 서비스 기간, 질병, 직업 상태, 만족도 등에 대한 정보가 이에 포함된다.

3) 서비스 정보

기관의 서비스 종류와 서비스 단위, 클라이언트 수, 서비스 내용 설명, 전체적인 과정에 대한 기록 등이 포함된다.

4) 직원 정보

사업 실행 담당자, 참여 시간, 서비스 제공의 양, 서비스 차별성 등이 포함된다.

5) 자원할당 정보

자원에 대한 전체적 비용, 특수한 유형의 서비스 비용, 예산 및 결산보고서를 위한 자료 등이 포함된다.

3. 사회복지조직의 정보관리체계 개발을 위한 과제

1) 검토해야 할 사항

사회복지조직은 사회변화와 정보화 시대에 탄력적으로 적응해 가는 노력이 요구된다. 정보화 사회에서 일차적 과제는 정보체계의 개발과 활용에 있어 업무 효율성을 높이기 위한 전산 프로그램을 개발해야 할 것이다.

특히 업무효율을 높이기 위해서는 반드시 필요한 부분이다. 기본적 전산 프로그램 개발보급을 이룬 상태에서 통합적 관리 기반 체계구축과 더불어 서비스 결정 및 지원 전달체계, 업무수행 지원체계의 구축으로 발전시켜야 할 것이다.

또한 직접 서비스 수준에서 정보시스템이 주는 의미는 효과적인 서비스 제공과 명확한 의사결정과정을 지원하기 위한 백업자료 및 자동 시스템 자료 등 정보의 사용 증가에 있다고 볼 수 있다. 그러므로 수작업을 최소화하고 최대한 컴퓨터 정보시스템을 인간과 통합하는 최상의 방법을 추진해야 한다.

2) 쟁점 사항

사회복지 전문가는 프로그램이 만든 문제해결책을 초월하여 전문적 판단을 활용하는 능력이 필요하다. 또한 사회복지전문가는 클라이언트 정보의 비밀보장을 위한 책임이 있다.

제3절 정부 복지 정보시스템

사회복지시설 업무를 전자화하고 업무절차를 간소화하기 위해 시 · 군 · 구 보고를 업무 전산화하였으며 각종 인력 변경 신고 및 보조금 신청 등의 업무까지 전산, 확대되어 체계화하였다.

이에 따른 사회복지시설 정보시스템과 사회보장 정보시스템의 내용은 다음과 같다(사회복지교육연구센터, 2016: 250~252).

1. 사회복지시설 정보시스템

사회복지 시설 업무의 표준화 · 일원화, 업무처리 간소화 · 효율화, 외부 제출자료 작성의 편의성 증진 등을 위해 사회복지시설 정보시스템을 도입하였다.

1) 적용 대상 시설

아동복지시설, 노인복지시설, 장애인복지시설, 정신질환자 요양시설, 부랑인 생활시설 등에 적용된다.

2) 주요 기능

통합 회계 관리(회계 관리, 예산 관리, 세무 관리), 행정업무관리(인사 관리, 급여 관리, 비품과 소모품 관리), 시설 유형별 서비스 이력 관리(생활인과 이용자 관리, 사회복지 서비스 관리, 사례 관리, 일지 관리 등), 통합고객 관리(후원자와 자원봉사자 관리, 후원금 관리, 자원봉사 관리), 시 · 도 및 시 · 군 · 구 복지급여 통합관리시스템 연계 기능을 담당한다.

2. 사회보장 정보시스템(행복e음)

사회복지사업법에 의해 사회복지 시설 업무에 필요한 각종 자료 또는 정보의 효율적 처리와 기록 · 관리 업무의 전자화를 위하여 구축 · 운영되는 정보시스템으로 복지급여 통합관리시스템, 사회복지 시설 정보시스템, 상담사례 관리시스템으로 구성한다.

① 일괄 신청 및 맞춤형 서비스 제공

● 서비스 신청 시 민원인의 욕구를 정확하게 파악하여, 필요한 서비스를 누락 없이 맞춤형으로 설계하여 일괄 신청할 수 있도록 안내

② 제출서류 간소화로 민원 편의 증대(사업별 신청서, 동의서, 통지서 등 37종의 서류를 6종으로 축소)

③ 복지급여, 서비스 신청에 따른 결정 처리 기간 단축 및 결정 통보방식 다양화

④ 추가 지원이 가능한 서비스 안내

⑤ 보건복지콜센터와 시 · 군 · 구 콜센터의 연계를 통한 서비스 제공

⑥ 복지대상자 선정의 정확성 제고 및 적정급여 지급

● 27개 기관 215종의 소득 · 재산자료, 인적 사항 정보, 서비스 이력 정보 등을 연계하여 복지대상자의 정확한 선정 및 적정급여 지급

● 120여 개의 복지급여 및 서비스 이력을 개인별 · 가구별로 통합 관리하여 급여가 중복되어 지급되는 것을 방지

⑦ 효율적이고 일관성 있는 일 처리로 행정업무를 줄여 찾아가는 서비스 제공

● 사업별로 다른 소득 · 재산 조사 방법을 통일시켜 한번 조사하면 여러 복지 서비스에서 공동으로 활용하도록 개선

● 조사에 대한 업무 부담을 줄이는 대신 공무원이 주민을 직접 찾아가 상담하고 서비스를 제공하는 본연의 업무에 집중하도록 함

3. 사회보장 정보시스템(범정부)

16개 부처 293개 복지사업 정보를 연계하여 개인별 · 가구별 복지서비스 이력 관리, 중복 · 부정적 수급 방지, 중앙부처 복지사업 정보제공, 복지사업 업무처리 지원 등을 위해 개통되었으며, 복지사업의 대상자와 수급 이력 정보를 연계하여 정확

한 복지대상자 선정을 토대로 수요 중심의 서비스를 제공하기 위한 시스템이다.

① 누락이나 중복 없이 맞춤형 복지서비스 제공

● 복지사업 대상자별 수급 이력과 복지사업 정보를 활용해 중앙부처와 지방자치단체 복지서비스를 통합적으로 상담 · 제공 · 안내

● 복지사업을 시행하는 각 부처가 복지대상자 선정에 필요한 공적 자료를 공동 활용함으로써 신청의 편리성 확보

● 대상자 관리에 필요한 중복수급 여부, 사망 등 정보가 각 부처에 주기적으로 제공되어 복지재정 지출의 적정성 제고

② 자격 · 수급 이력 통합 DB 구축

지자체와 각 부처의 복지 업무 담당자는 민원인의 복지서비스 수급 이력과 전 부처의 복지사업 정보를 활용하여 받을 수 있는 서비스와 신청 방법 · 장소 등을 안내

③ 복지 지킴이

'복지 지킴이'를 통해 복지대상자의 중복사업 수급, 수급 자격 변동 등의 정보를 각 부처에 주기적으로 알려 복지재원의 누수를 차단(사망, 주민등록말소, 기초수급자격 중지 등의 정보가 각 부처에 제공되어 각 사업 담당자가 수급 자격 변동 여부를 확인해 복지대상자를 관리)

④ 전 중앙부처의 복지사업과 지자체의 자체 복지사업 정보를 '복지 알림이'를 통해 제공하여 일반 국민과 일선 업무 담당자들의 복지정보 열람을 편리하게 함

⑤ 업무처리지원시스템 구축

● 각 부처 복지사업의 신청 · 조사 · 결정 · 급여 등 복지행정 업무를 지원하고 사회복지시설 업무의 표준화 · 투명화 및 사회복지업무의 전자화를 위해 보건복지부에서 구축한 사회복지시설 통합업무관리시스템이다.

결과적으로 정보관리는 매우 효율적이며 효과적인 업무처리와 서비스에 강점이 많다는 것을 살펴보았다. 향후 좀 더 발전적인 과제를 고민해보면, 행정 정보화로 인해 개인정보와 관련된 시스템의 취약성에 대한 기술적인 문제와 다양한 클라이언트의 욕구 수집과 분석을 체계화하는 것이 정책 과제로 남아 있다.

CHAPTER

사회복지행정의 동향과 전망 제13장

제13장
사회복지행정의 동향과 전망

현대 복지국가는 양적인 측면에서 질적인 측면으로 전환되어가고 있으며 더불어 서비스 공급을 시장 기제에서 공급하는 경향이라고 할 수 있다. 즉, 'less state, more market'으로 표현할 수 있다.

즉 정부의 역할 축소와 함께 시장기능을 강화한다는 의미이다. 이는 정부의 복지예산이 축소되었다는 의미가 아니라 정부의 복지서비스 기능을 민간과의 경쟁을 통해 서비스를 클라이언트에게 제공한다는 의미이다.

이러한 의미에서 사회복지 동향은 정상화의 이념을 기초로 한 지역 중심의 대인적 서비스, 재가복지의 활성화, 자조(自助)를 강조하는 모델 확산, 자원의 효율적 활용을 위한 네트워크 구축으로 발전해 나갈 것이다. 사회복지 동향을 요약하면 다음과 같다.

① 시설복지에서 재가복지서비스로의 전환

② 공급자 중심에서 이용자의 욕구 중심으로 한 서비스로의 전환

③ 욕구(need) 충족을 위한 복지에서 수요(demand) 충족을 위한 복지로의 전환

④ 클라이언트의 개념에서 소비자 개념으로의 전환

⑤ 원조(help) 중심에서 자립(self-help) 중심으로의 전환

제 1 절 사회복지행정의 동향

1. 사회복지기관평가의 강화

1997년 개정된 사회복지법 제43조(동법 시행규칙 제27조)에 의해서 사회복지기관은 정기적인 평가를 의무적으로 받도록 함으로써 이제부터는 3년마다 1회 이상 의무적으로 사회복지시설의 전문성, 시설환경, 서비스의 만족도 등에 대한 평가가 이루어지도록 법적 근거가 마련되었다.

사회복지 시설과 기관 평가제가 도입된 배경은 다음과 같다(황성철 외, 2005: 297~298).

① 사회복지 서비스의 팽창이다. 특히 사회복지 기관의 경우, 주요 평가대상이 되기에 양적으로 충분한 규모로 증가하였으며, 자연스럽게 책임성 검정을 요구받게 된 것이다.

② 사회복지 개입 활동의 효과성 검정에 대한 압력이다. 대규모 자원과 인력이 투입되고 있는 사회복지조직에 대한 효과성을 검정해야 한다는 지적이 설득력을 얻게 되었다.

③ 한정된 자원과 효율성의 원칙을 강조하는 목소리가 있어, 평가제가 도입되었다.

④ 외환위기 이후에 나타난 구조조정 압력이다. 구조조정의 압력과 정부의 의지가 공공부문뿐만 아니라 공공부문과 밀접한 관계를 갖는 사회복지 분야에도 영향을 미치게 되었다.

⑤ 평가의 필요성에 대한 사회복지계 내부의 자생적 이해가 확산되었다.

사회복지 시설과 기관에 대한 정기적인 평가를 통해 전문성 향상과 효율적인 운영의 기반이 정착되고 있으며 이용자의 인권 보호, 시설의 개방화, 운영의 투명성 제고에 기여하고 있다.

그리고 사회복지 시설과 기관의 실태를 파악하는 기회가 되고 있다. 이러한 강점에도 불구하고 사회복지 시설 및 기관평가 제도에 많은 문제점이 제기되고 있다

(이봉주 외, 2006).

① 서비스의 성과와 서비스 제공 과정 중 어디에 초점을 두어야 할 것인지에 대한 방향성의 혼란을 겪고 있다.

② 전국적인 사회복지서비스에 대한 표준화 기준이 마련되지 않았는바, 평가에 대한 신뢰성을 떨어뜨릴 수 있다.

③ 평가 기구가 상설 운영되지 않고 평가를 위한 충분한 예산이 확보되지 않아 평가를 충분한 기간을 두고 준비하기 어려우며, 평가를 위한 준비과정에서 평가위원의 선정과 교육이 미비하여 평가의 신뢰성과 전문성을 확보하기 어렵다.

④ 사회복지 시설 및 기관평가를 통해 확보한 평가 결과들을 적절히 활용할 수 있는 체계가 존재하지 않아, 평가 결과가 사회복지서비스 공급대리인인 민간복지시설에 미치는 효과가 반감될 수 있다.

⑤ 평가 기구의 상설 운영이 보장되지 않고, 외부 프로젝트로 진행되는 평가는 평가과정에 대한 책임성을 담보할 수 없으며, 평가의 연속성과 전문성을 보장하는 데에도 한계가 있다.

사회복지 시설 및 기관평가 제도는 공공부문이 대리인인 민간사회복지시설을 대상으로, 보다 많은 정보를 효과적으로 확보함으로써 대리인의 도덕적 해이를 개선할 수 있는 중요한 제도이다. 따라서, 향후 평가문화와 평가시스템을 구축하는 것이 바람직하다.

2. 재정의 엄격성 강조

사회복지 기관의 효과성과 효율성에 관한 지역사회와 클라이언트의 욕구가 점점 높아지고, 국가의 보조금 지원에 있어서 좀 더 엄격하게 재정의 사용을 관리하고자 하는 경향이 늘어나고 있다.

3. 사회복지 전달체계의 변화

2006년 7월부터 공공사회복지서비스 전달체계는 주민생활지원서비스 제공방식으로 개편을 시작하였다. 주민자치센터는 지방자치단체에 따라 차별적으로 실시되고 있다.

주민생활지원서비스의 강화를 위해 보건 · 복지 · 고용 · 주거 · 교육 · 문화 · 관광 · 생활체육 등의 8대 서비스가 통합적으로 제공되고 있다. 주민생활지원서비스 전달체계 구축의 궁극적인 목적은 지방자치단체 또는 지역별로 민감한 고품질의 주민생활지원서비스를 제공하여, 주민의 욕구를 충족시킬 수 있는 행정 능력을 갖추는 것이다. 이러한 목적을 달성하기 위해서는 다음과 같은 목표가 필요하다.

① 지방자치단체 단위로 서비스 제공을 위한 기획력을 제고시키는 것이다.

② 높아지는 서비스 수용자의 기대에 부응하고, 서비스 제공의 효과성을 높이기 위하여 서비스를 전문화하는 것이다.

③ 수용자의 다양한 욕구에 대응하는 서비스 연계를 통하여 통합적으로 제공하는 것이다.

④ 주민의 욕구에 부응하는 서비스 제공이 되도록 민감성을 높이는 것이다.

그러나 주민생활지원서비스의 체계로 개편했음에도 불구하고 어려움이 초래되고 있다. 이러한 어려움을 해결하기 위해서는 지방자치단체의 기획력 제고가 필요하다. 기획력을 향상시키기 위해서는, 관련된 한계 서비스의 전문화, 서비스 연계 및 통합 서비스 제공 기반 강화, 서비스 대응성 향상이 전제되어야 한다.

4. 민간기관과의 상호협력 체계구축

지역사회복지 협의체는 지역사회복지를 강화하는 방안으로써 사회복지서비스 제공에서 지방자치단체와 민간기관과의 상호협력체계 구축을 위한 것이다.

지역사회복지 협의체는 지역사회의 복지서비스를 체계화하고 연계하여 기반을 마련하는 것을 목적으로 하고 있다. 지역사회복지에 관해 체계적으로 의견을 수렴 및 협의하여, 시 · 군 · 구에 지역사회복지의 개선방안을 마련하고 지역 복지서비스 연계와 조정을 위한 기반을 마련토록 하였다.

5. 사회복지 전문성의 강화

2003년부터 사회복지사 1급 자격시험을 실시하여, 사회복지사 자격을 좀 더 엄격하게 관리하기 시작하였다. 나아가 전문가로서의 기술과 지식을 충분히 습득하도록 하기 위한 보수 교육 실시, 전문 사회복지사 자격 기준의 논의 등 다양한 측면에서 전문직을 강화하려는 노력이 나타나고 있다.

6. 서비스 공급체계의 변화

2007년 4월 2일 노인장기요양보험 법안이 국회 본회를 통과하여 2008년 7월부터 시행되었다. 노인장기요양보험제도의 도입은 서비스 공급체계에 있어서 많은 변화를 가져왔다.

가장 큰 변화는 공공의 사회복지서비스가 사회보험제도로 대체되면서, 서비스 공급 주체가 행정주체에서 영리기업을 포함한 민간사업자 중심의 서비스 체계로 전환이 이루어졌다는 것이다. 즉, 경쟁적 환경을 만들었다고 볼 수 있다.

이로 인해, 공공의 복지서비스에서 비영리의 원칙이 포기되었고, 그 결과 영리기업에게도 공급에 참여할 자격이 부여되었다. 다시 말해, 시장화로의 결정적인 변화는 복지서비스의 이용 및 제공의 책임이 이용자와 제공자로 전가된다는 것이다.

노인장기요양보험제도의 도입은 사회복지 시설 경영의 불안정한 구조로 변화될 수 있다. 노인요양시설에 대한 노인수발 수가는 입소자의 판정에 따라 달라지기 때문에 경영이 불안정해지며 시설의 입장에서는 1등급 중증 노인을 중점적으로 입소시켜야 하는 윤리적인 문제가 발생할 수 있다.

경영의 불안정은 경비의 대부분을 차지하고 있는 인건비 삭감으로 이어질 것이고, 이는 바로 정리해고와 비정규직화를 통해 시설 서비스의 질적 저하를 초래할 것이다.

선진국이 복지공급의 다양화를 추구한다고 해서 우리나라에서도 민간 영리기업의 참여를 촉진하고 있지만, 이는 공공부문의 복지공급이 확실하게 확립되어 있을 때만이 민간 영리 부문의 역할이 가능하다는 것을 간과하는 듯하다. 아울러 서비스 공급 주체로서 국가의 책임과 역할이 매우 강화되어야 한다.

제 2 절 사회복지행정의 전망

현대사회의 복잡성과 다층성 및 클라이언트에 대한 다양한 욕구를 충족시키려는 노력과 함께 변화하는 사회 전반의 외부 환경에 대응하기 위해서는 다양하고 치밀한 계획과 전략적인 대처가 필요하다.

① 사회복지서비스의 공급 형태가 변화됨과 아울러, 그 종류가 확대될 것으로 전망되므로 이에 맞는 조직의 혁신을 통하여 조직 경쟁력을 강화해야 할 것이다. 과거 사회복지 조직 간의 관계는 전통적으로 협조적 관계였으나, 향후 기금과 클라이언트 유치 등에서는 경쟁적인 환경이 주도할 것이다.

② 중앙정부와 지방자치단체 간의 역할 분담, 공공과 민간의 역할 분담, 영리와 비영리 조직들의 공존 등 사회복지서비스 전달체계의 복잡성과 다양성으로 인하여 나타나는 여러 문제점을 해소하고, 통합적이고 적정하게 운영하는 행정관리의 역할이 필요할 것이다. 따라서 다양한 이익집단과 지역사회가 참여할 수 있는 개방적인 입장에서의 사회복지 행정 기술이 필요하다.

③ 보수적인 정부의 개입보다는 시장 메커니즘을 선호하는 환경이기 때문에 계약, 보조금, 바우처, 자원봉사활동 등과 같은 민영화 전략 프로그램이 더욱더 필요할 것이다.

④ 사회복지는 앞으로는 과정보다는 결과를 중시하게 될 것이다. 이러한 이유로 성과측정, 성과 할당 등의 분야에 관심을 두어야 한다.

⑤ 주변 여건이나 환경에 대한 영향을 면밀하게 분석하여 외부 환경이 클라이언트, 프로그램, 기관 등에 미치는 영향에 대한 전략적인 대처가 필요하다.

제3절 사회복지행정의 과제

1. 사회보장체계의 중요성

현재 우리의 사회복지체계는 사회보험과 공공부조 사회복지서비스를 기본구조로 하고 있다. 사회보험은 근로자가 보험료 납부를 통해 먼저 기여하고 나중에 수령 하는 재정방식으로 운영하고 있으며, 공공부조는 정부가 개인이나 기업에게 세금을 거둬 대상자의 기여에 상관없이 급여를 제공하는 방식이다. 사회복지서비스는 정부의 보조, 민간의 후원, 지역사회의 참여, 개인의 서비스 이용 대금 지불 등이 복합적으로 혼합된 재정방식으로 운영되고 있다. 이것이 사회보험이나 공공부조의 행정보다, 사회복지서비스의 행정관리가 훨씬 복잡할 수밖에 없는 이유이다.

절차적 복잡성과 효과성 및 효율성을 중요시하는 사회복지서비스의 실천은 다양한 유형의 민간 조직에 위임되고 있다. 과거에는 주로 비영리 민간조직들이 운영했지만, 현재는 영리 조직들도 사회복지서비스 시장 진입에 적극적으로 참여하는 실정이다.

또한 민간 사회복지 서비스 기관의 재정 대부분이 정부 보조금 방식에 의존했던 2006년 이전과 달리, 2006년 이후에는 제3자 지불형식의 바우처(voucher) 전략이 등장하면서, 서비스 기관에 대한 이용자의 선택권을 부여하고 서비스 조직들 간의 경쟁을 유발하여 자연스러운 서비스의 질 향상을 가져왔다.

이처럼 사회복지서비스 수행방식의 변화는 사회복지 조직에 있어 운영 시스템 전반에 대한 전면적 개편을 요청하게 되었다(김영종, 2017: 114~117).

이러한 급격한 한국 사회복지환경의 변화에 대응하기 위한 과제에 대하여 황성철 외(2020)는 다음과 같이 제시하고 있다.

1) 사회복지서비스 공급조직의 확대에 따라 조직 경쟁력이 강화되어야 한다.

현재 우리나라의 사회복지서비스는 총량적인 차원에서 꾸준히 확대되고 있다. 새로운 사회복지서비스 조직의 증가로 인해, 지역사회에 기반을 둔 기존의 사회복지서비스 조직은 한정된 지역사회 자원을 놓고 경쟁하거나 갈등하는 상황에 놓이게 될 것이다. 따라서 사회복지서비스 조직은 관리 및 행정체계를 정비하여 경쟁우위를 확보하지 않으면 생존도 크게 위협을 받게 될 것이다.

사회복지조직은 그 특성상 외부 자원에 크게 의존할 수밖에 없기 때문에 적극적인 환경관리가 요청되고 있다. 이러한 관점에서 사회복지조직의 행정가와 관리자는 외부 지향적이며 변혁적인 리더십을 발휘하여 사회복지조직의 환경변화에 능동적으로 대응해 나가야 할 것이다.

2) 책임성의 요구 증대에 따른 사회복지조직관리 및 행정의 과학화가 필요하다.

사회복지조직에 대한 평가는 이미 법제화되어 7차에 걸쳐 평가가 진행되었고, 이는 사회 전반에 걸쳐 피할 수 없는 흐름으로 자리를 잡아가고 있다. 사회복지조직을 비롯한 공공영역의 평가 핵심은 책임성의 요구이고, 이는 앞으로도 더욱 강화될 것이다. 따라서 사회복지조직은 올바른 책임성 이해를 위해 시설과 기관의 전반적인 운영과 프로그램, 재정, 클라이언트와의 관계에서도 합리성과 전문성을 향상시키기 위해 노력해야 한다. 아울러 사회복지조직에서는 행정체계의 과학화를 위해 경영정보 시스템 도입, 욕구 조사 방법의 체계화와 다양화, 각종 프로그램의 과학적인 관리기법 등이 요구되고 있다.

3) 노동환경 변화에 따른 조직의 근로환경 개선과 새로운 사회복지서비스 조직의 문화 창달이 요구된다.

사회복지서비스의 질은 전문성을 갖는 직원들의 사기와 노력에 의해 크게 좌우된다. 따라서 서비스의 효과성을 향상시키기 위해서는 직원들의 동기부여 및 역량 강화, 참여 확대 등 발전적인 조직문화를 형성하고 유지해야 할 것이다.

2. 사회복지 전문직의 과제

사회복지행정의 핵심적인 역할을 수행하며 조직의 책임성과 변화의 주체이자 대상인 사회복지 전문직이 해결해야 할 과제에 관하여 김영종(2017)은 다음과 같이 설명하고 있다.

1) 관리자로서의 역할과 역량

사회복지조직의 관리자가 수행하는 역할은 매우 다양하게 나타난다. 이들의 역할은 조직이나 프로그램, 전달체계, 서비스의 기획이나 실행관리 등에 대한 책임과 연관되어 있다. 관리자가 각각의 역할을 적절히 수행하려면 그에 부합되는 기술 역량도 갖추어야 한다.

(1) 의사소통(communicating)

조직 활동의 핵심적 역할을 하는 기술을 말한다. 관리자는 조직 내·외부 관련자들과 효과적인 의사소통을 수행하기 위해 대면, 문서, 전자매체 방법 등을 적절히 다룰 수 있는 기술을 갖추어야 한다.

(2) 경계 잇기(boundary spanning)

조직 단위 간의 경계를 잇는 역할을 하는 기술을 말한다. 관리자가 다른 조직들과 파트너십을 맺거나 서비스 전달체계의 통합을 모색하는 등의 역할을 수행하려면 유력 지도자들과 관계 맺기, 네트워킹, 영향력 행사하기(influencing)와 같은 기술을 갖추어야 한다.

(3) 비전 제시(futuring)

외부 동향을 예측하고 조직이 이에 대응하는 데 필요한 혁신적 대안 전략을 개발하는 역할을 의미한다. 사회서비스 환경에 불확실성이 증가함에 따라 관리자에게 이 역할이 더욱 강조된다. 이를 위해 환경분석, 전략적 기획, 혁신 추진에 필요한 역량 기술이 중시된다.

(4) 조직 정비(aligning)

환경적응을 위해 조직 내부의 구조와 과정, 조건들을 변화시키는 역할을 말한다. 이를 위해 관리자는 조직 자원의 배치와 업무 흐름을 구조화하는 조직화(organizing), 일에 대한 책임과 권한을 공식적으로 할당하는 위임(delegating), 직원의 채용과 훈련, 보상, 규율 등을 수행하는 스태핑(staffing) 등과 같은 기술을 갖추어야 한다.

(5) 자원관리(resource administration)

기관의 운영과 클라이언트의 서비스에 필요한 자원을 확보하고 관리하는 역할을 말한다. 관리자에게는 네트워킹, 기부자 개발, 프로포절 운용, 마케팅, PR, 대중매체 관련 기술이 필요하다.

(6) 평가(evaluating)

서비스 요구의 확인과 기관의 서비스 효과성을 판단하는 역할을 말한다. 조직의 유효성을 대외적 대내적으로 검증해 보고 이를 통해 발전적 대안을 위한 정보를 생성해 내는 것이다. 이를 위해 관리자는 요구 사정과 프로그램 평가와 관련된 제반 기술들이 필요하다.

(7) 정책 실천(policy practice)

국가나 지역사회 차원에서 정책을 개발하거나 해석하고 그에 영향력을 행사하는 역할을 말한다. 근래에는 사회복지조직 관리자에 대한 요구가 정책의 단순 순응자 역할을 넘어서서 정책 형성 과정에 적극 참여를 강조하는 것으로 바뀌고 있다. 따라서 관리자는 정책분석, 지역사회 조직, 집단 옹호 등에 관련된 지식과 기술을 보다 큰 비중으로 갖추어야 한다.

(8) 옹호(advocating)

사회복지서비스 관리자의 본원적인 역할을 말한다. 주요 이해 관련자들 앞에 특정 사례나 계층에 대한 대의(cause)를 촉진하거나 대변한다. 이를 위해 관리자는 의사소통이나 경계 잇기 등의 다른 기술들과 함께 집단행동에 관한 역할 기술도 갖출 필요가 있다.

(9) 슈퍼비전(supervising)

업무 단위들에 대한 일상적 운영 지원을 통해 서비스의 효과성과 효율성을 높이는 역할을 말한다. 사회복지 슈퍼비전은 행정적 · 교육적 · 지지적 역할 모델을 모두 포함한다. 이를 위해 관리자는 직원의 동기유발, 업무 모니터링과 조정, 피드백 제시, 직원 교육과 상담, 사회 · 정서적 지지 등에 관한 기술이 필요하다.

(10) 촉진(facilitating)

조직의 비전이나 사명, 목적 성취를 위해 업무자들의 노력을 이끌어내는 역할을 말한다. 업무자들이 기관과 프로그램 운영에 영향력을 행사하게 해서 업무의 수행능력과 혁신의 증진을 돕는 역량 강화(empowering), 훈련과 교육의 기회를 제공해서 전문성 증진을 도모하는 개발(developing), 실천 활동과 가치를 가지고 내면화하는 모델링(modeling) 등과 관련된 기술들이 관리자에게 필요하다.

(11) 팀 개발(team building)

업무수행을 위해 기관 내부 혹은 지역사회 차원에서 행정적 · 임상적 집단을 구축하고 활용하는 역할이다. 집단 역학과 집단 과정의 단계 과업들에 대한 이해와 감정적 기술의 제휴(coalition)에 관한 기술들이 요구된다.

2) 사회복지 전문 실천과 행정

사회복지조직에서 활동하는 모든 전문인력은 행정 및 관리자의 역할을 자연스럽게 내포하고 있다. 공공이나 민간 차원의 조직에서, 전문인력이 운영하는 특정 부서나 업무, 프로그램 단위는 모두 행정의 범위에 속한다. 뿐만 아니라, 지역사회나 국가 차원에서 다수의 조직군(群)으로 구성된 전달체계가 실제로 이어지게 하는 관리도 전문인력의 활동에 의해 이루어진다.

이러한 사회복지행정과 관리자의 역할이 반드시 '장(長)'에 의해서만 수행되는 것은 아니다. 전문 조직의 성격을 띤 사회복지기관에서는, 일선 서비스 전문가의 실천 활동이 곧 행정과 관리자로서의 역할과 불가분의 관계로 이어지는 경우가 종종 있다.

사회복지사와 같은 휴먼서비스 전문가들은 자신이 복잡하게 분화된 사회 조직적 기능의 한 부분을 관리하고 있음을 이해해야 한다. 이러한 이해는 통합적 서비스 실행을 방해하는 것이 아니라, 오히려 클라이언트 문제의 전문성과 개별화 특성을 적절히 구현하는 데 도움을 준다.

휴먼서비스 조직으로서의 기능이 가장 크게 작용하는 사회복지 전문직이 다소 경직된 행정조직문화와, 유연성을 추구하는 사회복지전문직의 이중적 속성을 가진다는 점을 고려하면, 사회복지사는 전문적 실천의 효과성과 책임성 제고를 위해서 사회복지행정에 대한 적절한 지식과 역량을 갖추고 변화하는 환경에 적절하게 대응하는 동시에 휴먼서비스조직의 사회복지가 추구하는 목표에 유연하게 적응하는 능력을 항시 준비해야 할 필요가 있다.

참고문헌

1, 국내문헌

강신택 · 안해균 · 오석홍. 行政學槪念, 서울: 韓國放送通信大學. 1983.

강영순 · 김정훈. "코칭리더십, 기본심리욕구, 혁신행동, 조직시민행동의 구조적 관계". 2013. 대한경영학회지 26권(통권 105호), 7월(pp.1909~1928), KCI등재논문. 2013.

김만두. 사회복지법제론, 서울: 홍익재. 1991.

김범수. 지역사회복지론, 서울: 홍익재. 2001.

김성옥 · 김봉화 · 조현호 · 김재호 · 임채욱 · 정창훈. 사회복지행정론, 경기: 양서원. 2012.

김영종. 사회복지행정, 서울: 학지사. 2001.

___. 복지행정론, 서울: 형설출판사. 2002.

___. 사회복지행정, 서울: 학지사. 2005.

___. 사회복지행정, 서울: 학지사. 2017.

김익균 · 고순철. 한국지역사회복지론, 서울: 대학출판사. 2005.

김익균 · 김흥식 · 윤찬중 · 이현기. 사회복지행정론, 서울: 교문사. 2003.

김인혁 · 김정기 · 문수열 · 유태완 · 이은정 · 장유미. 사회복지행정론, 경기: 양서원. 2019.

김형식 · 이영철 · 신준섭. 사회복지행정론, 서울: 동인. 2001.

_________. 사회복지행정론, 경기: 양서원. 2007.

_________. 사회복지행정론, 경기: 양서원. 2013.

남기민. "한국 사회복지조직의 분석: 상황적합적 접근방법을 중심으로", 한국사회복지학, 통권 제17호. 1991.

문신용. 공공정보자원관리의 활성화 방안, 한국행정연구원. 1999.

문인숙 · 김미혜 역. 사회복지기관행정론, 서울: 동인. 1993.

박동서. 한국행정론, 경기: 법문사. 1984.
___. 한국행정론, 경기: 법문사. 1990.
박봉실 역. 현대의 지역복지, 서울: 대영문화사. 1988.
박차상 · 이경철 · 오세영. 사회복지행정론, 서울: 창지사. 2009.
박차상. 현대사회복지행정론, 서울: 대학출판사. 1999.
백완기. "한국행정과정", 김운태 외, 한국정치론, 서울: 박영사. 1982.
___. 행정학, 서울: 박영사. 1992.
변창남. "한국사회복지시설의 사회적 기능 강화에 관한 연구: 이사회 구성과 운영을 중심으로," 숭실대학교 대학원 사회사업학과 석사학위논문. 1986.
사회복지교육연구센터 편저. 사회복지행정론, 서울: 나눔의 집. 2010.
사회복지교육연구센터. 1급 사회복지행정론, 서울: 나눔의 집. 2016.
사회복지사1급국가시험 해설문제집. 서울: 은산미디어. 2002.
사회복지사1급국가시험. 서울: 일각 퍼시픽북스. 2010.
사회복지사1급시험연구회. 사회복지행정론, 서울: 나눔의 집. 2006.
___________. 사회복지행정론, 서울: 나눔의 집. 2009.
사회복지사1급기본이론서. 사회복지행정론, 서울: 나눔의 집. 2016.
___________. 사회복지행정론, 서울: 나눔의 집. 2019.
서상목 · 최일섭 · 김상균. 사회복지전달체계의 개선과 전문인력의 활용방안에 관한 연구, 서울: 한국개발연구원. 1987.
성규탁. 사회복지행정론, 서울: 법문사. 1989.
___. 사회복지행정론, 서울: 법문사. 1993.
___. 사회복지행정론, 서울: 법문사. 1994.
___. 사회복지행정론, 서울: 법문사. 1998.
손준규. 사회복지개론, 서울: 대학출판사. 1992.
신두범. 행정학 원론, 서울: 유풍출판사. 1980.
신두범. 행정학원론, 서울: 유풍출판사. 1984.
신복기 · 박경일 · 이명현. 사회복지행정론, 서울: 공동체. 2013.
신복기 외. 사회복지행정론, 경기: 양서원. 2003.
___. 사회복지행정론, 경기: 양서원. 2005.
신섭중. 지방화 시대를 맞이한 사회복지체계의 공사분담, 사회복지, 겨울호, 한국사회복지협의회. 1990.
심상용, "사회복지행정론", 서울: 학지사, 2019.
안해균. 현대행정학, 서울: 다산출판사. 1982.

어대훈. 휴먼사회복지학, 서울: 공동체. 2010.
염일열 · 이승현. 사회복지행정론, 고양: 공동체. 2016.
오세영. 사회복지행정론, 서울: 신정. 2009.
유종해. 현대행정학, 서울: 박영사. 1988.
___. 현대행정학, 서울: 박영사. 1992.
윤홍근. "문화산업에서 빅데이터의 활용방안에 관한 연구", 글로벌문화콘텐츠 제10호, 2013년 2월 28일(pp.157~180), KCI등재후보 논문. 2013.
이봉수. 김길평.김영국.이윤철. 경영학 원론, 서울: 명경출판사. 1998.
일각 퍼시픽북스 학술편찬국. 사회복지행정론, 서울: 퍼시픽북스. 2010.
장동일. 사회복지행정론, 서울: 학문사. 2004.
___. 사회복지행정론, 서울: 동문사. 2009.
장신재. 사회복지행정론, 서울: 나눔의 집. 2005.
장인협 · 이정호. 사회복지행정론, 서울대학교출판부. 2000.
장인협 역. 사회복지행정, 서울: 한국사회개발연구원. 1982.
정무성 · 박차상 역. 사회복지기관행정론, 서울: 나눔의 집. 2002.
조석준. 조직관리론, 서울: 법문사. 1970.
지은구. 사회복지행정론, 서울: 청묵. 2005.
지주연. "사회복지수용시설에 대한 국가와 민간의 역할에 관한 연구", 이화여자대학교 석사학위 논문. 1991.
최정재 · 남기민. 사회복지행정론, 서울: 나남. 2016.
______. 사회복지행정론, 서울: 나남. 1998.
피터 드러커. 비영리 단체의 경영. 현영화 역, 서울: 석정. 1987.
한국복지행정학회. 사회복지행정론, 경기: 양서원. 2011.
한국사회사업(복지)대학협의회 편. 사회복지전달체계와 사회복지사의 역할, 서울: 한국복지정책연구소. 1989.
홍권표 · 윤동열. "서번트 리더십이 조직구성원의 조직몰입에 미치는 영향: 희망의 매개효과", 대한경영학회지 제26권 제7호(통권 105호), 2013년 7월(pp.1825~1844), KCI 등재논문. 2013.
황성철 외. 사회복지행정론, 경기: 학현사. 2003.
_____. 사회복지행정론, 경기: 학현사. 2006.
황성철 · 정무성 · 강철희 · 최재성. 사회복지행정론, 파주: 양서원. 2020.
황진수. 현대 복지행정론, 서울: 대영문화사. 1993.

2, 외국문헌

Appley, L. A. Management in Action, New York, N.Y.: American Management Association. 1956.

Austin, M. J. Supervisory Management for the Human Services, Englewood Cliffs, NJ:Prentice-Hall. 1981.

Barnard, C. I. The Functions of the Executive, Cambridge, Ma: Harvard Univ, Press. 1938.

Blau, P. & Scott, R. Formal Organizations, San Francisco: Chandler. 1962.

Carlisle, H. M. Management Essentials: Concepts and Applications, Chicago: Science Research Associates. 1979.

Coser, L. The Functions of Social Conflict, New York: The Free Press. 1956.

Coulshed, V. Management in Social Work, London: Macmillan Publishing Co. 1990.

Dror, Y. The planning Process: International Review of Administrative Science, Vol. XXIX, No.1. 1963.

Ehlers, W., Austin, M. & Prothero, J. Administration for the Human Services, New York: Harper & Row Publishers. 1976.

Etzioni, A. Modern Organizations, Englewood Cliffs, NJ: Prentice-Hall. 1964.

Gilbert Smith. Social Work and the sociology of Organization, London and Boston: Routledge & Kegan Paul. 1970.

Gladstone, F. Voluntary Action in a Changing World, London: Bedford Square Press. 1979.

Glisson, C. A. "A Contingency Model of Social Welfare Administration", in S. Slavin, ed, An Introduction to Human Service Management, New York: Haworth Press. 1985.

Green, E. I. "The Nature and Use of Committees," in H.A.Schatz, ed., Social Work Administration, New York: Council on Social Work Education. 1970.

Greenfield, J. M. Fund-Raising, New York: John Wiley & Sons, Inc. 1991.

Hannagan, T. J. Marketing for the Non-Profit sector, London: Macmillan. 1992.

Hardwick, C. & Landuyt, G. Administrative Strategy, New York: Simmons-Boardman Publishing Corp. 1961.

Hasenfeld, Y. Human Services Organizations, Englewood Cliffs, NJ: Prentice-Hall. 1983.

Kahn, A. J. A Framework for Public-Voluntary Collaboration in the Social Services, In the Social Welfare Forum, 1976, New York: Columbia University Press. 1977.

Kamerman, S. B. "The New Mixed Economy of Welfare: Public and Private" Social Work, January-February. 1983.

Katz, D. & Kahn, R. L. Social Psychology of Organization, rev. ed. New York: Wiley .1978.

Kinnear, T. C. & Bernhardt, K. L. Principles of Marketing, Illinois: Scott, Foresman and Company. 1990.

Kotler, P. Marketing for Nonprofit Organizations, New Jersey: Prentice- Hall, Inc. 1982.

Lauffer, A. Understanding Your Social Agency, 2nd ed. Beverly Hill, CA: Sage Publications. 1984.

Levine, S. & White, P. E. "Exchange as a conceptual framework for the study of interorganizational relationship", Social Work Administration, New York: council on Social Work Education. 1970.

Litwak, E. Models of Bureaucracy which Permit Conflict, American Journal of Sociology 67. 1961.

Merton, R. K. "Bureaucratic Structure and Personality", Social Forces, 18. 1940.

Miringoff, M. L. Management in Human Service Organizations, New York: N.Y.: Macmillan Publishing Co. Inc. 1980.

Mouzelis, N. P. ed. Nonprofit Organizations: A Government Management Took, New York: Pager Publishes. 1968.

Perlman, R. Consumers and Social Services, New York, Wiley. 1975.

Schmidt, W. D. The Executive and the Board in Social Welfare, Cleveland: Howard Allen. 1959.

Skidmore, R. A. Social Work Administration: Dynamic Management and Human Relationship, Englewood Cliffs, NJ: Prentice-Hall. 1983.

Skidmore, R. A. Social Work Administration: Dynamic Management and Human Relationships, 2nd ed. Englewood Cliffs, NJ: Prentice- Hall. 1990.

Steiner, R. Managing the Human Service Organization-From Survival to Achievement, Beverly Hills, CA: Sage. 1977.

Stewart D. Friedman. Total Leadership: Be a Better Leader, Have A Richer Life. 비즈니스북스 pp.23-32. 2013.

Terreberry, S. "The Evolution of Organizational Environments", Administrative Science Quarterly, Vol.12, March. 1967.

Thompson, V. A. Modern Organization, New York: Knopf. 1961.

Tourigny, A. & Miller, J. "Community-Based Human Service Organizations: Theory and Practice", Adm, in social Work, vol.5, Spring. 1981.

Trecker, H. B. Social Work Administration: Principles and Practice, New York: Association

Press. 1971.

Watson, K. W. Differential Supervision, Social Work 18(Nov). 1973.

Wayne, M. Community Organization for Social Welfare, Chicago: University of Chicago Press. 1945.

Weber, M. The Theory of Social and Economics Organization, Edited and translated by A. M. Henderson and T. Parsons, New York : The Free Press. 1947.

Weinbach, R. W. The Social Worker as Manager: Theory and Practice, New York: Longman. 1990.

[저자 약력]

양 서 율

건국대학교 행정대학원 사회복지학과 졸업
(사회복지학 석사, 사회복지 1급)
건국대학교 일반대학원 행정학과 졸업 (행정학 박사)

신 동 만

건국대학교 행정대학원 사회복지학과 졸업
(사회복지학 석사, 사회복지 1급)
건국대학교 일반대학원 법학대학 졸업 (법학박사)
서정대학교 글로벌융합복지학과 교수

사회복지행정론

초판발행　2022년 9월 30일

지은이　양서율, 신동만
펴낸이　박노일

총괄기획　최준규
편　집　심성보 · 이상민

펴낸곳　pnc publishing and culture 피앤씨미디어
경기도 고양시 일산동구 강송로 153 310-1501
등록 제396-2012-000203호
전　화　070)7550-3758　팩　스　02)718-8554
홈페이지　www.pncmedia.co.kr　이메일　pnc@pncmedia.co.kr
ISBN　979-11-5730-846-0　93330

정 가　20,000원